INHALT

Forum: Beiträge zur FIT

Berichte und Dokumentationen

Rezensionen

Liebe Leserinnen und Leser,

»Interkulturelle Theologie – quo vadis?« So lautete der Titel des Symposiums 2020 anlässlich der Emeritierung von Ulrich Dehn als Professor für Missions-, Ökumene- und Religionswissenschaft an der Universität Hamburg. Das Thema intoniert keinen wehmütigen oder stolzen Blick zurück, am Ende eines jahrzehntelangen Einsatzes für die Disziplin. *Interkulturelle Theologie – quo vadis?* reflektiert vielmehr, so machen die Beiträge deutlich, die aktuellen Herausforderungen im jeweiligen gesellschaftlichen Kontext, von dem sie ein Teil ist und zu dessen Narrativen sie zugleich beiträgt.

Welche Narrative, also welche historischen Erklärungs- und Orientierungsmodelle, brauchen wir? So fragt dann auch schon der erste Artikel, von Ulrich Dehn selbst. Kritisch setzt er große Narrative – angefangen bei der Achsenzeittheorie von Karl Jaspers bis hin zu Jürgen Osterhammels Globalgeschichte – in Beziehung zu regionaleren, subversiven Stories und Narrativen, die neue, emanzipatorische Sinnwelten eröffnen.

Neue orientierende Narrative nehmen auch in dem von politischen, wirtschaftlichen und kulturellen Krisen heimgesuchten Südkorea die Form kleinerer Geschichten an. Das ernüchternde bis düstere Bild der jüngeren Geschichte des Landes wie der Kirchen und der Theologie, das Sooil Chai im Interview schildert, endet hoffnungsfroh: In kleineren Gemeinschaften regt sich ein Narrativ, das den befreiungstheologischen Geist des Widerstands und der Solidarität atmet.

Post-Postkolonialismus! Auch im Beitrag von Andreas Heuser über neueste Entwicklungen in afrikanischen Theologien und Philosophien spiegeln sich Neuaufbruch und Kontinuität. Drei politisch-philosophische Zugänge – Afrozentrismus, Afropolitanismus und Kosmopolitanismus – werden in Darstellung der Werke ausgewählter Vertreter – Tinyiko Maluleke, Achille Mbembe, Kwame Appiah – konkretisiert. (Ist die Tatsache, dass es vorwiegend männliche Vertreter dieser Neuaufbrüche schaffen, im »Westen« rezipiert zu werden, ein Erbe des Kolonialismus oder des Patriarchalismus?) Der Kolonialismus bleibt ein zentraler Marker auch dieser neueren Narrative, erfährt aber in post-postkolonialen Ansätzen eine deutliche Dezentrierung.

Macht diese Dezentrierung die epistemische Dissonanz, wie Klaus Hock die Konkurrenz der Narrative verschiedener Wissenskulturen präzise benennt, umso sichtbarer? Und wie können bei aller zu bewahrender Differenz doch gemeinsame Glaubens- und Lebensgemeinschaften entstehen, die – wie Chai zeigte – transformierende und solidarische Impulse geben? Hocks Beitrag bietet neben einem kurzen Rückblick auf die Wissenschaftsgeschichte der Interkulturellen Theologie neue, horizonterweiternde Wahrnehmungs- und Denkmöglichkeiten für die Interkulturelle Theologie, indem er sie mit interdisziplinären Denkmodellen verbindet. Dazu zählen die positive Umdeutung des Dissonanzbegriffs durch den Soziologen Ignacio Farías oder auch die Ansätze der Fraktaltheorie aus Architektur- und Religionswissenschaft.

Zu den gegenwärtigen gesellschaftlichen, aber auch religionswissenschaftlichen und interkulturell-theologischen Herausforderungen gehört der Körper. Verschiedene Institutionen und Disziplinen erheben, konkurrierend, Anspruch auf den Körper, Körperpraktiken und Körperverstehen. In Korrelation von Diskurstheorie, Leibphänomenologie, neuerer Religionsästhetik und Befreiungstheologie sucht der Beitrag von Claudia Jahnel nach neuen Ansätzen und Möglichkeiten, die Analyse körperbezogener Praktiken für Interkulturelle Theologie und Religionswissenschaft fruchtbar zu machen. Das einleitend gewählte Beispiel Yoga ist erhellend, weil es die Frage der Deutungsmacht zwischen kultureller Aneignung, nationalistisch-politischen Bestrebungen, aber auch körpereigenem Wissen exemplarisch illustriert.

Die Ökumene gehört von Anfang an zu den zentralen Reflexionsfeldern der Interkulturellen Theologie. Am Beispiel des Pilgerwegs für Gerechtigkeit und Frieden zeigt der Beitrag von Fernando Enns, wie sich hier Narrative verändern. Dominierten bis vor Kurzem, und unter Einfluss des globalen Nordens, Einheit und systematische Kohärenz die ökumenische Vision, so lassen sich heute Dekolonisierung und Transformation als zentrale neue Identitätsmerkmale der ökumenischen Bewegung ausmachen.

Ulrich Dehns Beiträge rahmen die Themenartikel. Entsprechend skizziert der letzte thematische Beitrag die Entwicklungen der Disziplin seit ihrer neuen Benennung »Interkulturelle Theologie« vor etwa 15 Jahren und betont zuletzt die Unaufgebbarkeit der Multidisziplinarität der Interkulturellen Theologie, die auch in den einzelnen Beiträgen deutlich wurde.

Die drei folgenden Beiträge, die nicht dezidiert das Thema *Interkulturelle Theologie – quo vadis?* beleuchten, sind gleichwohl beispielhaft für diese Multidisziplinarität und Vielfalt sowohl der Zugänge wie auch der Themenfelder der Interkulturellen Theologie/Religionswissenschaft. Während John Mathew die religiös-nationalistische Politik zum Verbot interreligiöser Beziehungen untersucht – letztlich wieder eine Form der Körperpolitik und der Konkurrenz um Deutung von und Einfluss auf den Körper –, beleuchtet der Beitrag von Jobst Reller zu Nathan Söderblom bislang unbekanntere und eher dunkle Seiten einer einflussreichen und überaus geschätzten Person aus der ökumenischen Bewegung. Friedemann Walldorf schließlich beleuchtet die kontroverse Verflechtungsgeschichte von mindestens drei Größen: Afro-Amerikanischer Identität, Ahmadiyya in den USA und Jazz.

Interkulturelle Theologie – quo vadis? Der Beschluss des Missionsausschusses des Ev.-luth. Missionswerkes in Niedersachsen (ELM) vom März 2021, die beiden Bachelor-Studiengänge der Fachhochschule für Interkulturelle Theologie (FIT) auslaufen zu lassen, (be)trifft auch die Zukunft der Interkulturellen Theologie als Fachdisziplin. Ökumenisch-interkulturelle (Aus-)Bildung und Begegnung bilden den Raum und zugleich zentrale Ziele der Disziplin, sind aber auch in einer zunehmend globaler und interkultureller werdenden Gesellschaft unverzichtbar. Die vier Beiträge im Forum beleuchten nicht nur, wie notwendig interkulturelle Lernorte wie die FIT sind. Sie zeigen auch, wie sehr trotz des Wissens um die Notwendigkeit von Bildungsstrategien gegen interkulturelle und interreligiöse Ignoranz um sie gerungen werden muss.

Interkulturelle Theologie – wohin? Wir hoffen, dass Ihnen die Beiträge in diesem Heft Anregungen geben, dieser Frage weiter nachzugehen und bewährte Ansätze durch neue Zugänge und Themenfeldern zu ergänzen.

Ich wünsche Ihnen eine anregende Lektüre und grüße Sie im Namen des gesamten Redaktionsteams,

Claudia Jahnel

Das Leben als *plot*

Überlegungen zur Narrativität aus der Sicht von Interkultureller Theologie und Religionswissenschaft[1]

Ulrich Dehn

> The White Rabbit put on his spectacles:
> »Where shall I begin, please your Majesty?« he asked.
> »Begin at the beginning«, the King said gravely,
> »and go on till you come to the end: then stop.«
> (Lewis Carroll, Alice's Adventures in Wonderland)

Dass unsere Sicht der Wirklichkeit, unseres eigenen Lebens, der Geschichte, des Universums, der Religionen von einem gestaltenden, formenden und konstruierenden Willen geprägt ist, ist keine neue Erkenntnis. Spätestens der Konstruktivismus und seine Spielarten haben dies ins Bewusstsein gehoben. Vorschläge von Phasen der Geschichte aus der indischen Antike, sei es in Gestalt der vier hinduistischen Yugas, seien es die drei Zeitalter des Mahayana-Buddhismus, in Japan mit *Shōhō*, *Zōhō* und *Mappō* bezeichnet, seien es die Zeitalter nach Joachim von Fiore, oder sei es die eine weitverbreitete Vorstellung von einem Ende der jetzigen Geschichte durch das Auftreten einer messianischen Gestalt. Aber Gestaltung und Formung sind nicht nur im universalen, makrokosmischen Maßstab zu finden. Die Vorstellung, dass Verläufe beginnen und enden und einen Spannungsbogen haben – ein Phänomen, das uns Romane, zuvorderst Krimis, zu Ende lesen lässt, selbst wenn der Nachtschlaf darunter leiden muss – ist eine weitverbreitete Erfahrung und steht hinter dem Eingangszitat aus »Alice's Ad-

1 Dieser Text ist eine überarbeitete Fassung meiner am 17.1.2020 an der Universität Hamburg gehaltenen Abschiedsvorlesung.

ventures in Wonderland« von Lewis Carroll. Das amorphe Dahinfließen dessen, was geschieht, unverbundene Punkte auf einer Linie, die auch am Horizont noch keinen erkennbaren Endpunkt hat, die unübersehbare Wirklichkeit ist schwer zu ertragen und immer wieder dem strukturierenden, einteilenden, greif- und fassbar machenden Zugriff ausgesetzt, sei es in zeitlichen, sei es in synchron systematischen Hinsichten. Dieses Phänomen wird dann zum Gegenstand der Interkulturellen Theologie und der Religionswissenschaft, wenn es etwa darum geht, Konzepte des so genannten religionsphänomenologischen Arbeitens oder den Umgang mit *stories* bzw. Lebensentwürfen in der ökumenischen Theologie zu verstehen. Meine Fragestellung ist: Welche Arten von Narrativen gibt es und wie gehen wir mit ihnen und der Tatsache der Narrativität unserer Wahrnehmung um?

Narrativität als solche ist, so Roland Barthes, ein Phänomen, das untrennbar zur Menschheitsgeschichte und zur Kommunikation des Menschen dazugehört. Argumente werden in Geschichten vorgebracht, Lehre wird in Beispielgeschichten erzählt, das Erzählen von in sich geschlossenen und einen Spannungsbogen beschreibenden und gestaltenden Geschichten ist nicht aus dem mündlichen oder verschriftlichten Wort wegzudenken.[2]

Diese allgemeine Narrativität – der Mensch als Erzähler/Erzählerin – ist in der Theologie Asiens etwa von dem taiwanesischen Theologen C. S. Song berücksichtigt worden, als er sie in den 1980er Jahren zu seinem Programm einer »Story Theology« erhob und Geschichten als Medium des theologischen Nachdenkens vorschlug.[3] Song hatte eine doppelte Absicht: Zum einen benutzte er in seinen Aufsätzen und seinem Buch »The Tears of Lady Meng« Geschichten aus der Tradition, Volkssagen, und Anekdoten aus der Literatur, die er zumeist allegorisch oder parabolisch interpretiert und einem zeitgenössischen Kontext zuführt. Ein kleines Beispiel sei angeführt: Die Geschichte vom grausamen Kaiser Ch'in Shih Huang-ti, dem Fürsten, der aufgrund seiner Eroberungen etwa 215 v. Chr. das erste chinesische Kaiserreich gründete: Huang-ti baute Teile der Großen Mauer und ließ der Legende nach mitten aus einer Hochzeitsfeier den Bräutigam Mang entführen, da er ihn lebendig in die Mauer einbauen wollte, um zu verhindern,

2 Vgl. Dirk Johannsen, Kognition und Narration: Zur Tradierung von Mythen, als Kap. I-21 in: Michael Klöcker/Udo Tworuschka (Hg.), Handbuch der Religionen, München 1997, 29. Ergänzungslieferung 2011.

3 Vgl. C. S. Song, The Tears of Lady Meng. A parable of people's political theology, Mary Knoll 1982; C. S. Song, Tell Us Our Names. Story Theology from an Asian Perspective, Mary Knoll 1984.

dass sie wieder einstürzt. Der Name »Mang« stand für 10 000, so dass Mang stellvertretend für viele andere die Mauer stützen sollte. Seine Braut Lady Meng, eine schöne Frau, suchte ihren Mann weinend an der Mauer, wurde vom Kaiser dort entdeckt und willigte in eine Eheschließung mit ihm ein unter folgenden Bedingungen: ein 49-tägiges Gedenkfest für ihren toten Ehemann, Teilnahme des Kaisers daran, und der Bau einer Terrasse am Fluss. Meng stürzt sich von der Terrasse in den Fluss, ihre Leiche wird aufgegriffen und auf Befehl des zornigen Kaisers zerstückelt, die Stücke jedoch verwandeln sich in kleine silberne Fische, in denen ihre Seele weiterlebt. Song nimmt eine Kontextübertragung vor und sieht die Unbeweglichkeit der Mauer als Allegorie für die unterdrückerische Unbeweglichkeit der gegenwärtigen Unterdrücker, die Tränen von Lady Meng als stellvertretend für das Leiden des unterdrückten Volkes, die silbernen Fische als Allegorie auf die Wiederauferstehung bzw. den Aufstand des unterdrückten Volkes zum Widerstand gegen Unterdrückung usw.[4] Die Geschichte von Alice (aus Alice im Wunderland), die in einem Teich aus ihren eigenen Tränen schwimmt und sich mit der Maus, die im selben Teich schwimmt, nicht verständigen kann, wird zur Allegorie des Nicht-Verständnisses zwischen unterschiedlichen Kulturen einschließlich einer hegemonialen Kommunikationsstruktur.[5] Song führte, und das war die andere Schiene seines Projektes, sein Story-Anliegen weiter mit Workshops, in denen nicht vorhandene Storys aus der Tradition oder Literatur eine Rolle spielen, sondern die Storys aus dem Leben der Menschen, aus der eigenen Erfahrung, d. h. die postkoloniale Übermalung der Herrschaft des abstrakten und – so Song – aus der westlichen Theologie übernommenen Dogmas, von ihm *statement-oriented theology* genannt, durch die Weisheit der Narrative aus dem eigenen nicht-westlichen Leben. Die chinesische Theologin Kwok Pui-Lan hat diesen Strang unter Aufnahme der Hermeneutik von Michail Bachtin entwickelt als Projekt der eigenen Lebensgeschichten von asiatischen Frauen, die mit ihren Storys den biblischen Kanon weiterschreiben.[6] Diese Impulse wurden in den 1980er und 1990er Jahren rezipiert, Narrativität wurde als emanzipatorischer Impuls aufgenommen, aber auch in Gestalt der Wiederentdeckung der Narrativität der Bibel aufgearbeitet, so von Terrence Tilley und Robert McAfee Brown.[7]

4 Vgl. Song, The Tears, sowie Ulrich Dehn, Religionen in Ostasien, Frankfurt a. M. 2006, 86f.
5 Vgl. Song, Tell Us Our Names, 49–53.
6 Kwok Pui-Lan, Interpretation als Dialog. Eine biblische Hermeneutik aus Asien, Luzern 1996.
7 Terrence W. Tilley, Story Theology, prefaced by Robert McAfee Brown, Wilmington 1985.

Parallel zu diesem Zweig der allgemeinen emanzipatorischen Narrativität möchte ich die spezielle, strukturierende Narrativität zum Thema machen, die nicht emanzipatorischen Charakter hat, sondern heuristisch erst einmal unter dem bekannten Stichwort Reduktion von Komplexität oder der interessegeleiteten Verdichtung und Strukturierung von Information gefasst werden kann. Hierzu gehören Projekte wie Global- oder Weltgeschichtsschreibung und ihr wohl derzeit bekanntester Vertreter Jürgen Osterhammel, Karl Jaspers und sein Konzept der Achsenzeit, jüngere politische Geschichtsphilosophien wie das Denken von Francis Fukuyama[8] oder auch systematische Narrative wie die fraktale Theorie der Religionen, die von Perry Schmidt-Leukel vorgelegt wurde. In einem mittelbaren Sinn als spezielles strukturierendes Narrativ ist das Konzept des Lebens, *seimei*, der japanischen buddhistischen Gemeinschaft Sōka Gakkai zu betrachten. Mit Beispielen aus der Geschichtsbetrachtung und aus dem Religionsbereich hoffe ich veranschaulichen zu können, was ich meine und wie damit umgegangen werden könnte.

Konzepte des Großen Narrativs

Die drei US-amerikanischen Religionswissenschaftler John L. Esposito, Darrell J. Fasching, und Todd Lewis haben 2008 auf der Grundlage der Postmodernismustheorie von Jean-Francois Lyotard das Ende des Großen Narrativs und den »Verlust von Zentren« ausgerufen. Das war überfällig – immerhin war Lyotards einschlägiges Buch[9] zu dem Zeitpunkt 26 Jahre alt und hatte kaum einen Diskursbereich unberührt gelassen. Esposito und seine Kollegen sprechen von Metanarrativen: das seien »those ›grand stories‹, those great cosmic-mythological narratives that give each civilizational order a defining normative center and a sense of cosmic meaning«. Die Autoren sehen keine substanzielle Differenz zwischen dem von ihnen bezeichneten Großen Narrativ und dem, was Lyotard als kollabierten oder kleinen Narrativ definiert. Dieser Verlust des »normativen Zentrums« bedeutet: »[...] postmodern societies appear to be normless and without commonly shared meaning. Thus, under the impact of globalization, postmodern

8 Francis Fukuyama, Das Ende der Geschichte, München 1992.
9 Jean-Francois Lyotard, Das postmoderne Wissen. Ein Bericht (La condition postmoderne: rapport sur le savoir), Wien 1982.

societies, like postmodern cities, present themselves as an eclectic mélange, rich in diversity but seemingly superficial, having no overarching standards.«[10] Esposito & Co. analysieren dies auch als einen religionsethnologischen Prozess: Die einst ethnologisch-geographisch orientierten Religionen tradierten ihre großen Narrative von Herkunft, Geschichte, Landnahme, Genealogie, zerstreuten sich jedoch und brachten damit auch die Geschichten zum Einsturz, die aber nach wie vor ihren Ort in den Ritualen der elementarisierten Gemeinschaften haben.

Karl Jaspers: Achsenzeit

Dieser späten Einholung des Postmoderne-Diskurses in die Religionswissenschaft steht die traditionsreiche Schaffung von Narrativen gegenüber, die sich mit der Enthausung der Geschichts- und Wirklichkeitswahrnehmung nicht abfinden will. Karl Jaspers hat mit seiner auf dem Erfahrungshintergrund des 2. Weltkriegs entworfenen Geschichtsphilosophie und insbesondere mit dem Konzept der Achsenzeit ein Denkmodell geschaffen, das in jüngerer Zeit durch Rezeptionen von Jan Assmann, Hans Joas und Jürgen Habermas wieder stärker in den Fokus der Aufmerksamkeit rückte. Sein weithin bekanntes Konzept sei kurz vorgestellt: Jaspers geht von einer »Achse« aus, die »rund um 500 vor Christus zu liegen« scheint, nämlich in »dem zwischen 800 und 200 stattfindenden geistigen Prozess [...] Es entstand der Mensch, mit dem wir bis heute leben. Diese Zeit sei in Kürze die ›Achsenzeit‹ genannt.«[11] Die historische Grundlage dieser Einschätzung ist folgende: »In dieser Zeit drängte sich Außerordentliches zusammen. In China lebten Konfuzius und Laotse, entstanden alle Richtungen der chinesischen Philosophie, dachten Mo-ti, Tschuang-Tse, Lie-Tse und ungezählte andere, – in Indien entstanden die Upanischaden, lebte Buddha, wurden alle philosophischen Möglichkeiten bis zur Skepsis und bis zum Materialismus, bis zur Sophistik und zum Nihilismus, wie in China, entwickelt, – in Iran lehrte Zarathustra das fordernde Weltbild des Kampfes zwischen Gut und Böse, – in Palästina traten die Propheten von Elias über Jesaias und Jeremias bis zu Deuterojesaias, – Griechenland sah Homer, die Philosophen – Parmenides, Heraklit, Plato – und die

10 John L. Esposito u. a., Religion and Globalization. World Religions in Historical Perspective, New York/Oxford 2008, 5.

11 Karl Jaspers, Vom Ursprung und Ziel der Geschichte, München [9]1988, 19.

Tragiker, Thukydides und Archimedes«. Jaspers sieht eine parallele Entwicklung in China, Indien und dem »Abendland«. »Das Neue dieses Zeitalters ist in allen drei Welten, dass der Mensch sich des Seins im Ganzen, seiner selbst und seiner Grenzen bewußt wird. Er erfährt die Furchtbarkeit der Welt und die eigene Ohnmacht. Er stellt radikale Fragen. Er drängt vor dem Abgrund auf Befreiung und Erlösung [...] Er erfährt die Unbedingtheit in der Tiefe des Selbstseins und in der Klarheit der Transzendenz«.[12]

Neben den existenzphilosophischen sind die geistesgeschichtlichen Dimensionen von Bedeutung: »In diesem Zeitalter wurden die Grundkategorien hervorgebracht, in denen wir bis heute denken, und es wurden die Ansätze der Weltreligionen geschaffen, aus denen die Menschen bis heute leben. In jedem Sinne wurde der Schritt ins Universale getan«.[13] Mit der Achsenzeit sei das mythische Zeitalter zu Ende gekommen. Stichworte der nachmythischen Zeit sind Vergeistigung, Anfang der Philosophie, parallel dazu geistige Bewegung, Wanderungen und Austausch der Denker, nachdem vorher Stagnation und Kreislauf geherrscht hatten.[14]

Während das Jaspersche Modell auch Wertschätzung erfuhr für seine Auflösung des Eurozentrismus – wenn allerdings auch nicht der eurozentrischen Werteorientierung –, so wurde seine Normativität moniert, die Jaspers allerdings im Kontrast zu historistischem Vorgehen für unausweichlich hielt.

Insbesondere von Jan und Aleida Assmann wurde das Modell scharf kritisiert, dabei allerdings mindestens von Jan Assmann nicht der Gedanke einer Phaseneinteilung der (Geistes-) Geschichte in Frage gestellt. Assmann nimmt 1992 in seinem Buch zum »kulturellen Gedächtnis« die hinter der Achsenzeit stehende Idee, die Geschichte überhaupt in dieser Weise zu strukturieren, zwar im Prinzip positiv auf, möchte sie aber in Details korrigiert wissen und bringt eine Einteilung in drei statt zwei Phasen ins Spiel. Er stellt der Betonung der geistesgeschichtlichen Orientierung u.a. die medientechnologische durch Luhmann und McLuhan gegenüber[15] und weist auf das zu kleine historische Zeitfenster hin: Echnaton, Mohammed und Zoroaster könnten in der Zeit von 800 bis 200 v. Chr. nicht berücksichtigt werden.[16] Detailreicher kritisiert Aleida Assmann das Kon-

12 Jasper, Vom Ursprung, 20.
13 Jaspers, Vom Ursprung, 20f.
14 Jaspers, Vom Ursprung, 23.
15 Vgl. Jan Assmann, Das kulturelle Gedächtnis, München 1992, 25.
16 Vgl. Assmann, Gedächtnis, 290f.

zept von Jaspers, insofern als es die Einheit der Geschichte der Vielfalt kultureller Erscheinungen vorziehe und existenzialistische Deutungskategorien auf die Geistesgeschichte anwende.[17] Jan Assmann hat in seinem Buch zur Achsenzeit (2018) seine Kritik verschärft und generalisiert, jedoch an der Idee einer übergreifenden Geschichtssicht und Phaseneinteilung weiterhin festgehalten. Er kann sie jetzt als retrospektive Konstruktion verstehen, die ihren Sinn in der nach Orientierung suchenden Welt nach dem 2. Weltkrieg hatte. In diesem Sinne hatte sie eine Funktion und schuf ein kulturelles Gedächtnis, das die Vergangenheit dazu nutzt, sich der Zukunft zuwenden zu können.[18] Sie ist mit anderen Worten nicht auf eine Verifizierung an historischen Fakten und Dynamiken angewiesen, sondern hat ihren normativen Wert in sich und bezieht ihre Plausibilität aus ihrer Orientierungskompetenz. Assmann weist aber auch auf weitere mögliche Achsenzeitkriterien wie Kanonbildung und Auslegungskultur hin sowie auf die von ihm unterstützte These von Guy Stroumsa, dass stärker als die Achsenzeit die Spätantike einen erheblichen Anteil an der Verwandlung der Welt habe.[19]

Rezeptionen von Hans Joas und Jürgen Habermas: Natürlich enthebt eine solche Analyse, die viel Gutes an sich hat, nicht anderer, grundsätzlicherer Kritik, da auch retrospektive Konstruktionen historische Vorgänge nicht beliebig als Steinbruch nutzen können. Und sie sind dem Risiko der Falsifizierung nicht völlig enthoben. So wäre Jaspers leicht nachzuweisen, dass seine Vision sich stark auf eine Geistesgeschichtsschreibung der herausragenden denkenden Männer stützt, bestimmte Stränge des Denkens selektiert und andere aussondert, die ihm entweder nicht bekannt waren oder seine Theorie nicht stützten. Dieser zahlreichen offenen Flanken des Achsenzeitkonzeptes ungeachtet ist es in den letzten Jahren zu einer breiten positiven Rezeption gekommen, die hier nur kurz angedeutet werden kann. Hans Joas weist in seinem auswertenden Bericht zum

17 Vgl. Aleida Assmann, Jaspers' Achsenzeit, oder: Vom Glück und Elend der Zentralperspektive in der Geschichte, in: Dietrich Harth (Hg.), Karl Jaspers. Denken zwischen Wissenschaft, Politik und Philosophie, Stuttgart 1989, 187–205; Dies., Einheit und Vielfalt in der Geschichte. Jaspers' Begriff der Achsenzeit neu betrachtet, in: Shmuel N. Eisenstadt, Kulturen der Achsenzeit II. Ihre institutionelle und kulturelle Dynamik, 3 Bde., Frankfurt a. M. 1992, 330–340. Vgl. auch Jörg Dittmer, Jaspers' »Achsenzeit« und das interkulturelle Gespräch – Überlegungen zur Relevanz eines revidierten Theorems, PDF-Datei: http://www.chairete.de/Frstart.htm (9.12.2019) und Assmanns Auseinandersetzung mit Jaspers in seinem Aufsatz Transkulturelle Theorien – am Beispiel von Jaspers' Achsenzeit-Konzept, in: Mario Grizelj/Oliver Jahraus (Hg.), Theorietheorie. Wider die Theoriemüdigkeit in den Geisteswissenschaften, München 2011, 261–271.

18 Jan Assmann, Achsenzeit. Eine Archäologie der Moderne, München 2018.

19 Assmann, Achsenzeit, 292f.

Thema Achsenzeit auf die Fronten hin, an denen Jaspers' Konzept zu sehen ist: »[...] gegen die Versuche der Nazis, auf eine germanische, vorchristliche, vorachsenzeitliche Religion zurückzugehen und gegen alle anderen politischen und philosophischen Detranszendentalisierungsversuche, gegen die Ideologie des Szientismus, gegen eine bloße ungebrochene Fortsetzung der europäischen religiösen Traditionen, gegen alle teleologischen Geschichtsphilosophien, gegen die völlige Abtrennung der Philosophie von den religiösen Fragen [...]«[20]. Dem habe er die These einer »zeitlichen Koinzidenz entscheidender religiöser Innovationen« entgegengesetzt. Jaspers habe »›eine unerhört erregende Tatsächlichkeit‹ empirisch feststellen wollen, ›auf die alle Völker und Glaubensweisen sich einigen könnten, weil der Inhalt hier keine Glaubensvorstellung, sondern ein dokumentierter Tatbestand‹ sei«.[21] Dass allerdings das Achsenzeitkonzept nicht im eigentlichen Sinne als empirisch belegbare Sicht der Geistesgeschichte zu betrachten sei, deutet Joas gegen Ende seines Berichtes an: Er wolle deutlich machen, »daß (sic) die Debatte über die Achsenzeit selbst auf Verortungen der Denker innerhalb der Religionsgeschichte und damit mythische Strukturen unseres geschichtlichen Selbstverständnisses verweist. Dies meine ich [...] als Nachweis, daß (sic) jede empirische Forschung zur Geschichte der Religion von Fragen geleitet ist und Antworten liefert, die unser heutiges – religiöses oder säkulares – Selbstverständnis zutiefst betreffen«.[22] In seinem Buch »Die Macht des Heiligen« (2017) sieht Joas die »Entdeckung« der Transzendenz in der Achsenzeit nunmehr als korrekte Analyse an und spricht korrespondierend von der »Entmagisierung« der Welt.[23]

Jürgen Habermas hat zuletzt (2019) das Konzept der Achsenzeit nicht einer grundsätzlichen Einschätzung und Kritik unterworfen, sondern betrachtet es als Diagnose der Zeit einer »Weltbildrevolution« und als »genealogischen Blick auf den *gemeinsamen Ursprung* von Metaphysik und Monotheismus«[24]. Es finde der Übergang »›vom Mythos zum Logos‹« – laut Jaspers – statt, womit Habermas offensichtlich an der geistesgeschichtlichen Entwicklung der Griechen orientiert

20 Hans Joas, Was ist die Achsenzeit? Eine wissenschaftliche Debatte als Diskurs über Transzendenz, Basel 2014, 37.

21 Joas, Was ist die Achsenzeit, 38.

22 Joas, Was ist die Achsenzeit, 61. In seinem Buch »Die Macht des Heiligen« (Berlin 2017) greift Joas seinen Text von 2014 auf (296–339) und ergänzt ihn um eine ausführliche Würdigung der Argumente wie etwa die (angebliche) Dezentralität der geistesgeschichtlichen Umwälzungen in den unterschiedlichen Kulturbereichen ohne gegenseitige Beeinflussung (340f).

23 Joas, Die Macht, 352–354.

24 Jürgen Habermas, Auch eine Geschichte der Philosophie, Band 1, Berlin 2019, 179.

ist.[25] »Von der Warte philosophischer Verallgemeinerung aus beobachtet, verwandelt sich die Weltsicht von der Mannigfaltigkeit der narrativ verknüpften Oberflächenphänomene zur Einheit eines theoretisch und theologisch konzipierten Weltganzen.«[26] Zwar attestiert Habermas Jaspers kritisch, dass er sich bei seinem Unterfangen mit der Unterstellung eines »gemeinsamen interreligiösen ›Grundwissens‹ [...] von jener Aufklärungsidee einer Vernunftreligion leiten [lasse], die er doch überwinden wollte«[27], jedoch betrachtet er die Achsenzeitvorstellung Jaspers' im Wesentlichen als Arbeitsgrundlage, auf deren Hintergrund er ergründen wolle, ob sich »auch die Perspektive des nachmetaphysischen Denkens auf religiöse Überlieferungen verändert hat«[28]. Er setzt eine achsenzeitliche geistesgeschichtliche Wende voraus und sieht seine eigenen Überlegungen komplementär zu den Überlegungen von Jaspers.

Joas spricht mehrfach von empirischen Nachweisversuchen der Stichhaltigkeit des Achsenzeitkonzepts. In diesem Zusammenhang könnte gesehen werden, dass Axel Michaels im Gefolge von Max Weber auf religiöse Umbrüche in Indien auf der Basis von landwirtschaftlichen und soziopolitischen Veränderungen (Städtebildung, Zentralisierung, Individualisierung) hingewiesen hat, was dem Stichwort »Empirie« nahekommen könnte.[29]

Jan Assmanns Konzept der retrospektiven Konstruktion des episodenhaften Umschlags vom Polytheismus zum Monotheismus im Ägypten des 14./13. Jahrhunderts unter Echnaton/Moses verzichtet unter Berufung auf die Idee des kulturellen Gedächtnisses auf einen empirischen Nachweis.[30] Jedoch ist das in unserem Zusammenhang zu benennende Problem auch nicht, wie zutreffend die Narrativierung bzw. retrospektive Konstruktion ist und wie dicht sie an das historische Material heranreicht, sondern die Narrativierung als solche, die Sicht der Geschichte als *plot*.

25 So auch die Beobachtung von Assmann, Achsenzeit, 227.
26 Assmann, Achsenzeit, 178.
27 Assmann, Achsenzeit, 179.
28 Ebd.
29 Axel Michaels, Der Hinduismus – Geschichte und Gegenwart, München 1998, 53f; Max Weber, Die Wirtschaftsethik der Weltreligionen II, in: Gesammelte Aufsätze zur Religionssoziologie, Band II, Tübingen [7]1988, 217.
30 Jan Assmann, Moses der Ägypter. Entzifferung einer Gedächtnisspur, München 1998.

Osterhammel und die Globalgeschichte

In einem mittelbaren Zusammenhang damit steht das Projekt Globalgeschichte, dessen derzeit prominentester Exponent Jürgen Osterhammel in seinem Buch »Die Verwandlung der Welt« bedauert, dass die »Big History« den Sozialwissenschaften überlassen wurde, während Historiker »von ihrem gelernten Habitus her vor kühnen Verallgemeinerungen, griffigen Universalformeln und monokausalen Erklärungen zurück[schrecken]. Unter dem Einfluss postmodernen Denkens halten es einige von ihnen für prinzipiell unmöglich, ›Meistererzählungen‹ oder Interpretationen langfristiger Prozesse zu entwerfen. Dennoch: Weltgeschichte zu schreiben ist auch ein Versuch, dem Spezialistentum der kleinteilig arbeitenden Fachhistorie ein wenig öffentliche Deutungskompetenz abzuringen. Weltgeschichte ist *eine* Möglichkeit der Geschichtsschreibung, ein Register, das gelegentlich ausprobiert werden sollte [...] Nur eine zentrale Organisation von Fragestellungen und Gesichtspunkten, von Stoffen und Interpretationen kann den konstruktiven Erfordernissen von Weltgeschichtsschreibung gerecht werden«.[31] Osterhammel grenzt sich von den narrativen Ansätzen von Christopher Bayly und Eric Hobsbawm ab. Meistererzählungen seien durch die postmoderne Kritik nicht illegitim oder obsolet geworden, sie seien jetzt bewusster erzählbar. Er gesteht ein, dass der Anspruch der Überwindung von »Eurozentrismus« durch »Weltgeschichte« nicht durch eine »illusionäre ›Neutralität‹« durch eine vermeintlich mögliche globale Vogelperspektive, sondern nur »durch ein bewusstes Spiel mit der Relativität von Sichtweisen« eingelöst werden könne.[32]

Nach diesem Blick auf die geschichtskonstruierenden Narrative und einige ihrer Autorinnen und Autoren wende ich mich nun zwei Beispielen aus dem Bereich der Religionswissenschaft bzw. Religionen zu.

Die fraktale Theorie von Perry Schmidt-Leukel

Schmidt-Leukels Konzept einer fraktalen Theorie der Religionen ist eingebettet in seine pluralistische Theologie der Religionen und seine interreligiöse Theolo-

31 Jürgen Osterhammel, Die Verwandlung der Welt, München 2010, 15.
32 Ostrehammel, Verwandlung, 19; vgl. auch Sebastian Conrad, Globalgeschichte. Eine Einführung, München 2013, 284–288.

gie, die er zuletzt in seinem Buch »Wahrheit in Vielfalt – Vom religiösen Pluralismus zur interreligiösen Theologie«, das als Fortsetzung seines Buchs »Gott ohne Grenzen« zu verstehen ist, zusammenfassend dargestellt hat. Schmidt-Leukel ist als der wichtigste Schüler des britischen Religionstheologen John Hick zu betrachten, der in einem an Immanuel Kant angelehnten Konzept davon ausgeht, dass es ein hinter den unterschiedlichen religiösen Erfahrungen liegendes *Real* gibt (er benutzt den Ausdruck *Real* anstelle von *God*), auf das die Religionen zurückgeführt werden können und das auch zu der Aussage berechtigt, dass alle Religionen in gleicher Weise den Anspruch erheben können, zum Heil zu führen und gleichberechtigt akzeptiert und respektiert zu werden. Damit stellte er neben den Anspruch der Exklusivität des Christentums gegenüber den anderen Religionen und neben den Anspruch der Inklusivität, der zwar in anderen Religionen etwas Heilswirksames erkennen kann, aber doch das Christentum als höchsten Ausdruck der Religionsgeschichte betrachtet, die Option des Pluralismus, die allen Religionen in gleicher Weise Respekt zollt und ihre jeweiligen Wege zum Heil als in gleicher Weise gültig betrachtet, auch wenn jede/r einzelne Gläubige seinem/ihrem Weg folgt.[33] Schmidt-Leukel hat die Hicksche pluralistische Theorie bzw. »pluralistische Option« weiterentwickelt und über eine interreligiöse Theologie zu einem Konzept weiterentfaltet, das versucht, die Kommunikations- und Vergleichsmöglichkeiten der Religionen aus ihren Inhalten heraus plausibel zu machen. Seit 2015 entwickelt er dies ausgehend von einem Gedanken Raimon Panikkars auf der Basis der Fraktalitätstheorie. Panikkars Gedanke, geäußert auf einer Konferenz 1986, lautete, »dass jede Religion eine Dimension der anderen sein kann, in einer Art trinitarischer *perichōrēsis* oder *circumincessio*. Jede von ihnen repräsentiert das Ganze der menschlichen Erfahrung in einer konkreten Weise«. Das Stichwort der »*perichōrēsis*, die die ganze Wirklichkeit durchzieht«, wiederholt er drei Jahre später in seinen Gifford Lectures. Nun redet er von einer »kosmotheandrischen perichōrēsis«[34] und meint damit die »wechselseitige Durchdringung von Welt, Gott und Mensch«[35]. Die von Panikkar zitierte Entsprechung von Mikro- und Makrokosmos, eine alte indische Vorstellung, die Wirkung bis in esoterisches Denken der New-Age-Bewegung zeitigt, wird von

33 John Hick, Religion. Die menschlichen Antworten auf die Frage nach Leben und Tod, München 1996 (engl. Original 1989).

34 Raimon Panikkar, Der Weisheit eine Wohnung bereiten, München 1991, 184.

35 Perry Schmidt-Leukel, Wahrheit in Vielfalt. Vom religiösen Pluralismus zur interreligiösen Theologie, Gütersloh 2019 (engl. Original 2017), 338.

Schmidt-Leukel auf die religiöse Vielfalt und zugleich das Entsprechungsgefüge in der Welt der Religionen angewendet und in Zusammenhang gebracht mit der Theorie der Fraktale von Benoît Mandelbrot. Dem Thema Strukturparallelen war Schmidt-Leukel bereits in einem Vortrag/Aufsatz von 2001 auf der Spur, als er den Buddha und Jesus als die beiden heilsvermittelnden Elemente in Buddhismus und Christentum identifizierte und aus dieser gemeinsamen Struktur der Heilvermittlung folgert, dass es keiner Konversion von Buddhisten zum Christentum bedürfe, um zum Heil zu gelangen.[36]

Diese These der Strukturentsprechung kann er anhand der Fraktalitätstheorie generalisieren, indem er die Strukturen der Selbstreplikation, der Rekursivität und der Skaleninvarianz von Mandelbrots biologischem Modell auf die Religionen überträgt. Er bezieht sich auf das sogenannte Sierpinski-Dreieck, das aus tendenziell unendlich vielen sich selbst replizierenden Dreiecken besteht, von denen jedes Einzel-Element die Ganzheit in sich abbildet. Schmidt-Leukel vergleicht dies u.a. mit einem Blumenkohl, in dem jedes einzelne winzige Blumenkohlröschen dem Blumenkohlkopf als Ganzem ähnelt.[37] Er bringt dies ins Verhältnis mit den kultur- und religionstheologischen Thesen des japanischen Buddhismusforschers Nakamura Hajime sowie des indischen Kulturphilosophen Ram Adhar Mall und des Philosophen Bernhard Waldenfels, die jeweils auf die Verschränkungen und Strukturparallelen von Kulturen und Religionen hinweisen. Schmidt-Leukel sieht sich in einer Reihe mit wichtigen Religionsphänomenologen wie Gerardus van der Leeuw und Friedrich Heiler, ferner mit Hans Küng und Julia Ching, die zur vergleichenden Religionswissenschaft beitrugen und Religionskategorisierungen schufen. Er sieht eine notwendige Verknüpfung von mehreren, letztlich die gesamte psychische und spirituelle Wirklichkeit umgreifenden Ebenen: der interreligiösen, der intrareligiösen und der intrasubjektiven Ebene, die Entsprechungsmerkmale aufweisen, die im Zusammenhang mit den komplexen Vermischungs- und gegenseitigen Durchdringungsprozessen in der Kultur- und Religionsgeschichte stehen. Das bedeutet, dass auch eine Kategorisierung von Religionen (z.B. Küng: prophetische, mystische und weisheitliche Religionen) insofern nur heuristischen Charakter haben kann, als die Religionen

36 Perry Schmidt-Leukel, Buddha and Christ as Mediators of Salvific Transcendent Reality, in: Christian Perceptions of Buddha, Swedish Missiological Themes 90/1 (2002), 17–38, beruhend auf einem Vortrag, den Schmidt-Leukel 2001 auf der Tagung des European Network of Buddhist-Christian Studies in Höör (Schweden) gehalten hat.

37 Vgl. Schmidt-Leukel, Wahrheit in Vielfalt, 340–342.

ihre Merkmale jeweils gegenseitig enthalten und gespiegelt sehen. Schmidt-Leukel sieht die fraktale Interpretation der religiösen Phänomene in der Tradition der vergleichenden Religionswissenschaft, die durch die postmoderne Wendung der Religionswissenschaft unterbrochen wurde.[38] Er verbindet sie mit der Ansicht, dass Ähnlichkeit und Verständnis einander korrespondieren und die fraktale Theorie insofern durch das Offenlegen von den gesamten religiösen Kosmos durchziehenden Ähnlichkeiten auf den verschiedenen Ebenen Verstehensmöglichkeiten generiert. Dem stünde gegenüber die These der Inkommensurabilität, der Unvergleichbarkeit, im Sinne des Vergleichs mit dem Resultat von Nicht-Ähnlichkeit.[39]

Die fraktale Interpretation religiöser Vielfalt, wie Schmidt-Leukel sie nennt, erschafft einen Kosmos, d. h. ein geordnetes Universum der Religionswelt, das mit Verweis auf William James bis hin zur seelischen Struktur des Individuums reicht und damit einer essenzialisierenden Kanonisierung der Welt der religiösen und seelischen Phänomene nahekommt. Sie geht einher mit einer Distanzierung von der »postmodernen« kulturwissenschaftlichen Detailforschung, die im Unterschied zur vergleichenden Religionsforschung nicht mehr in der Lage sei, die Strukturähnlichkeiten zu identifizieren. Sie bedarf dazu allerdings, bei aller Betonung von Vielfalt, einer Betrachtung von Religionen als organische Corpora, die dann in sich zahlreiche Differenzierungen aufweisen, und eines ordnenden Zugriffs, der unter Zugeständnis der Vielfalt eine Ordnung im Sinne der Mandelbrotschen Fraktalität und des Sierpinski-Dreiecks attestiert. Damit ist eine systematisierende Narrativität gegeben, die für Schmidt-Leukel interreligiöse Verständnismöglichkeit und einen hermeneutischen Zugriff auf die Welt der religiösen Phänomene zulässt. Er weiß, dass dieser Zugriff nicht alternativlos ist, zieht ihn aber der mutmaßlichen Inkommensurabilität und dem Nebeneinander der je für sich stehenden religiösen Phänomene vor.

Das Verständnis von Leben (*seimei* 生命) in der Sōka Gakkai

Das Stichwort »Leben« bzw. »Lehre vom Leben« (jap. *seimeiron* 生命論 oder *seimeitetsugaku* 生命哲学) spielt in den Lehraussagen der japanischen buddhis-

38 Vgl. Schmidt-Leukel, Wahrheit in Vielfalt, 370f.
39 Vgl. Schmidt-Leukel, Wahrheit in Vielfalt, 345–372.

tischen Laienorganisation Sōka Gakkai und ihren ausländischen Zweigen seit ca. 40 Jahren eine prominente Rolle. Neben Behandlungen in den allgemeinen Lehreinführungen hat sie dem Thema Philosophie des Lebens 1999 ein ganzes Buch gewidmet.[40] Der Gedanke des Lebens als solcher ist narrativ, Leben ist eine Größe, die mit Grenzen ausgestattet ist und mutmaßlich keine formlosen Unendlichkeiten kennt, im Unterschied zum Dharma, dem Abstraktbegriff.

Ebenfalls ein Bestandteil der Philosophie des Lebens ist die Vorstellung der Zehn Welten, die im Laufe der Jahrhunderte eine bemerkenswerte Mutation in Angleichung an die Erfordernisse der Zeit durchmacht. In alten buddhistischen Quellen im Palikanon ist die mythologische Vorstellung von zehn außerweltlichen räumlich getrennten Bereichen zu finden, der Bereich (1) der Hölle, (2) der hungrigen Geister, (3) der Tiere, (4) der asuras (Dämonen, wörtlich »Gegner des Lichts«), (5) der menschlichen Wesen, (6) der himmlischen Wesen, (7) der Stimmenhörer, (8) der Teilerleuchtung, (9) des Bodhisattva, (10) des Buddha.[41] Diese Lehre wurde im Lotus-Sutra als innerweltliche Lehre begriffen und weiterentwickelt in dem Sinne, dass jede Welt alle anderen neun in sich enthält, sie wurde weiter ausgeformt in der Lotos-Sutra-orientierten chinesischen Tientai-Schule im 6. Jahrhundert sowie von dem Mönch Nichiren in Japan im 13. Jahrhundert. Nichiren entkleidete die Zehn Welten ihres mythologischen und topologischen Charakters und wendete sie auf Bewusstseins- und seelische Zustände des Menschen an: »Wenn wir hin und wieder in das Gesicht eines Menschen sehen, dann stellen wir fest: Manchmal ist er fröhlich, manchmal wütend, manchmal besonnen. Mal erscheint im Gesicht eines Menschen die Gier, mal die Torheit, mal die Falschheit. Wut ist die Welt der Hölle, Gier ist die Welt der Hungergeister, Torheit ist die Welt der Tiere, Falschheit ist die Welt der Asuras, Freude ist die Welt des Himmels und Besonnenheit ist die Welt der Menschen.«[42] In der neueren Literatur der Soka Gakkai wird diese bei Nichiren angelegte Interpretation konsequent

40 Sōka Gakkai Lehrabteilung (Hg.), Sōka Gakkai Nyūmon (Einführung in die Sōka Gakkai), Tokyo 2000; Sōka Gakkai Lehrabteilung (Hg.), Kyōgaku Nyūmon. Sekai Shūkyō no Buppō wo manabu (Einführung in die Lehre), Tokyo 2015; unter den Begriff des Lebens gestellt ist folgendes Buch: Lehrabteilung der Seikyō-Zeitung (Hg.), Yasashii seimeitetsugaku (Verständliche Philosophie des Lebens), Tokyo 1999; Richard Causton, Der Buddha des Alltags. Einführung in den Buddhismus Nichiren Daishonins, o. O. 1998.

41 Vgl. Yasashii seimeitetsugaku, 107f.

42 Nichiren, Das Objekt der Widmung zum Betrachten des eigenen Lebens, errichtet in der fünften Fünfhundertjahr-Periode nach dem Dahinscheiden des So Gekommenen, in: Die Schriften Nichiren Daishonins, 1. Band, Übersetzung und Redaktion, Komitee für die deutsche Übersetzung, Tokyo (Soka Gakkai) 2014, 442–478, 447.

weiter verfolgt als spirituelle Kommentierung des Lebens des einzelnen Menschen auf seinem Weg der Entwicklung der Buddhanatur, so etwa der britische Autor Richard Causton[43]: Stadien und seelische Zustände, ethisch vertretbare und glückbringende oder nachteilige Entscheidungen, geglückte Phasen des Tages und des Lebens sowie das Gefühl, spirituell am Ziel zu sein. Die zeitlose Mythologie wird in die Lebensumstände hereingeholt und mit ihnen abgeglichen, aus der (2) Welt der hungrigen Geister wird die Welt des täglichen Hungers und der Begierden und Wünsche, aus dem (3) Bereich der Tiere werden die Momente des animalischen, instinktiven Verhaltens des Menschen. Die 10. Welt der Buddhaschaft ist der Zustand der nicht vom Leiden beeinträchtigten Freude. Sie ist kein außergewöhnlicher Zustand, sondern kann in jedem Augenblick des täglichen Lebens die menschliche Existenz aufhellen.[44] So ähnlich hatte auch schon der thailändische Denker Bhikkhu Buddhadasa das Samsara, also das leidvolle und unerlöste Existieren, und das Nirvana, das erlöste und glückvolle Existieren, als zwei einander stetig abwechselnde Zustände innerhalb des einen abgeschlossenen Lebens des Menschen betrachtet.[45] So finden wir auch hier, wie auch bei anderen Themen der buddhistischen Lehre, das Leben des Menschen als narrative Bezugsgröße, die begrenzt ist und abgegriffen werden kann und dem dogmatischen Gedanken zu einer Struktur verhilft.

Welche Narrativität brauchen wir?

Die geschilderten Narrative haben bei aller Unterschiedenheit gemeinsam, dass sie mit Amorphität, Unbegrenztheit, Unstrukturiertheit und Parzellisierung umgehen und Strukturen und Grenzen, Einteilungen und Orientierungen schaffen. Dies tun sie je nach Genre entweder als Mythen im Sinne einer die Förderung des Lebens in den Mittelpunkt stellenden Mythentheorie à la Blumenberg[46] oder Marquard[47], die nicht auf Realitätsnähe angewiesen sind und als Bestandteile eines kulturellen Gedächtnisses fungieren. Oder sie tun dies als mutmaßlich ana-

43 Vgl. Causton, Buddha des Alltags, 33–81.
44 Vgl. Causton, Buddha des Alltags, 74.
45 Vgl. Nibbānā Exists in Samsāra, in: Me and Mine: Selected Essays of Bhikkhu Buddhadasa. Edited and with an Introduction by Donald K. Swearer, New York 1989, 141–145.
46 Hans Blumenberg, Arbeit am Mythos, Frankfurt a. M., ^{5}1990
47 Odo Marquard, Abschied vom Prinzipiellen. Philosophische Studien, Stuttgart 1981.

lytische Instrumente, in einer Weise, dass darüber die Realitätsvermutung verblasst, d. h. die Einsicht, dass es sich um eine Konstruktion handelt und nicht um eine direkte Abbildung der Wirklichkeit. Es werden Repräsentationen geschaffen, *plots*, d. h. Erzählelemente, die kausal miteinander verbunden werden und einen Spannungsbogen aufweisen sollen. Die Alternative sind – nach der Romantheorie von E. M. Forster – kausal unverbundene Erzählstücke, das, was Forster *stories* nennt.[48] Die Forsterschen *plots* sind – um mit Clifford Geertz zu sprechen – »mit einer solchen Aura von Faktizität [umgeben], daß [sie] völlig der Wirklichkeit zu entsprechen scheinen«[49]. Geertz bezieht dies im Rahmen seiner semiotischen Annäherung an Religion auf »Stimmungen und Motivationen« als Verweiselemente im Rahmen einer möglichen Religionsdefinition.

Einige letzte Ideen:

- Es kann im Sinne von gutem menschlichem Leben, das auch in der ökumenischen Theologie reflektiert wird, und auch in Anbetracht biblischer Narrative nicht darum gehen, die strukturierende narrative Betrachtung von Leben und Geschichte abzuschaffen. Der Mensch braucht die narrative Konstruktion, um sich in seinem Leben und in der Geschichte »einzuwohnen« und sich darin zurechtzufinden.
- Die Benutzung von Narrativen sollte aber die Gebrochenheit aufnehmen, die Jan Assmann zuletzt eingefordert hat, d. h. das Narrativ als ein kulturelles Gedächtnis betrachten, das hilft, mit der Geschichte umzugehen, ohne zu glauben, dass es diese in ihrer Struktur tatsächlich objektiv begriffen hätte. Genauso wie das Leben kein Roman ist, ist auch die Geschichte kein Roman. Den plot machen wir als konstruierende Leserinnen und Leser des Lebens und der Geschichte.
- Narrative oder plots sind nicht um ihrer selbst willen da bzw. sollen es nicht sein, sondern, um hier die beiden Narrativkategorien vom Anfang miteinander zu verbinden, sie sollen emanzipatorische Absicht haben. Der Narrativ des Exodus im gleichnamigen biblischen Buch, der Narrativ der Mormonen

48 Vgl. Edward Morgan Forster, Aspects of the Novel, London 2005 (Ersterscheinen 1927), 85–100.
49 Clifford Geertz, Religion als kulturelles System, in: Ders., Dichte Beschreibung, Beiträge zum Verstehen kultureller Systeme, Frankfurt a. M. 1983, 44–95, hier: 48.

bis hin zur Gründung der Stadt Salt Lake City, der Narrativ des Auszugs von Mekka nach Yathrib/Medina und viele andere große Erzählungen haben Befreiung vor Augen, Erfüllung von Leben, die Eröffnung neuer Horizonte.

– Die Tatsache, dass der Mensch ein erzählendes Wesen ist, heißt, dass er den erzählten Dingen nicht gegenübersteht, sondern ein Bestandteil ihrer wird. Er erschafft Narrative und beschreibt damit nicht nur die Wirklichkeit, sondern gestaltet sie. Insofern versuchen Narrative gar nicht, der Wirklichkeit beschreibend gerecht zu werden, sondern neue Wirklichkeiten zu eröffnen und aus Sinnreservaten zu schöpfen. Sie sind als Repräsentationen der Wirklichkeit Teil der Wirklichkeit. Somit ist auch die fraktale Interpretation der Religionen nicht ein Analyseinstrument der komparativen Religionswissenschaft, sondern sie schreibt Religionsgeschichte weiter und generiert neue Religionsstrukturen. Damit eröffnet sie neue Sinnwelten, auch wenn das möglicherweise nicht in der Absicht der Rezeption der fraktalen Theorie und fraktalen Interpretation von Religionen durch Schmidt-Leukel liegt. Das heißt, Narrative schaffen produktiv Wirklichkeit jenseits der Wirklichkeit mit dem Blick in die Vergangenheit und in die Zukunft, sie fördern Leben und machen das zu einem plot, was in der Finsternis der Zusammenhanglosigkeit enden würde.
– Somit stellen der Umgang mit und die Benutzung von Narrativität, um einen Ausdruck von Gayatri Spivak – wenn auch mit etwas anderer Bedeutung – auszuleihen, einen strategischen Essentialismus dar, sofern er sich der Tatsache bewusst ist, dass dieser Zugriff auf die Wirklichkeit nicht eine getreue Abbildung der Wirklichkeit darstellen bzw. schaffen kann, sondern im Sinne einer bestimmten für den Menschen bedeutungsvollen Strategie im Dienste der Lebensbewältigung stattfindet. Auch die allgemeine emanzipatorische Narrativität entsteht daraus, dass mein Leben oder Teile dessen oder Bestandteile der von mir erlebten Welt ihrer Kontingenz enthoben und narrativiert werden, um sich von mir bearbeiten zu lassen und möglicherweise zu einer Emanzipation zu verhelfen.

(Dr. Ulrich Dehn ist em. Professor für Missions-, Ökumene- und Religionswissenschaft an der Universität Hamburg.)

ABSTRACT

This paper treats narrativity of texts and various realms of life in two regards: as a general emancipatory narrativity in the stories of people out of their lives, and the special structuring narrativity being applied in concepts and theories. The most prominent theologian programmatically using narrativity in the first sense was C. S. Song making story theology in Asia part of his early activities. Special structuring narrativity is traced through various concepts such as the axial age theory of Karl Jaspers being reflected by thinkers like Jan and Aleida Assmann, Hans Joas, and Jürgen Habermas, the Global History idea of Jürgen Osterhammel, the fractal theory applied by Perry Schmidt-Leukel to the history of religions and the concept of life and the Ten Worlds in the Buddhist group Sōka Gakkai. The argument is that structuring theories and narratives (plots) need to be accepted as images of reality constructing reality and not mirroring it as such but at the same time are necessary for human beings to have meaning in life and apply creativity to the world and their environment.

Zwischen Transkulturalität des Evangeliums und der Inkulturation der Kirche in Korea

Sooil Chai im Gespräch mit Ulrich Dehn

Ulrich Dehn: Lieber Sooil, wie sehen zurzeit die Rahmenbedingungen für Theologie und Kirche in Korea aus?

Chai Sooil: Wenn die Frage »Interkulturelle Theologie – quo vadis? Zwischen Transkulturalität und Interreligiosität« in Korea gestellt wird, denken wir gleich einerseits an die im Laufe der Zeit sehr schwach gewordene Kirche und andererseits an die Krise der theologischen Fakultät in der Universität.

Die traditionelle Aufgabe der Theologie, nach Karl Barth, lag darin, der Kirche zu dienen, also im Sinne der wissenschaftlichen Begleitung zum reifen Wachsen der Gemeinde beizutragen. Aber die Zeit des Wachstums ist vorbei. Die Zahl der Christ:inn:en geht drastisch zurück. Viele Kirchen sind geschlossen, insbesondere auf dem Lande, und entsprechend wird die Zahl der arbeitslosen Pastor:inn:en größer. Auf Grund des niedrigen Niveaus der Geburtenrate – Südkorea steht an der Spitze der OECD-Staaten mit den niedrigsten Geburtenraten – leiden sowohl die theologischen Fakultäten, als auch die theologischen Seminare seit einigen Jahren unter einem Mangel an Bewerber:inne:n, was eine Umstrukturierung erzwingt.

Die andere Krise der wissenschaftlichen Theologie liegt darin, dass sie nicht dialogfähig genug ist, um sich mit der Gesellschaft über ständige Veränderungen und Entwicklungen – wie etwa die vierte Industrielle Revolution, Künstliche Intelligenz, den »Raubtier-Finanzkapitalismus« und die daraus folgende Polarisierung der Gesellschaft – grundsätzlich theologisch auseinanderzusetzen. Und sie ist auch nicht in der Lage, der Kirche zu helfen, die einen neuen Schritt in die Zukunft machen will.

Das ist eine sehr ernüchternde Diagnose. Aber wo siehst Du die positive Rolle der koreanischen Kirche in der Geschichte und heute?

Es ist bekannt, dass die koreanische Kirche und die Theologie trotz ihrer kurzen Geschichte im Mittelpunkt der Gesellschaft als ein starker Faktor der Transkulturation bzw. der kulturellen Transformation standen.

In der ungefähr 150-jährigen Geschichte der Mission hat die koreanische Kirche eine entscheidende Rolle gespielt, in Bezug auf die radikale Veränderung der feudalen Gesellschaft und Kultur im 19. Jahrhundert, in der japanischen Kolonial- und Besatzungszeit mit der Unabhängigkeitsbewegung und der patriotischen Aufklärung, in der Zeit der Teilung des Landes und des Bruderkrieges mit dem Heilungs- und Versöhnungsdienst, in den 1970er Jahren während der sogenannten Entwicklungsdiktatur mit dem Kampf für Menschenrechte und Demokratisierung des Landes und schließlich seit 1990 für die Versöhnung der geteilten Nation und eine friedliche Wiedervereinigung. All diese Aktionen und das Engagement der Christ:inn:en beruhten auf dem Glauben und dem Bekenntnis zur Kraft des gesellschaftlich radikal verändernden und transkulturellen Evangeliums. Der Preis war das Opfer und Leiden vieler Christ:inn:en, und aus dieser Erfahrung entwickelte sich die Minjung-Theologie in den 1970er Jahren.

Nach meinem Eindruck ist der Einfluss der Kirchen in Korea doch noch relativ groß?

In der Tat, in derselben Zeit trug die Evangelisierungsbewegung auch zum Wachstum der Kirche bei. Große Evangelisierungsversammlungen, die in den 1970er Jahren in Korea abgehalten wurden, trugen zum Gemeindewachstum bei und betonten »persönliche Seelenrettung« und »Kraftevangelium«. Natürlich sollte der Grund für das Wachstum der koreanischen Kirche im sozioökonomischen Hintergrund der damaligen Zeit gesehen werden, aber die koreanischen Protestanten sind in einer multireligiösen Gesellschaft mit langen religiösen Traditionen wie Buddhismus und Konfuzianismus aufgewachsen, auf die in den 1990er Jahren 20 Prozent der südkoreanischen Bevölkerung entfielen. Das Erscheinen großer Kirchen überraschte auch die Welt. Nicht nur 41 der 50 größten Kirchen der Welt, sondern auch sieben der zehn größten Kirchen der Welt, die sogenannten Superkirchen (Megachurches), befinden sich in Korea. Aufgrund dieser unglaublichen Wachstums- und Finanzkraft konnte die koreanische Kirche den JPIC-Weltkongress (1990) und die World Methodist Seoul Convention

(2006) nach Korea ziehen. Und die 10. Generalversammlung des Ökumenischen Kirchenrates (2013) fand in Busan statt.

Und wie ist der derzeitige Zustand der koreanischen Kirche zu beurteilen?

Seit der 10. Vollversammlung des ÖRK 2013 sind acht Jahre vergangen, die Kirche in Korea befindet sich derzeit in einer Phase des negativen Wachstums und sieht wie fade gewordenes Salz aus, das auf die Straße geworfen wurde und von Menschen mit Füßen getreten wird. 1995 erreichte die Zahl der Protestant:in-n:en in Korea 8,7 Millionen und erreichte mit 19,7 Prozent der Gesamtbevölkerung den höchsten Stand. Im Jahr 2015 fiel es jedoch auf 10 Prozent der protestantischen Erwachsenenbevölkerung.

Woran kann das liegen?

Man sagt, dass die Säkularisierung die Ursache ist. Das Wachstum und das negative Wachstum der koreanischen protestantischen Kirche stehen im Einklang mit dem Wirtschaftswachstum Koreas. Das Bruttoinlandsprodukt (BIP) Koreas wuchs 1978 stark auf 1.117 US-$, 1989 auf 4.040 US-$ und 1995 auf 10 037 US-$. Es wird jedoch darauf hingewiesen, dass die koreanische protestantische Kirche, als das Bruttosozialprodukt 10 000 US-$ überstieg, aufhörte zu wachsen und zu sinken begann. Als die Einkommen stiegen und sich stabilisierten, richtete sich die Aufmerksamkeit auf Reisen nach Übersee und Luxuskonsum, und das Interesse an der Kirche begann eine Abwärtskurve zu ziehen. Es ist auch wahr, dass die Umsetzung der politischen Demokratisierung und der sozialen Stabilität in der koreanischen Gesellschaft auch das religiöse Interesse geschwächt hat.

Seitdem tragen der rasche Rückgang der Bevölkerung, das Altern (Korea ist das am schnellsten alternde OECD-Land) und die hohe Jugendarbeitslosigkeit ebenfalls zum negativen Wachstum der koreanischen Kirchen bei. Darüber hinaus haben Übertritte von Pastoren zu Megachurches, pastorale Skandale, partei-politische Polarisierung, fundamentalistischer Antikommunismus und bindungsloser Proamerikanismus, eine exklusivistische Haltung gegenüber anderen Religionen, Hass auf Homosexualität usw. zum Verlust des öffentlichen Vertrauens und der sozialen Glaubwürdigkeit der Kirche geführt.

Die soziale Anziehungskraft des Protestantismus nimmt also ebenfalls dramatisch ab. In einer Umfrage zur Attraktivität der verschiedenen Religionsgemeinschaften wurde festgestellt, dass unter nichtreligiösen Menschen ca. 25 % den Buddhismus, 18 % den Katholizismus und nur 10 % den Protestantismus für attraktiv erachteten. Außerdem beantworteten vor zehn Jahren (nur) etwa 33 % der Befragten, sie keine Religion für attraktiv halten. Heute sind es schon 46 %.

Betrifft diese Tendenz nur die christlichen Kirchen oder den gesamten Religionsbereich?

Die Realität zeigt, dass fast die Hälfte der Menschen kein Interesse an Religion und keine besonderen Erwartungen an sie hat. Einige Religionswissenschaftle-r:inn:en sagen, dass das Interesse an institutionellen Religionen schwächer wird, aber das Interesse an Religiosität oder Spiritualität wächst. Aber wenn Du fragst, was diese Religiosität oder Spiritualität ist, so ist die Antwort so vielfältig wie die Anzahl der Religionen.

Was genau verstehst Du unter Religiosität und Spiritualität im Unterschied zu Religion?

Wenn wir Religiosität und Spiritualität als Befreiung von den Traditionen, Normen, Formen und Verpflichtungen aller institutionellen Religionen verstehen, dann existierten und existieren seit langem noch entsprechende Gemeinschaften in Korea. Diejenigen, die die Kirche verlassen, weil sie von der institutionellen Kirche enttäuscht sind, aber sich nach wie vor als Christ:inn:en verstehen, werden als »kanaanitische Christ:inn:en« bezeichnet. »Kanaan« ist nicht das gelobte Land im Alten Testament, sondern ein Wortspiel mit »Annaka« auf Koreanisch verkehrt ausgesprochen. Gemeint ist damit ein Christ/eine Christin, der/die nicht in eine institutionelle Kirche geht, aber sich ernsthaft als überzeugte:r Christ oder Christin versteht.

Eine andere Bewegung sind kleine Gemeinschaftsbewegungen, die den Grundgedanken des Evangeliums im täglichen Leben außerhalb der institutionellen Kirchen zu verwirklichen versuchen, z. B. Gemeinden, die das gegenwärtige Schulsystem ablehnen und alternative Ausbildung, radikale Friedensbewegungen und ökologische Gemeinschaften praktizieren. Ihr Leben ist berührend, beinhaltet eine nachhaltige Entwicklung und bedeutet eine Herausforderung für die etablierte Kirche.

Eine zentrale Frage ist, wie die vorherrschende Kultur, der sogenannte Mammonismus unserer Zeit, strukturell überwunden werden kann, der sich tief sowohl in der koreanischen Gesellschaft, als auch in der Kirche verwurzelt hat. Alles funktioniert mit Geld. Bildung, Beruf, Religion sind nur wichtig, solange es um Geld und Profit geht. Die kulturverändernde Kraft des Evangeliums, von der die koreanischen Kirchen in der Vergangenheit inspiriert waren, beruht darauf, die Radikalität des Evangeliums ernst zu nehmen. Daher ist es jetzt die Aufgabe der koreanischen Kirche, die Radikalität des Evangeliums wiederherzustellen.

Kannst Du das präzisieren, was Du mit Radikalität an dieser Stelle meinst?

Radikalismus wird oft mit Extremismus verwechselt. So wie Anarchismus keine Ideologie der Herrschaftslosigkeit oder Herrschaft ohne Regierung ist, ist die Radikalität kein Extremismus. In dem Nachruf auf Steven J. Gould, einem Naturwissenschaftler, der sich der radikalen linken Bewegung verschrieben hat, schrieb Richard Lewontin folgendes: Radikale heißen diejenigen, die »Dinge von ihren Wurzeln aus betrachten, zum Absoluten zurückkehren und ihre Handlungen und Gedanken nach ersten Prinzipien rekonstruieren«. Mit anderen Worten, Radikale fragen ständig nach dem Wesen und versuchen, es zu einem Prinzip der Praxis zu machen.

Ist das nicht dasselbe mit der Radikalität des Evangeliums? Es geht darum, die Essenz der Kirche in ihrer Wurzel, dem Leben Jesu, zu finden und die Lehre Jesu zum ersten Prinzip zu machen. Es ist die Aufgabe der heutigen koreanischen Kirche, die kulturelle Wandlungskraft der Kirche aus der Radikalität des Evangeliums wiederherzustellen.

Und was heißt das für unser Thema der zukünftigen Interkulturellen Theologie?

Wenn die Theologie, insbesondere die Interkulturelle Theologie, ihre Aufgabe darin sieht, das reife Wachstum der Kirche und die Verbreitung des christlichen Glaubens zu fördern, die Kultur-transformierende Kraft des Evangeliums zu stärken und die Ortsgemeinde dafür zu ermutigen, dann ist die Frage »Interkulturelle Theologie – quo vadis?« im Kontext der koreanischen Kirchen heute wirklich relevant.

Dieselbe Frage wird in der theologischen Hochschule auch gestellt, denn fast alle theologischen Hochschulen in Korea haben Schwierigkeiten, Studierende zu gewinnen, und sie sind zur Umstrukturierung gezwungen. Umso schwieriger ist es, eine kritisch begleitende Rolle der Theologie für das reife Wachsen der Kirche zu erwarten, denn die aufgeschlossenen Student:inn:en und Professor:inn:en im Blick auf die Frage der Homosexualität und des interreligiösen Dialogs werden von der Kirche überwacht und unterdrückt. Beispielsweise wurde ein Student an der Changshin-Universität wegen seiner Demonstration mit einer Regenbogenfahne bestraft, und die Generalversammlung der PCK beschloss, Professor:innen und Minister:inn:en zu entlassen, die sich für sexuelle Minderheiten aussprachen. Ein anderer Professor wurde entlassen, weil er für einen buddhistischen Tempel nach einem Brand gespendet hatte.

Du hattest schon darauf hingewiesen, dass es innerhalb der koreanischen Christinnen und Christen eine sehr starke, aber nicht mehrheitlich konservative Fraktion gibt. Könntest Du darüber mehr sagen?

Obwohl es einige Unterschiede gibt, sehen die meisten Kirchen sich dieser Situation gegenüber. Um die Krise des Minus-Wachstums zu überwinden, haben die konservativen Christen eine politisch konservativere Strategie und eine theologisch fundamentalistischere Haltung gewählt. Sie haben eine christliche Partei gegründet und versuchen, bei den Parlamentswahlen im April in die Nationalversammlung einzutreten. Jeden Samstag veranstalten sie öffentliche Versammlungen auf dem Gwanghwamun-Platz, die offen gegen die Reformpolitik der Regierung eintreten. Die meisten älteren Senioren demonstrieren mit der Nationalfahne, also »Taegeukgi«, daher werden sie »Taegeukgi-Truppen« genannt. Sie demonstrieren nicht nur gegen die humanitäre Hilfe für Nordkorea, Nordkoreas nukleare Entwicklung und Menschenrechtspolitik für sexuelle Minderheiten, sondern brandmarken auch die Anderen als Kommunisten und als pronordkoreanische Linke.

Mit welchen Problemen haben die koreanischen Kirchen es heutzutage zu tun, da es jetzt ja nicht mehr darum geht, gegen eine Diktatur zu kämpfen?

Während des Kampfes gegen die Entwicklungsdiktatur und für die Menschenrechte und Demokratie war die missionarische Aufgabe für progressive Christ:inn:en deutlich und klar. Und sie haben ihre missionarische und historische Aufgabe erfüllt. Aber jetzt, da die prozedurale Demokratie abgeschlossen und ein hohes Wirtschaftswachstum erreicht ist, sind die Kirchen von anderen, viel schwierigeren Problemen betroffen, so wie Jugendarbeitslosigkeit, Polarisierung der Armen und Reichen, ökologisches Problem, multikulturelle Gesellschaft, Homosexualität, Flüchtlingsprobleme, Nordkoreas nukleare Entwicklung, Diplomatischer Konflikt mit Japan, Handelskrieg zwischen den USA und China, Druck der USA auf die Erhöhung der Militärausgaben und militärische Spannung zwischen USA und China etc. All diese Probleme stellen aufgrund der Komplexität der Konfliktrealität schwerwiegende Herausforderungen für die Kirche dar.

Der gesellschaftliche Konflikt ist so ernst, dass Korea als Republik des Konflikts bezeichnet wird. Nach den Ergebnissen einer Umfrage zur sozialen Integration, die im September 2018 vom Koreanischen Institut für Verwaltungsstudien unter 8000 erwachsenen Männern und Frauen durchgeführt wurde, gaben die Koreaner:innen den Konflikt zwischen sogenannten Konservativen und Progressiven als das schwerwiegendste Feld an. 87 Prozent der Koreaner:innen glauben, dass Konflikte in der koreanischen Gesellschaft schwerwiegend sind. In der Folge kam es zu schweren Konflikten zwischen der Armen- und Mittelschicht und Arbeitnehmer:inne:n und Arbeitgeber:inne:n. Die Kernagenda ist der ideologische Konflikt zwischen Konservativen und Progressiven aufgrund des Positionsunterschied zu Nordkorea. Der Geist des Antikommunismus durchstreift immer noch die koreanische Halbinsel.

Gibt es heute überhaupt noch die Erwartung an die christlichen Kirchen oder überhaupt an Religionen, dass sie konstruktiv etwas zu den gesellschaftlichen Problemen beitragen können?

Die Erwartungen der Öffentlichkeit, dass religiöse Gruppen den Konflikt lösen würden, sind überraschend gering. Auf die Frage, welche Gruppe eine zentrale Rolle bei der sozialen Integration spielen würde, verzeichnet die Regierung 62 %, die Nationalversammlung 45 % und die Medien 36 %. Religiöse Gruppen waren dagegen nur 4 % niedriger als die Gewerkschaften (7 %). Das Christentum, das behauptet, den Nächsten zu lieben und sich mit den Nachbarn zu versöhnen, befindet sich selber mitten im Konflikt, anstatt soziale Konflikte zu lösen und zur sozialen Integration beizutragen. Die Kirche ist selber zum Konfliktfaktor geworden und sie vertieft selber soziale Konflikte.

Nach diesen düsteren Ausblicken bleibt mir nur noch die Frage, wo Du Hoffnungsschimmer im Bereich des koreanischen Christentums siehst.

Das ist eine wichtige Frage: Wo wächst dann die Hoffnung? Wie bereits am Anfang erwähnt, hat die koreanische Kirche seit ihrer Gründung die kulturelle Wandlungskraft des Evangeliums erfahren und durch den Glauben an die Inkarnation einen großen Beitrag zum Wandel der koreanischen Gesellschaft geleistet. Die koreanische Kirche hat durch die Auflösung der Feudalordnung, durch die Modernisierung nach dem westlichen Muster und durch die Verwirklichung der Demokratisierung entscheidend dazu beigetragen, dass das früher »Land der Morgenstille« genannte arme Land heute Mitgliedsstaat der OECD ist. Darüber hinaus überraschte die koreanische Kirche die Weltkirche mit ihrem bemerkenswert schnellen Wachstum.

Aber diese Entwicklung hat nicht angehalten ...

Richtig, seit 1995 ist die koreanische Kirche allmählich im Niedergang begriffen. Nach stagnierendem Wachstum ist sie in eine negative Wachstumsphase eingetreten. Es geht nicht nur darum, dass die Mitgliederzahl abnahm, es geht auch um den Verlust der sozialen Glaubwürdigkeit aufgrund von Korruption und Illegalität einiger übergroßer Kirchen (kirchliches Erbe, finanzielle Korruption usw.), aufgrund der moralischen Korruption von Pastoren (Sexskandale) und aufgrund der Parteipolitik der Kirche. Vielleicht werden die Verstärkungen der Polarisierung, die Schwächung der Kirche und der Verlust der Glaubwürdigkeit der Kirche noch dazu führen, dass man die Hoffnung woanders suchen muss, nicht mehr in Kirchen, sondern in vielfältigen Gemeinschaftsbewegungen.

Wie können wir uns diese Hoffnungsschimmer genau vorstellen?

Wenn es Hoffnung gibt, scheint es eine kleine Gemeinschaftsbewegung zu geben. In alternativer Bildung, ökologischem Landbau und Friedensbewegungen verfolgen kleine Gemeinschaften unterschiedliche Ziele, glauben jedoch, dass die Schaffung einer neuen Welt in und mit den institutionellen Kirchen leider nicht mehr möglich ist, und begannen früh mit einer kleinen, im Boden verwurzelten Gemeinschaftsbewegung, wobei die Hoffnung auf die institutionelle Kirche aufgehört hat.

Die Gemeinsamkeit der Pastor:inn:en, die an diesen Gemeinschaftsbewegungen teilnehmen, besteht darin, dass sie mit einem konservativen und evangelikalen Hintergrund des Glaubens aufgewachsen sind und von der Befreiungstheologie einschließlich der Minjungtheologie beeinflusst wurden. Was Christ:inn:en in diesen Gemeinschaftsbewegungen teilen, ist, dass sie versuchen, das Evangelium in ihrem täglichen Leben zu verkörpern. Ein Theologieprofessor, der von der Universität entlassen wurde, weil er nach dem Brand eines buddhistischen Tempels gespendet hatte, versuchte ebenfalls, nicht nur das Evangelium vorzulesen, sondern es zu vor- und nachzuleben.

Diese kleinen Gemeinschaften haben ein Netzwerk gebildet, und es heißt interessanterweise »Jesu salgi«, also »Jesus leben«. Sie arbeiten mit Nichtchrist:inn:en zusammen, um die gesamte Gemeinde über den Kongregationalismus hinaus zu entwickeln. Infolge der Entwicklungspolitik, die sich auf die große

Stadt konzentriert, wurden die Bauern- und Fischerdörfer stärker zerstört. Der Arbeitskräftemangel hat zu einem großen Zustrom ausländischer Arbeitskräfte geführt und die koreanische Gesellschaft, eine über lange Zeit homogene Gesellschaft, interkulturell und interreligiös gestaltet. Insbesondere die Bauern- und Fischerdörfer haben sich bereits in dieser Weise gewandelt. Für Kirche und Theologie ist es eine Herausforderung und gleichzeitig eine Chance für neue theologische Überlegungen und Experimente der interkulturellen Theologie.

Die neuen Gemeinschaftsbewegungen begannen in der Peripherie der koreanischen Gesellschaft. Es scheint mir eine Rückkehr der Minjung-Theologie zu sein. Für die Minjung-Theologie stand Galiläa im Mittelpunkt der Bewegung und die Lehre des Reiches Gottes. Jesus zog von Galiläa nach Jerusalem und wurde in Jerusalem gekreuzigt. Nach seiner Auferstehung kehrte er vor seinen Jüngern nach Galiläa zurück. Galiläa ist immer noch ein Synonym für den Ort im weitesten Sinne, an dem man dem auferstandenen Christus heute begegnen kann.

Und noch ein Wort zum Abschluss?

Auf Koreanisch besteht das Wort »Ende« aus zwei Wörtern. Es bedeutet »zum Ende kommen« wie auf Deutsch üblich, aber gleichzeitig »rauskommen« und »geboren«.

Wenn Hoffnung aus Verzweiflung geboren wird und Hoffnung von dort auskommt, wo die Hoffnung endet, ist es klar, wo nach Hoffnung gesucht werden muss. Der Himmel kurz vor Sonnenaufgang gilt als der dunkelste. Die koreanische Kirche scheint sich in der Mitte des längsten und dunkelsten Tunnels der Geschichte zu befinden. Aber nicht allzu lange, ich bin sicher, dass diese kleinen Gemeinschaftsbewegungen uns ein ganz anderes Christentum zeigen werden, denn sie sind schon unterwegs auf Galiläa zu.

(Dr. Chai Sooil war bis 2016 Professor an der Hanshin-Universität in Osan und Seoul in Korea und zuletzt ihr Präsident, seit 2016 ist er Hauptpastor an der Kyongdong-Kirche in Seoul. Er war auch für einige Jahre Studienleiter an der Missionsakademie in Hamburg und ist Ulrich Dehn seit mehreren Jahrzehnten freundschaftlich verbunden.)

Afrozentrizität – Afropolitanität – Kosmopolitanismus

Positionsbestimmungen postkolonialer afrikanischer Theologie

Andreas Heuser

Interkulturelle Theologie befindet sich noch immer »im Stadium einer hermeneutischen Neuerfindung«, das ihr Ulrich Dehn schon 2013 zuschrieb.[1] Gegenüber einer vermeintlichen interkulturell-theologischen »Blicksicherheit«[2] in Bezug auf weltweite christliche Lebenswelten, plädiert er für eine »wirklichkeitsanalytische[] Wahrnehmungswissenschaft«.[3] Ein Kennzeichen dieser »Wahrnehmungswissenschaft« besteht darin, die interkulturell-theologischen Wahrnehmungsbeschränkungen offen zu legen. Darin drückt Dehn sein Unbehagen über eine stereotype Erfassung von Fremdheit aus, zeigt sich skeptisch gegenüber Repräsentationsformen von Andersheit, die nicht selten mit kulturalisierenden Alteritätskonstruktionen operieren oder gar Klischeebildungen verfestigen. Zugleich attestiert er insbesondere postkolonialer Theorie- und Theologiebildung, solch »hermeneutische Naivität«[4] zu untergraben. Dehn verfolgt Spuren, die der postkoloniale Diskurs, der den Nachwirkungen von kolonialen Wissens- und Machtregimen nachspürt, in der Theologie legt. Er kartiert einige postkoloniale Theologieansätze, die sich kolonialgeschichtlich bewirkten Differenzkonstruk-

1 Ulrich Dehn, Weltweites Christentum und ökumenische Bewegung, Berlin 2013, 29.
2 Dehn, Weltweites Christentum, 9.
3 Dehn, Weltweites Christentum, 57.
4 Dehn, Weltweites Christentum, 9.

tionen stellen und sich an der »Auflösung von essentialisierenden Dichotomien«[5] beteiligen. Kurz gefasst anerkennt Dehn in der postkolonialen Theologie ein Kränkungspotential für eine Interkulturelle Theologie, insofern und falls diese bisherige »substantialisierende Kriterienkataloge« und »monoperspektivische Ausblicke«[6] auf weltweites Christentum anwende.

Ich nehme diesen Ball auf, indem ich mich auf das herausfordernde Feld postkolonialer afrikanischer Theologie begebe. Mein Augenmerk gilt weniger der Frage der Rezeption von Ansätzen afrikanischer Theologie innerhalb der Interkulturellen Theologie.[7] Vielmehr interessiert mich die Pluralität postkolonialer afrikanischer Theologie, die sich derzeit entfaltet. Diese Vielstimmigkeit gliedere ich in drei epistemologische Varianten postkolonialer Theologiebildung. Die vorgestellten Ansätze sind exemplarisch ausgewählt, repräsentieren aber eine theologieproduktive Generation, die postkoloniale Übergänge unmittelbar erlebt hat und die sich an der kategorialen Aufarbeitung, Durchdringung und Einordnung kolonialer Geschichte und deren Relevanz für die politische wie theologische Gegenwartskultur beteiligt. Ihre Deutung des Kolonialismus, die sich im postkolonialen Diskurs meist als historisches Trauma verfestigt hat, lässt jedoch sehr unterschiedlich ausgeweitete interkulturell-theologische Referenzsysteme zu. Dies bilden die drei Grundformen afrikanischer postkolonialer Theologie ab, die hier unter Afrozentrizität, Afropolitanität und Kosmopolitanismus gefasst sind.

Zwei Voraussetzungen meiner Kartierung gegenwärtiger postkolonialer afrikanischer Theologie seien vorab benannt. Erwähnenswert ist erstens, dass sie speziell Impulse aufgreift, die in der aktuellen afrikanischen politischen Philosophie formuliert werden. Die interdisziplinären Anregungen werden in einen Austausch mit bestehenden postkolonialen Theologieansätzen verwickelt, d. h. auch zum Teil in ein konstruiertes Gespräch gebracht und bewusst miteinander konstelliert, wenn wechselseitige Rezeption nicht erkennbar ist (dies betrifft die Diskussion um Afrozentrizität und Kosmopolitanismus). Zweitens findet postkoloniale afrikanische Theologie ihren gemeinsamen Vergleichspunkt wie erwähnt darin, kollektive Gedächtnisbildungen afrikanischer Lebenswelten auszu-

5 Dehn, Weltweites Christentum, 181. Er bezieht sich auf R. S. Sugirtharajah, Kwok Pui-Lan und Joerg Rieger.

6 Dehn, Weltweites Christentum, 29.

7 Vgl. Claudia Jahnel, Interkulturelle Theologie und Kulturwissenschaft. Untersucht am Beispiel afrikanischer Theologie, Stuttgart 2016.

handeln. Genau an diesem neuralgischen Punkt bleibt sie in sich polychrom und unabgeschlossen, entzieht sich also einer »monoperspektivischen« Aneignung von afrikanischer Theologie- wie Religionsgeschichte überhaupt. In der Zusammenschau, also im Vergleich der drei Grundpositionen zeigt sich, dass postkoloniale afrikanische Theologie das diskursiv eingeübte Mantra, die Behauptung kolonialer Differenz und Konfrontation mit der epistemologischen Hegemonie »des Westens«, selbstkritisch und in abgestuften Graden herausfordert. Zaghaft sichtet Thorsten Schüller zuletzt für den afro-frankophonen Theoriediskurs eine Art post-postkolonialer Passage. Er meint damit eine Überwindung antagonistischer Deuteschemata und verortet »das allmähliche Verschwinden der kämpferischen Oppositionen« innerhalb einer jungen, nachgeborenen Generation von afrikanischen Intellektuellen, die nicht mehr »in koloniale oder postkoloniale Problematiken involviert sind.«[8] Blicken wir nun auf die hier vorgelegte Konstellation theologischer Grundpositionen, verzerrt sich diese Chronologie. Tatsächlich trägt afrikanische postkoloniale Theologie, formuliert von Intellektuellen einer Unabhängigkeitsgeneration, bereits Anzeichen eines Post-Postkolonialismus.

Afrozentrizität (Tinyiko Maluleke)

In dem jüngst von Elias K. Bongmba herausgegebenen Handbuch Afrikanischer Theologie füllt der südafrikanische Missionswissenschaftler und *homme publique*, Tinyiko Maluleke, das Schlüsselkapitel zu postkolonialer afrikanischer Theologie aus. In diesem herausragenden Sammelwerk skizziert Maluleke (* 1960), der derzeit an der University of Pretoria lehrt, postkoloniale Theologie aus einer, wie ich meine, afrozentrischen Perspektive. Darin fügen sich einige Fragmente zusammen, die ihn seit der politischen Wende in Südafrika zu einem der Hauptstichwortgeber des theologischen Aufbruchs in der Post-Apartheid-Ära haben avancieren lassen. Suchte Maluleke um 2000 herum die Black Theology, in deren Tradition er steht, aus ihrer Verflechtung mit dem in Südafrika nachhaltigen *struggle discourse* der Apartheid-Zeit herauszulösen, so positioniert er sich nunmehr im Sinne des in der afrikanischen Philosophie und Sozialwissenschaften

8 Thorsten Schüller, Frankophone antikoloniale Theorie, in: Dirk Göttsche/Axel Dunker/Gabriele Dürbeck (Hg.), Handbuch Postkolonialismus und Literatur, Stuttgart 2017, 2–9, hier: 8.

bekannten Ansatzes der *Afrocentricity*. Die Übergänge seines theologischen Denkens sind fließend und orientieren sich an einer Kontinuitätslinie, die sich insgesamt um die Ausformulierung einer *agency agenda* dreht. Damals, nach der verflogenen Euphorie über das Ende der Apartheid, diagnostizierte er ein beschämendes »Schweigen« der Theologie; der Erfahrung einer »intense and acute spiritual loneliness« stellte er appellativ die Wiederentdeckung afrikanischer Handlungsmacht entgegen.[9] Sein aktueller Beitrag zu postkolonialer afrikanischer Theologie bringt die Neuausrichtung auf den Punkt und entfaltet nunmehr eine afrozentrische Programmatik.

Der Begriff des Afrozentrismus, in dem mehrere philosophische Traditionen fusionieren, wurde von Molefi Kete Asante geprägt. Afrozentrismus meint eine Konstellation, die die Krisenhaftigkeit der afrikanischen Postkolonie aus einer grundlegenden Dezentrierung begreift, der zufolge afrikanische Handlungsmacht und Subjekthaftigkeit abgetrennt worden seien von den Narrativen afrikanischer Geschichte. »The key crisis in the African world«, erläutert Asante, »is the profoundly disturbing decentering of African people from a subject position *within their own narrative*.«[10] Das afrozentrische Skript verweist primär auf eine koloniale Erschütterung, Umlenkung und Dislozierung afrikanischer *agency* und zielt darauf, das erodierte afrikanische kulturelle Gedächtnis wiederherzustellen. Dazu fordert Asante eine afrozentrische Haltung ein. Er kontert die akute Verlusterfahrung afrikanischer Geschichte durch eine »Afrocentric posture«, die mit Hilfe von zentrierenden Narrativen Orientierung, Halt und Wiederverortung verspricht. Afrozentrismus machte bisher Karriere vor allem in Sozial- und Geisteswissenschaften. Maluleke bezieht sich erstaunlicherweise selbst nicht auf Asante, doch trägt er unverkennbar die afrozentrische Narratologie in die Theologie hinein. Kurz gefasst soll das christlich-theologische Narrativ ihren ureigenen afrikanischen Kern rekonstruieren und sich konsequent um ihn herum (neu) aufbauen.

Maluleke versieht in seinem Beitrag zu »Postcolonial Theology in Africa« aus dem Jahr 2020 moderne afrikanische Theologiebildung durchweg mit einer

9 Tinyiko Maluleke, The Rediscovery of the Agency of Africans: An Emerging Paradigm of Post-Cold War and Post-Apartheid Black and African Theology, in: Journal of Theology for Southern Africa, 108 (2000), 19–37, hier: 20.

10 Molefi Kete Asante, The Philosophy of Afrocentricity, in: Adeshina Afolayan/Toyin Falola (Hg.), The Palgrave Handbook of African Philosophy, New York 2017, 231–244, hier: 231 (meine Hervorhebung).

postkolonialen Klammer: »Modern African Christian theology as we have come to know it is a postcolonial phenomenon.« Doch geht er noch einen Schritt weiter. Afrikanische Theologie der Gegenwart sei, so Maluleke programmatisch, eine intellektuelle Speerspitze für postkoloniales Denken überhaupt. Er setzt fort: »More accurately, it was one of the spiritual and intellectual harbingers of postcolonial thought on the African continent.«[11] Um seine Doppelthese zu stützen, wirft Maluleke einen Blick auf die Genealogie und einige Konstanten postkolonialer afrikanischer Theologie, um daraufhin einen Vorausblick in die weitere Entwicklung afrikanischer Theologiebildung zu wagen. Sowohl Rück- wie Ausblick sind stark afrozentrisch geprägt.

In seiner Retrospektive akzentuiert Maluleke afrikanische Religionen als Hauptressourcen einer postkolonialen Theologie. Die religiöse »Domäne« sei die am wenigsten »kontaminierte« durch koloniale Machtverhältnisse.[12] Infolgedessen sieht Maluleke gerade in den rituellen und weltanschaulichen Archiven afrikanischer Religionen substanzielle Widerstandspotentiale geborgen, die den Kampf gegen den Kolonialismus getragen hätten. »Of all ›territories‹ colonialism thought it had conquered, it was resisted most fiercely in the sphere of religion and spirituality.«[13] Wenig verwunderlich, dass postkoloniale afrikanische Theologie der Gegenwart auf die Repositorien afrikanischer Religionen konstruktiv zugegangen sei. Erst diese konstruktive Bezugnahme auf afrikanische Religionen markiere den »einzigartigen Charakter des Christentums in Afrika«[14], und, so möchte man anfügen, die Besonderheit afrikanischer Theologiebildung. Über die Anbindung an afrikanische Religionen lassen sich nicht nur die antikolonialen Widerstandsimpulse postkolonialer afrikanischer Theologie deuten, vielmehr bilden sich gleichsam epistemologische Brücken in die Vorkolonialität aus. Denn dort verortet Maluleke die Wurzeln des postkolonialen Denkens. Die Auswirkungen der kolonialen Ära auf afrikanische Weltanschauung und Lebensgestaltung sollen an den Rand gedrängt, marginalisiert werden. Die Aufgabe postkolonialer Theologie in Afrika besteht darin, die Vorkolonialiät als theologischen Referenzraum zu gewichten. Es geht ihm darum, die diskursiven Formationen des Nicht-

11 Tinyiko Maluleke, Postcolonial Theology in Africa: Looking back and looking forward, in: Elias Kifon Bongmba (Hg.), The Routledge Handbook of African Theology, London/New York 2020, 335–345, hier: 335.
12 Maluleke, Postcolonial Theology, 335.
13 Maluleke, Postcolonial Theology, 337.
14 Maluleke, Postcolonial Theology, 337.

kolonialen freizulegen und die darin geborgenen Intentionen für gemeinsames Leben aufzuspüren. Das Programm einer postkolonialen Theologie beschreibt er damit »to recover the beginnings of the ›song‹ that was interrupted by colonialism, a refusal to let an interruption become a beginning, a refusal to let colonialism continue to define the present and the future of its victims.«[15]

Maluleke plädiert für den radikalen Bruch mit der neuzeitlichen Missionsgeschichte, die er im Prinzip gleichsetzt mit der Kolonialgeschichte. Denn die Missionsgeschichte habe zwei Grundmodelle der Beziehung christlicher Theologie mit afrikanischen Religionen forciert, die beide abzulehnen seien. In beiden Varianten handelt es sich um theologische Überwindungsmodelle. In dem einen lassen sich afrikanische Religionen in eine religionsgeschichtliche Vorphase zum afrikanischen Christentum verorten. Maluleke verweigert sich solchen linearen, und wohl auch evolutiven Erklärungsansätzen in der modernen Missionsgeschichte, die afrikanische Religionsformen als Vorbereitung und als Anknüpfungsreservoir zum eigentlichen Verständnis des Evangeliums ansehen. Das andere Grundmodell geht schärfer vor, indem es sich Adaptionsbestrebungen radikal zu entziehen vorgibt. Maluleke kritisiert die insbesondere in Teilen der afrikanischen Pfingstbewegung stark ausgeprägte binäre Überzeugung, gerade in afrikanischen Religionsäußerungen den zu eliminierenden Feind der christlichen Wahrheit zu identifizieren. In dieser Ausschlusshermeneutik werden afrikanische Religionen als das nicht hinnehmbare Andere zur christlichen Theologie konstruiert. Postkoloniale afrikanische Theologiebildung muss mit diesen Beziehungsmodellen brechen, so Maluleke. Ein epistemologischer Abbruch ist drastisch erforderlich, nicht allein, weil diese Überwindungsmodelle auch gegenwärtig populär sind, sondern weil sie koloniale Gewalt und Machtasymmetrien in die Postkolonialität hinein verlängern. »The tragedy of Christian theology in Africa stems from the violence of some of the methods with which it was transmitted, the violence of the colonial legacy, and the violence of the resulting conditions in which Africans find themselves.«[16]

Dieser tragische Grundzug schließt jede Vermittlung postkolonialer Theologie mit solcher Theologie grundsätzlich aus, die den epistemologischen Bruch mit kolonialem Denken der Gegenwart nicht wagt. Der »souveräne Charakter

15 Maluleke, Postcolonial Theology, 337.
16 Maluleke, Postcolonial Theology, 338.

der Theologie in Afrika«[17] kann nicht auf einer Mimikry kolonial induzierter Theologie mit ihren europäischen und nordamerikanischen Grundzügen beruhen. Eine Anerkennung ihrer Einzigartigkeit bedeute für postkoloniale afrikanische Theologie notwendigerweise, ein radikales Dekolonisierungsprogramm umzusetzen. Sie reklamiert gleichzeitig ihre frühen afrikanischen Wurzeln und verweigert sich demonstrativ, auch mit jüngsten Rahmentheologien und theologischen Standards, die in der nordatlantischen Welt generiert werden, konform zu gehen. »Christianity and theology in Africa ought to have more ambition than merely to revive the fortunes of Euro-American Christendom.«[18]

Damit stößt Maluleke ein letztes Tor zur eigentlichen Rekonstruktion postkolonialer afrikanischer Theologie auf, oder auch, je nach Perspektive, zu. Afrikanische Theologie soll zu sich kommen, fokussieren, sich nicht in Schulterblicken ins Außen verlieren. »Neither Christianity nor Christian theology in Africa is a junior partner of the global Christian enterprise.«[19] Die tragische Komponente afrikanischer Theologie bis heute liegt darin, sich mit dem kolonialen Erbe eines triumphalistischen Christentums herumzuplagen. Solche Rede ist prominent vertreten in der aktuellen Debatte um World Christianity. Darin wird afrikanischem Christentum ein privilegierter Ort zugespielt, vorzugsweise als ein Hauptakteur des weltweiten Christentums in religionsdemographischer Hinsicht. Solche Euphorie über das steigende Gewicht des afrikanischen Christentums ist für Maluleke selbst bei den Vordenkern aktueller postkolonialer Theologie nachweisbar. Er hält ihnen vor, einen einheitlichen Entwurf des Christentums in Afrika zu verfestigen, in dem sich nicht selten statistische Wachstumszahlen in Kategorien von Hoffnung, Zuversicht und Überschwang ummünzten. Auch diese prominenten Versuche schätzten die Möglichkeiten der »Übersetzung« eines missionsgeschichtlich geprägten Christentums in die Gegenwart zu hoch ein.[20] Diese Traditionsbildung scheint ihm angesichts der Verstrickung afrikanischer Theologie in die »violent interruption«[21] der Kolonial- und Missionsgeschichte fehlgeleitet. Maluleke konturiert seinen Widerspruch nicht sehr detailliert, doch hält er

17 Maluleke, Postcolonial Theology, 341.
18 Maluleke, Postcolonial Theology, 343.
19 Maluleke, Postcolonial Theology, 342.
20 Maluleke spricht hier Lamin Sannehs Hauptwerk »Translating the Message« (Maryknoll 1989) an. Ferner bezieht er sich auf Kwame Bediakos Insistieren auf den Einfluss afrikanischer Kultur auf das Christentum und die Hoffnungstheologie von Emmanuel Katongole, Born from Lament: The Theology of and Politics of Hope in Africa, Grand Rapids 2017.
21 Maluleke, Postcolonial Theology, 341.

den Ansätzen der World Christianity wohl eine zu starke Bindung an westlich-missionsgeschichtlich vorgeprägte Theologie vor wie auch eine kulturalistische Deutung ihres Afrikabezugs. Richte sich der theologische Blick auf »Afrika«, aber nicht auf vermeintliche kulturelle Kontexte, sondern auf die bleibenden Ressourcen afrikanischer Religionen, differenziere sich die Eigenheit postkolonialer afrikanischer Theologie entscheidend aus. In jedem Fall ist festzuhalten, dass er postkoloniale Theologie in Afrika aus dem Begründungszusammenhang der World Christianity herauslösen will. »The time has come to bid farewell to such approaches.«[22]

Wie aber rekonstruiert Maluleke afrikanische Religionen? Die Frage verweist auf den Kern seiner afrozentrischen Positionierung postkolonialer Theologie. Ginge postkoloniale Theologie auf die Potentiale afrikanischer Religionen zu, die von einer Sektoralisierung in private und öffentliche Sphären absehen, müssten sich daraus gesamtgesellschaftliche Konturen ableiten lassen. Es fällt auf, dass Maluleke zwar von »zahlreichen« Einflussfaktoren afrikanischer Religionen auf christliche Theologie spricht, diese aber wenig greifbar macht. Substantiell merkt er lediglich einen Gottesbezug an, stellt Werte wie soziale Gerechtigkeit heraus und das philosophische Konzept der »Ubuntu«, das die Relationalität des Menschen zentral stellt; ferner erwähnt Maluleke ökologische Perspektiven und macht auf feministisch-theologische Ansätze afrikanischer Theologie aufmerksam. Dass sich manche dieser Kategorien und Handlungsfelder ebenjenen Diskursen euro-amerikanischer Theologie zumindest mit verdanken, gegen die er sich vehement kehrt, scheint hier nicht weiteren Aufhebens wert. Vor allem stellt er einige formale Indikatoren heraus, die dem Christentum eine »general exuberance to the musicality of faith« beschert hätten.[23] Wir halten fest: Maluleke bewegt sich explizit, aber wenig überzeugend auf expressive Ausdrucksmöglichkeiten afrikanischer Religionsformen zu, die er an anderer Stelle als bloß kulturell signifiziert hat. Er beschließt seine Erwägungen zu postkolonialer afrikanischer Theologie mit einem repräsentativen Porträt eines »African Christian today«. Repräsentativ für afrikanisches Christentum heute sei, so Maluleke, eine junge, bildungshungrige Frau, die – ob im ruralen oder im urbanen Umfeld – einer internationalen pentekostalen Megakirche angehöre, mit der sie sich mit ihrer Bibel in der Hand

22 Maluleke, Postcolonial Theology, 342.

23 Maluleke, Postcolonial Theology, 341–342. Kritisch sei angemerkt, dass Maluleke hier eine unterkomplexe Wahrnehmung der Bedeutung afrikanischer Religionen vornimmt, eine Taxierung, die einem »Othering« afrikanischer Religiosität und Ritualhandlungen zuspielt.

über die Neuen Sozialen Medien verbindet und die doch durchdrungen ist von den Erzählungen ihrer Großmutter über lebendige Flüsse, heilige Seen und menschenähnliche Tiere wie über Wolken, die sprechen, wenn sie zornig sind.[24] An diesem idealisierten Profilbild stechen wesentliche Kennzeichen der afrozentrischen Theologievision Malulekes heraus. Insbesondere stellt er die Verwebung religiöser Weltanschauungen über die Generationen hinweg heraus, ein hybridisierender Religionsaustausch (zwischen Frauen), der verschiedenste – orale, textuelle und internetbasierte – Modi des Theologietreibens benutzt.[25] Vielleicht lässt sich auch eine gewisse afrozentrische Nostalgie erspüren, die in ihrem eigenen Überschwang ausblendet, dass ebenjene pentekostalen Megakirchen einem kreativen Austausch mit afrikanischen Religionen in der Regel fernstehen.

Ich fasse zusammen: Malulekes Ansatz zeigt eine hohe Kohärenz in seiner Forderung, die Afrikanität einer postkolonialen Theologie zu beschwören; sie offenbart eine ebensolch hohe Inkohärenz, die Marker einer postkolonialen afrikanischen Theologie konkret zu bezeichnen. Maluleke klagt mit Vehemenz das Herausbrechen afrikanischer Theologie aus den Totalitätsansprüchen des kolonialen Systems ein. Implizit fordert er eine radikale Selbstkritik afrikanischer Theologie, sofern sich diese – wie noch in aktuellen Ansätzen nachweisbar – aus der neuzeitlichen Missionsgeschichte ableitet. Zur Rekonstruktion einer postkolonialen afrikanischen Theologie weist er ihr einen Resonanzraum zu, den sie sich mit afrikanischen Religionen teilt. Mit afrikanischen Religionen konstelliert er weniger konkret Weltanschauungen und Akteursgruppen, die sich kolonialgesellschaftlichen Einflüssen am wirkungsvollsten entziehen konnten. Auch künftig müsse sich afrikanisches Christentum überhaupt in einem konstanten Verflechtungszusammenhang mit afrikanischen Religionen verstehen.

Malulekes afrozentrischem Konzept einer postkolonialen afrikanischen Theologie liegt gleichsam ein Reinheitspostulat zugrunde. Sie ist nämlich nur dann

24 Vgl. Maluleke, Postcolonial Theology, 343. Als Referenzkirche führt er eine global präsente, nigerianische Megakirche an, die in Südafrika einerseits in jungen Bildungsmilieus Rückhalt findet, andererseits aber im Verruf steht, kirchliches Leben zu monetarisieren – ein Vorwurf, mit dem insbesondere nigerianische Megakirchen in Südafrika stereotypisiert werden.

25 Malulekes Profilierung weicht m. E. signifikante Trends afrikanisch-feministischer Theologien auf. Vom Ringen um eine postkoloniale Hermeneutik in Beziehung auf Gender-Verhältnisse ist kaum mehr etwas erkennbar. Postkoloniale feministische Bibelhermeneutik etwa fragt danach, inwieweit afrikanische Kolonialgeschichte das patriarchale Verständnis biblischer Schriften beeinflusst hat, und zielt mit einer biblischen Re-Lektüre auf die Herstellung von sozialer Gerechtigkeit im afrikanischen Kontext (s. u.).

authentische Theologie, wenn sie afrikanisch-religiöse Formate amalgamiert. Dieser rein innerafrikanische Religionsaustausch, der freilich bis in die Anfangsgeschichte des Christentums in Afrika zurückreicht, markiert für ihn den einzigartigen Charakter afrikanischer Theologiebildung. Afrikanische Religionen versteht er sicher nicht im Sinne eines containerisierten, womöglich essentialistisch geschlossenen Systems. Seine Kritik an kulturalisierenden Ansätzen afrikanischer Theologie bleibt vernehmbar. Doch alle anderen Außenverflechtungen afrikanischer Theologie sollen sich auflösen, denn diese tragen die Male nicht nur einer kolonialen Unterbrechung, sondern, so wäre Maluleke präziser getroffen, einer kolonialen Verunreinigung. Einbezogen in die gewalthaltige Kontamination des afrikanischen Christentums ist die neuzeitliche Missionsgeschichte. Sie verantwortet eine geradewegs traumatische Dezentrierung der afrikanischen Theologie, die wegführt von afrikanischen Religionen und nur kolonialgeschichtliche Verwundungen hinterlässt. Nirgendwo bespricht Maluleke etwa missionsgeschichtliche »Kontaktzonen«, in denen sich weltanschauliche Deutungen vermischten. Kaum vorstellbar scheinen ihm »lange Konversationen« der kolonial- und missionsgeschichtlichen Aushandlung,[26] noch weniger wohl vermag er die Missionsstation als Mikroraum der Globalität ansehen, in denen sich die religiöse Akteurschaft einer Vielzahl auch afrikanischer Christen und gar Christinnen ausdifferenzierte.[27] Solche »third space«-Theologien, die sich in Zonen des dichten interkulturellen Austauschs vollziehen konnten, unterliegen bei Maluleke einer Hermeneutik des grundsätzlichen Verdachts. Missionsgeschichte ist als Gewaltgeschichte chiffriert. Postkoloniale Theologie kann sich erneuern allein am genealogischen Bild einer ursprünglichen religiösen Textur afrikanischer Weltanschauung – sie kann sich nur im Rückgriff auf unbeschädigte, vorkoloniale afrikanische Religionsgeschichte mit sich selbst versöhnen. Irritierend bleibt Malulekes konstruktiver Bezug auf die Pfingstbewegung in Afrika, zumal diese sich als dynamischen Teil des weltweiten Christentums sieht. Um die Jahrtausendwende noch hatte Maluleke Afrikanischen Unabhängigen Kirchen eine wegweisende Rolle postkolonialer afrikanischer Theologiebildung zuerkannt.[28] Mit

26 Vgl. vor allem Jean Comaroff/John Comaroff, Of Revelation and Revolution. Vol I: Christianity, Colonialism, and Consciousness in South Africa, Chicago 1991.

27 Vgl. Rebekka Habermas/Richard Hölzl (Hg.), Mission global. Eine Verflechtungsgeschichte seit dem 19. Jahrhundert, Köln 2014.

28 Vgl. Andreas Heuser, Von Kampfdiskursen und politischer Poetik der Symbole. Afrikanische Unabhängige Kirchen und Politik in der Transitionsphase Südafrikas – eine Re-Vision, in: Ludwig

solchen grundsätzlichen Anfragen an die Trennschärfe afrozentrischer Positionen generell gleiten wir über in eine andere Formation postkolonialer Theologie, die sich ausdrücklich als Kritik vermeintlicher afrikanischer Genealogien des Wissens versteht.

Afropolitanität (Achille Mbembe)

Mit dem Kameruner Achille Mbembe (* 1957) kommt ein postkolonialer Vordenker zu Wort, der nicht aus der Theologie selbst kommt, sondern sich als Philosoph und Literaturwissenschaftler begreift. Gleichwohl bespreche ich ihn hier als einen Vertreter postkolonialer Theologie – ein Status, der sich mehr einem Zufall verdankt. Denn Mbembe entdeckt in seiner wohlgemerkt beiläufigen Rezeption der Pfingsttheologie zentrale Impulse zur Verfeinerung seines Ansatzes, den er unter »Afropolitanität« oder »Afropolitanismus« fasst. Mbembe lehrt, nach längeren Episoden an renommierten amerikanischen Universitäten, an der University of the Witwatersrand in Johannesburg. Mbembes Begriffsfindung der »Afropolitanität« kann als Gegenpol zu einer afrozentrischen Position gelten. Afropolitanität meint die »Zirkulation der Welten«, in die afrikanische Geschichte schon immer verflochten sei.[29] Mbembe bezeichnet diesen Kulturaustausch als »Verfugung« von Welten. Sie bezieht sich nicht allein auf die Globalisierungsgeschichte der Gegenwart; vielmehr erkennt er in der Afropolitanität eine Grunddimension afrikanischen Selbst- und Weltverständnisses durch die Geschichte hindurch. Mbembe definiert Afropolitanität als diese bewusste Kulturtechnik, »absichtsvoll das Fremde, den Fremden und das Ferne anzunehmen, […] sich Unvertrautes zu eigen zu machen und mit dem zu arbeiten, was gemeinhin als Gegensatz erscheint […].«[30] Die afropolitane Verfugungskunst steht im Widerspruch zur afrozentrischen Deutung, nach der jedwede außeninduzierte, etwa kolonialgeschichtliche Einflussnahme auf »Afrika« als Kontamination abgestempelt wird. Nicht die Tirade gegen eine »koloniale Unterbrechung« steht im Vordergrund. Die afropolitane Stoßrichtung der Kritik dekonstruiert Authentizi-

Gerhardt u. a. (Hg.), Umbrüche in afrikanischen Gesellschaften und ihre Bewältigung, Münster et al. 2006, 125–144.

29 Mbembe, Afropolitanismus, in: Franziska Dübgen/Stefan Skubien (Hg.), Afrikanische politische Philosophie: Postkoloniale Positionen, Berlin 2015, 330–337, hier: 330.

30 Mbembe, Afropolitanismus, 334.

tätsdiskurse, die sich als »erfundene« Traditionen allenthalben finden, gerade auch in afrikanischen Nationalismen der postkolonialen Ära.[31] Mbembe reklamiert eine scharfe ideologiekritische Gedächtnisarbeit gegen die Hegemonie einer heroisierten Imagination afrikanischer Geschichte. Seine afropolitane Anklageschrift setzt sich kompromisslos auseinander mit postkolonialen Konstruktionen der historischen Vergangenheit. Indem Mbembe sich daran begibt, die Mythenbildungen afrozentrischer Identitätspolitik zu entzaubern, verschiebt sich die Frage nach einer Culpabilisierung vom (post-)kolonialen Außen zur gesellschaftspolitischen Eigenverantwortung. In dieser Kehre der afropolitanen Denkrichtung wird Mbembe auf Religion aufmerksam. Präziser gesagt, entdeckt er in theologischen Ausdrucksformen der Pfingstbewegung in Afrika entscheidende Impulse, die afropolitane Zirkulation der Welten weiter in Gang zu halten. Die These ist also, dass Mbembe durch seine Rezeption pentekostaler Theologoumena zu einem Vertreter postkolonialer afrikanischer Theologiebildung wird. Das gilt es nun herauszuarbeiten.

Die These verblüfft, denn religionsbezogene Erwägungen finden sich in Mbembes Gesamtwerk allenfalls verstreut. Auch trägt seine Entdeckung der Pfingsttheologie fragmentarischen Charakter. Die dichtesten Passagen zu religiösen Aspekten finden sich in dem autobiographisch geprägten Vorspann des Essaybandes »Ausgang aus der langen Nacht« (2016) und in einem Wechselgespräch zwischen Mbembe und Jean Comaroff zu theoretischen Perspektiven der Afrikaforschung aus dem Jahr 2010.[32] Umso bemerkenswerter ist, dass er einige Grundaspekte pentekostaler Theologie benennt und ihnen einen kategorialen Status zuweist in der für ihn alles entscheidenden Frage des »Selbstschreibens« (*écriture de soi*) Afrikas. Damit meint er Möglichkeiten des »Sich-Selbst-Schreibens«, die eine Aussicht auf »Selbsterschaffung« und »Selbsterzeugung« geben in einer bleiernen Welt, die durch Totenschädel symbolisiert wird.[33] Bei Mbembe chiffrieren »Totenschädel« die politische Geschichte im postkolonialen Afrika.

31 Vgl. die Klassiker Eric J. Hobsbawm und Terence Ranger (Hg.), The Invention of Tradition, Cambridge 1983; Benedict Anderson, Imagined Communities: Reflections on the Origin and Spread of Nationalism, London/New York 1983.

32 Vgl. Africa in Theory: A Conversation Between Jean Comaroff and Achille Mbembe, in: Anthropological Quarterly 83/3 (2010), 653–678. Hintergrund ist das 25-jährige Veröffentlichungsjubiläum von Comaroffs »Body of Power, Spirit of Resistance« (Chicago 1985), das eine Neuorientierung in der Erforschung von Afrikanischen Unabhängigen Kirchen einleitete.

33 Vgl. Achille Mbembe, Ausgang aus der langen Nacht: Versuch über ein entkolonialisiertes Afrika, Berlin 2016, 276.

Die Unabhängigkeit afrikanischer Staaten gehe einher mit einer politischen Ordnung, die »die radikale Verweigerung von Menschlichkeit gegenüber dem politischen Gegner« forciere und die selbst die »Grabstätte für einen toten Verwandten verweiger(e)«.[34] Afrikanische Zeitgeschichte führt für ihn in ein prall gefülltes »Archiv der Schande«, wie er es bereits in seinem vielbeachteten Grundlagentext zur postkolonialen Theorie bezeichnet.[35] Er zielt hier zunächst auf die Gewaltakte der jüngeren afrikanischen Gegenwart, wohlgemerkt ohne dafür einen kausalen Zusammenhang mit kolonialen Verwundungen herzustellen. Der postkoloniale Gewaltzustand wirkt sich zumal lähmend auf die afropolitane Mobilität aus. Es gilt, postkoloniales Leben *»ausgehend vom Bruch«* zu schreiben.[36] Anders als in Malulekes Afrozentrismus, markiert Mbembe diesen Bruch nicht durch die »koloniale Unterbrechung«. Mbembe sieht afrikanische Postkolonialität im Bann einer *longue durée* afrikanischer Geschichte. Für Mbembe häufen sich die Schädelstätten in der afrikanischen Geschichte an, über der eine bleierne Schwere lastet.[37] Das Projekt des Sich-Selbst-Schreibens sieht in den Abgrund eines »wirbelnden Raum(s)« der Geschichte, in der sich »Gewalt und Gewaltakt« in die Gegenwart fortsetzen. Die Postkolonie, gefeiert als Eintritt in ein neues Zeitalter, ist gekennzeichnet durch den »abermalige(n) Anstieg menschlichen Leids«, »Gefühllosigkeit und Grausamkeit« steigern die ohnehin prekären Lebensbedingungen.[38] Postkoloniales Denken bedeutet, sich diesem historisch angehäuften »Unrat«[39] zu stellen. Mbembe fordert, diesem Ausgangspunkt der Selbstvergewisserung nicht auszuweichen. Die ideologiekritische Überprüfung postkolonialer Hegemonialkonstruktionen mündet in den selbstreflexiven Appell, »sich nicht mehr in die Tasche (zu) lügen«.[40]

Um aus dieser *longue durée* afrikanischer Geschichte auszubrechen, bedarf es laut Mbembe neuer Techniken des Sich-Selbst-Schreibens. Der »Ausgang aus der

34 Mbembe, Ausgang, 49, 50.
35 Achille Mbembe, Postkolonie. Zur politischen Vorstellungskraft im Afrika der Gegenwart, Wien 2016 (frz. 2001), 17.
36 Mbembe, Postkolonie, 37 (kursiv i. O.).
37 Es wäre lohnenswert, Mbembes Lesart afrikanischer Geschichte zu vergleichen mit den geschichtsphilosophischen Thesen Benjamins. Ein entsetzt rückblickender »Engel der Geschichte« sieht auf eine einzige Katastrophe, die unablässig Trümmer auf Trümmer häuft und sie ihm vor die Füße schleudert: Walter Benjamin, Illuminationen. Ausgewählte Schriften, Frankfurt am Main 1977, 255.
38 Mbembe, Ausgang, 278.
39 Mbembe, Ausgang, 278.
40 Mbembe, Ausgang, 277.

langen Nacht« ist begleitet durch die Krise der Sprache. Koordinaten verschwimmen, Grammatik verfällt und lässt nur noch ein Stammeln zu. »Die Stimme versiegt, um Platz für den ›Schrei‹ zu schaffen.«[41] Diese »Nacht der Sprache« (»the night of language«)[42] führt Mbembe an die Schwelle pentekostaler Welterschließung. Mbembe könnte wohl sagen, dass Pfingsttheologie es vermag, das postkoloniale Gehäuse zu durchlöchern. Den dort gelagerten Repertoires gesteht er zu, die verlorene Sprache zu regenerieren. In pentekostalen Deutungsimpulsen erahnt er den »epistemologischen Trumpf«[43], der Erfahrung des Bruchs mit dem »Versprechen eines neuen Lebens« zu begegnen.[44]

Dieser Erfahrung der Diskontinuität spricht Mbembe einen Bedeutung generierenden Status zu. Genau hier entdeckt er mehrere Anknüpfungspunkte an pentekostale Theologie, um die politische Vorstellungskraft eines entkolonialisierten Afrika zu beleben. Vorzugsweise kennzeichnet er die *écriture de soi* mit Hinweisen auf die Pfingstbewegung als »ein Schreiben des Überflusses oder auch des Überschusses«, der »Verausgabung und der Verschwendung«; er will einem »Prinzip des Exzesses«, der »Maßlosigkeit« Vorrang einräumen.[45] Ausgelöst durch seine literaturwissenschaftliche Rezeption von pentekostalen Frömmigkeitsformen, charakterisiert Mbembe sein Projekt des Sich-Selbst-Schreibens als eine »linguistische Epiphanie«[46], durch die es möglich wird, die geschichtsphilosophischen Episteme der Postkolonialität anders auszustatten. Es ist insbesondere der glossolalische Sprechakt, der die Neuschreibung des Selbst durch ungewöhnliches Vokabular entgrenzt. Glossolalischen Ausdrucksformen eignet eine Radikalität der Sprache, um schlafende Körper zu wecken; sie mobilisieren die Sehnsucht nach eben jener Sprache »we never imagined we could ever practice«[47].

Neben der Integrität glossolalischer Sprache profiliert Mbembe vor allem den »Kampf gegen die Dämonen« als die pentekostale »Kernbotschaft«.[48] Sie stützt den Durchgang durch die Archive der Schande. Das pentekostalisierte

41 Mbembe, Ausgang, 278. Er spielt hier auf die Theologie von Jean-Marc Ela, Le Cri de l'Homme Africain, Paris 1980, an.
42 Mbembe, in: Africa in Theory, 661.
43 Mbembe, Postkolonie, 37.
44 Achille Mbembe, Kritik der schwarzen Vernunft, Berlin 2014, 184.
45 Mbembe, Ausgang, 277.
46 Mbembe, in: Africa in Theory, 661.
47 Mbembe, in: Africa in Theory, 661.
48 Mbembe, Ausgang, 241, vgl. Mbembe, in: Africa in Theory, 661.

Sprachspiel einer *écriture de soi* eröffnet Handlungsmacht, durchbricht postkoloniale Alltagsrealität durch ungeahnte Horizonte. Damit verbindet Mbembe die, wie er sagt, »Idee der Auferstehung«[49]. Auferstehung steht für ihn für eine »Wiederverzauberung«[50] Afrikas, denn sie verweigert sich der Formierung von eisernen Gehäusen[51] und steht für die Restitution des afropolitanen Lebensentwurfs. Mbembe ergießt sich in eine Ode der Auferstehung: sie bedeutet ihm eine Verkehrung der Welt und ist befreiender Sprech- und Schreibakt, sie ist die Zauberkraft, die die Magie des Lebens wiederherstellt, und sie eröffnet alternative Sozialwelten, auch utopische Horizonte.[52] Wenngleich Mbembe die pfingsttheologischen Möglichkeiten der Neufindung nicht weiter ausreizt, legt sich zusätzlich der viel besagte radikale Bruch mit der Vergangenheit nahe. Mbembe will ja gerade mit postkolonialen Gewaltakten brechen, die traumatische Gegenwartserfahrungen hinterlassen, so dass »die Gesellschaften gegenüber ihrer Vergangenheit und gegenüber ihrer Zukunft vollkommen und radikal frei sind«[53]. Ebenso plausibel ließe sich das Selbstverständnis des »Wiedergeborenseins« als Ressource postkolonialer *agency* gegen die Verunglimpfung des Lebens ausleuchten. Will sagen, dass Mbembes Entdeckung der Pfingsttheologie sich passgenau in die angestrebte Neubeschriftung afrikanischer Geschichte einfügt.

Fazit: Mbembes Version des Afropolitanismus führt vorwiegend eine Dekonstruktion afrozentrischer Ideologie ins Feld. Die Relevanz der Theologie fügt sich in seine Elegie der gesellschaftspolitischen Misere der afrikanischen Postkolonie ein. Obwohl keine ausgeführte afropolitane Theologie vorliegt, so wirken doch erkennbar ein pentekostales Lebensgefühl wie auch einige aus der Pfingsttheologie entlehnte Grundbegriffe inspirierend ein auf Mbembes Konzept des sich (Wieder-)Einschreibens in die Zirkulation der Welten. Der Rekurs auf Pfingsttheologie wie auf die Pfingstbewegung, die ihren Aufschwung in Afrika wie überhaupt in Bezug auf weltweites Christentum in der postkolonialen Phase der Globalisierung erfährt, ist wohl kaum zufällig. Auch Mbembe geht es darum, Afrika in die Welt zu verweben, afrikanische Geschichte in die Weltgeschichte einzuschreiben. Allerdings ästhetisiert Mbembe die Pfingstbewegung. Schlüsselcodes wie die der Glossolalie oder des Kampfes gegen das Böse figurieren im

49 Mbembe, Kritik, 192.
50 Mbembe, Postkolonie, 37.
51 Vgl. Mbembe, in: Africa in Theory, 677: »an attempt to avoid closure«.
52 Mbembe, Kritik, 192.
53 Mbembe, Ausgang, 299.

Sinne einer linguistischen Offenbarung. Freilich übersieht Mbembe, dass gerade die Pfingstbewegung in Afrika das Archiv der Schande ausbaut, wenn sie etwa afrikanische Religionen dämonisiert. Solche Tiefenbohrungen in die konkrete Praxis sind seine Sache nicht. Einerseits muss man sie ihm nachsehen hinsichtlich seines wissenschaftlichen Hintergrunds. Andererseits wird sein afropolitaner Ansatz in seiner eigenen Zunft als über den Kontext erhaben kritisiert. Die nigerianische Philosophin Adeshina Afolayan bemerkt zu Mbembe: »[...] Africa is more meaningful as *text* rather than *context*; it is an open space of deterritorialized flows.«[54] Verflüchtigt sich also bei Achille Mbembe die Idee von Afrika in das Sprachspiel einer globalisierten Welt? Übersieht er in dem Bestreben der Afropolitanität, sich in die Welt zu verweben, geopolitische Strukturen von Abhängigkeit und politische Asymmetrien? Weitaus konkreter begeht Emmanuel Katongole die Schauplätze der politischen »Opferung Afrikas«[55]. Auch ihm dreht sich alles darum, postkoloniale Handlungsmacht im Angesicht von identifizierbaren Schädelstätten afrikanischer Gesellschaftspolitik zu begründen. Seine Theologie der Klage stellt sich der Frage, wie postkoloniale Bürgerkriegsszenen, kollektive Gedächtnisse an genozidäre Ereignisse, ethnopolitisch motivierte Migrationen theologisch überhaupt ansprechbar seien. In seiner Antwort stellt er konkrete Fallbeispiele vor, in denen sich ein »geopfertes Afrika« in ein »Sacrificium«, das er als Heiligmachung übersetzt, zu verwandeln beginnt.[56] Die Theologie der Klage bildet, bei gleicher Ausgangsbeschreibung der postkolonialen Misere, das konkrete Modell einer Theopraxis im Gegenüber zu Mbembes ästhetischer Imagination von Afropolitanität.[57]

In welcher Ausführung auch immer, Afropolitanismus untergräbt afrozentrische Identitätspositionierungen und stellt sich der Opfer- und Leidensgeschichte der Postkolonie. Es ist damit ein Begriff, der an der geographischen Zentrierung auf Afrika festhält, von dort aus jedoch einen kosmopolitischen Horizont eröffnet. Afropolitanität relativiert Nativismen, um »absichtsvoll das Fremde, den

54 Adeshina Afolayan, African Philosophy at the African Cinema, in: Dies./Falola, Handbook of African Philosophy, 525–537, hier: 534.
55 Vgl. Emmanuel Katongole, The Sacrifice of Africa: A Political Theology for Africa, Grand Rapids 2011.
56 Vgl. Katongole, Born from Lament.
57 Vgl. Andreas Heuser, Afropolitanität und Theologie der Klage: Perspektiven postkolonialer Theorie im Gespräch mit Achille Mbembe und Emmanuel Katongole, in: Klaus Hock (Hg.), Wissen um Religion: Erkenntnis – Interesse. Epistemologie und Episteme in Religionswissenschaft und Interkultureller Theologie, Leipzig 2020, 151–168.

Fremden und das Ferne anzunehmen«.[58] Mbembe sinnt der Möglichkeit einer gemeinsamen Welt nach, die sich miteinander verfugt. Eine noch stärkere Hybridisierung von Lebensentwürfen und Weltanschauungen verbindet sich mit der dritten Perspektive auf postkoloniale afrikanische Theologie, die des Kosmopolitanismus.

Kosmopolitanismus (Kwame Anthony Appiah)

Kosmopolitanes Denken erhebt Kontamination zu einem Würdebegriff. Für den ghanaisch-britischen Philosophen Kwame Anthony Appiah (* 1954) ist kulturelle Vermischung der Normalfall. Mit Appiah beziehe ich mich im Folgenden auf den wegweisenden Vordenker des Kosmopolitanismus, in dessen Werk sich dichte theologieaffine Passagen finden.[59] Auch Appiah, der familiäre Wurzeln im Ashanti-Königshaus[60] hat und an der New York University lehrt, gilt – wie Maluleke und Mbembe – als enorm einflussreicher öffentlicher Intellektueller, mit hoher Medienpräsenz.

Appiah definiert ein »Ideal der Verunreinigung«: Kosmopolitanismus wendet sich gegen afrozentrische Authentizitätskonstruktionen. Reinheitspostulaten entgegnet Appiah mit der Überzeugung, »the larger truth is on the side of contamination – that endless process of imitation and revision.«[61] Reinheitsappelle drängten zu kultureller Präservation »by invoking the evil of ›cultural imperialism‹«[62], seien dadurch aber entfernt von »gelebter Kultur«, so Appiah. Jedes kulturelle Wissen unterliege der Falsifizierung; mithin trage alle Kultur provisorischen Charakter, unterliege der Revision aufgrund neuer, sich nahe-

58 Mbembe, Afropolitanismus, 334.

59 Vgl. vor allem Kwame Anthony Appiah, Cosmopolitanism: Ethics in a World of Strangers, New York 2006. Appiahs Kosmopolitanismus versteht sich im Erbe Kants. Von Appiah beeinflusst ist etwa Namsoon Kang, Cosmopolitan Theology: Reconstituting Planetary Hospitality, Neighbor-Love, and Solidarity in an Uneven World, St. Louis 2013.

60 Vgl. Kwame Anthony Appiah, In my Father's House: Africa in the Philosophy of Culture, Oxford 1992.

61 Kwame Anthony Appiah, The Case for Contamination: Multiculturalism as the Norm in Contemporary Africa, in: Helen Lauer/Kofi Anyidoho (Hg.), Reclaiming the Human Sciences and Humanities through African Perspectives, Vol. II, Legon 2012, 1173–1186: hier: 1186. Es handelt sich um eine komprimierte Version des Kosmopolitanismus, die zurückgeht auf eine Veröffentlichung in der New York Times 2006.

62 Appiah, The Case for Contamination, 1178.

legender Evidenzen: »I am arguing that we should learn from people in other places, take an interest in their civilizations, their arguments, their errors, their achievements, not because that will bring us to agreement but because it will help us to get used to one another«.[63] Appiah geht von der Möglichkeit bleibender Differenz aus, die aber nicht bedrohlich ist, sondern erkenntnisfördernd. »(T)he fact that we have all these opportunities for disagreement about values need not put us off. Understanding one another may be hard; it can certainly be interesting. But it doesn't require that we come to agreement.«[64]

Zur goldenen Regel gelebter Kultur gehört die Toleranz von Unterschieden. Denn die Verarbeitung von kulturellem Austausch hängt vom eigenen, vorfindlichen kulturellen Kontext ab. Wertevielfalt gewährt die Möglichkeit graduellen Wandels durch den Austausch von Perspektiven, die sich aus interkulturellen Konversationen ergeben können. Am schärfsten widerspricht Kosmopolitanismus allen Versuchen, kulturelle Dynamiken einzufrieren oder zu homogenisieren. Jedoch werden einige, weniger konturierte Unterschiede auch zur afropolitanen Position ansichtig. Vor allem verschiebt sich die afrikabezogene Ausgangsperspektive der »Zirkulation der Welten«. Kosmopolitane Ansätze hebeln afropolitane Historizität, die sich an postkolonialen Signaturen von Leid abmüht, aus und verlagern den auf afrikanische Geschichte fixierten Angelpunkt. Sie radikalisieren die afropolitane Verfugung der Welten: sie formen eine andere Topographie des Wissens, indem sie das Verständnis von Kultur und von Menschsein deterritorialisieren, also ablösen von afrikabezogener Geographie. Das kosmopolitane Signum ist das Individuum, das sich auf die Welt bezieht. Jeder Mensch ist gewissermaßen Weltbürger. Das Individuum findet in seiner Welt öffnende Tore und Ausgänge zu multiplen Möglichkeiten der Existenz. Die individuell verantwortete Auswahl an Werten, nicht die Zugehörigkeit zu Nation, Ethnie, oder sonstige soziale Identitätsmarker, erschafft kulturelle Differenz. »Cosmopolitans take cultural difference seriously, because they take the choices individual people make seriously. […] And whatever loss of difference there has been, they are constantly inventing new forms of difference: new hairstyles, new slang, even, from time to time, new religions.«[65]

63 Appiah, The Case for Contamination, 1185.
64 Appiah, The Case for Contamination, 1185.
65 Appiah, The Case for Contamination, 1175–1176.

Appiah ist keineswegs beunruhigt über vorhandene und sich immer weiter ausdehnende Pluralisierungen von Religion. Es gibt keinerlei Aufregung, wenn er die religiöse Ausdifferenzierung etwa in Dörfern seines Heimatlandes Ghana ansieht: »Missionaries came a while ago, so many of these villages will be Christian, even if they have also kept some of the rites from earlier days. But new Pentecostal messengers are challenging the churches they know and condemning the old rites as idolatrous. Again, some like it; some don't. Above all, relationships are changing.«[66]

Unterschiede zählen, denn Menschen machen Optionen. Diese beziehen sich bisweilen auf homogene Enklaven, die Teil kultureller Diversität sein können. Auch fundamentalistische Strömungen bilden Optionen kultureller Differenz ab, sogar in einer Weise universalen Denkens. Appiah unterscheidet zwischen kosmopolitanem und intolerantem Universalismus. Hier setzt er die Grenzen der Toleranz. Die universalistische »Utopie« von religiösen Fundamentalismen bildet einen Gegenpol zum Kosmopolitanismus. Fundamentalismen erlauben Differenz, jedoch nur im kleinen Detail und allenfalls lokal begrenzt. Sie verweigern Wandel und töten lebendige Kulturen ab. Eine evolutive Kulturbewegung von Reinheit zu Kontamination oder zurück ist kosmopolitanem Denken fremd. Kosmopolitaner Universalismus bestärkt Pluralität und die Realität eines pluralen Wertekanons.[67] Er weiß darum, dass die Konturen der Freiheit von Ort zu Ort sich unterscheiden. »Cosmopolitans think that there are many values worth living by and that you cannot live by all of them.«[68] Insofern versteht sich der kosmopolitane Ansatz als Ausprägung eines liberalen Pluralismus. »One tenet we hold to, however, is that every human being has obligations to every other. Everybody matters: that is our central idea.«[69]

Der kosmopolitane Ansatz hat Kritik geerntet, gerade weil er sich einem postmodernen Individualisierungstrend verschreibe. Er bediene sich eines globalen Supermarktes im Sinne des kulturellen multiple choice, hänge aber ob seiner Ortlosigkeit in der Luft. Adeshina Afolayan hat den Afropolitanismus im Blick, doch ihre Kritik trifft auch die »cosmopolitan fashionistas«[70]: »While the self

66 Appiah, The Case for Contamination, 1176.
67 Vgl. Appiah, Cosmopolitanism, 151.
68 Appiah, The Case for Contamination, 1181.
69 Appiah, The Case for Contamination, 1181.
70 Adeshina Afolayan, African Philosophy, Afropolitanism, and Africa, in: Dies./Falola, Handbook of African Philosophy, 391–403, hier: 393.

[...] is forged from many sources and imperatives, the final product is not distinctively African.«[71] Wenn sich also Vorstellungen von Authentizität und kultureller Zugehörigkeit durch schöpferische »Verfugung« auflösen, wenn postkoloniale Gedächtnisspeicher sich kosmopolitan hybridisieren, wenn also die Nabelschnur zu Afrikanität gekappt wird, wirkt die Frage nach der Besonderheit afrikanischer Theologie befremdend. Oder verzeichnet die Kritik Appiahs Ansatz? Appiah verkettet den Zusammenhang von Universalität mit Differenz. Solchem Verständnis geht es weder um die Bewahrung einer afrikanischen Identität noch darum, diese aufzulösen. In der Absorption exogener Einflüsse erfolgt im Gegenteil eine Erweiterung, Neuausrichtung, Verstärkung von afrikanischer Differenz, verwandelt sich afrikanische Identität, aber mit erkennbar afrikanischen Zügen.[72] So gesehen, wären wir auf glokalisierte Varianten postkolonialer afrikanischer Theologie hingewiesen, eine Theologie, deren Produktionsort identifizierbar ist in der Aufstellung und auch in der thematischen Bearbeitung von Theologie, die sich als afrikanische Theologie zugleich auch in der kosmopolitischen Welt der Religionen umsieht. Dann gelangten wir zurück und hinein in die »cosmopolitan contamination«, von der Appiah ausgeht.[73]

Appiah, so sagten wir, zeigt sich sehr wohl religionsaffin, entzieht sich aber einer theologischen Betrachtung im engeren Sinne. Aus dem Vorrat an postkolonialen Theologien, die in den letzten Jahren erschienen sind, entspricht hingegen Emmanuel Larteys »Postcolonializing God« (2013) am ehesten der kosmopolitanen Idee. Der ghanaische Praktische Theologe, der an der Emory University in Atlanta lehrt, bezieht sich in seinem Versuch einer postkolonialen afrikanischen Theologie an einigen Stellen zwar auf Mbembes Analyse der Postkolonialität, jedoch nirgends auf dessen afropolitanes Denken. Viel passgenauer lässt sich seine Theologie in den kosmopolitanen Rahmen Appiahs einfügen. Das Schlüsselkapitel in »Postcolonializing God« entfaltet die Theologie der »Etherean Mission«, einer singulären Kirche, die 1975 in Accra gegründet wurde.[74]

71 Afolayan, African Philosophy, 394.

72 In dieser Deutungsperspektive rezipiert Kebede den Ansatz Appiahs, vgl. Messay Kebede, Reimagining the Philosophy of Decolonization, in: Afolayan/Falola, Handbook of African Philosophy, 447–459.

73 Appiah, Cosmopolitanism, 101.

74 Vgl. Emmanuel Yartekwei Amugi Lartey, Postcolonializing God: An African Practical Theology, London 2013. Auf Details der Kirche kann ich hier nicht eingehen. Einige der folgenden Beobachtungen stammen aus meiner eigenen Teilnahme an dem vierzigjährigen Gründungsjubiläum der Kirche 2015.

Ihr Gründer, »Bruder« Ishmael Tetteh, stellt für Lartey die ideale postkoloniale afrikanische Theologie vor. Die Namensgebung der »ätherischen« Kirche macht hellhörig für mögliche esoterische Einflüsse. Tatsächlich beruft sich Tetteh auf eine Inspiration der Einheit Gottes, die ihm zum spirituellen Wohl der ganzen Menschheit geoffenbart worden sei. Dieser Vision zufolge betrachtet sich Tetteh als spiritueller Nomade, der sich der Gottebenbildlichkeit eines jeden Menschen zuwendet, die im Christusereignis, das Göttliches und Menschliches zusammenführt, bestätigt wird. Die Etherean Mission möchte Religionsspaltungen, Konfessionalismen, Klerikalismus wie alles, was weltanschauliche Grenzen errichtet und festigt, transzendieren und konzentriert sich darauf, positive Energien zu fördern; sie lehnt die Vorstellung von Dämonen und dem Wirken des Teufels oder auch von »evil spirits« kategorisch ab. Für Tetteh besteht das einzige Übel darin, destruktiv zu denken. Damit setzt sich die Etherean Mission recht einmalig vom religiösen Umfeld, inklusive afrikanischer Religionen ab.

In Larteys Darstellung der Theologie Tettehs werden vor allem Bezüge zu afrikanischen Religionen hergestellt. Er stellt die Wiederherstellung der afrikanischen Ressourcen in der Theologie der Etherean Mission heraus, die in der christlichen Missionsgeschichte und auch durch den Einfluss des Islams dereinst verfemt worden seien. Es geht Lartey um die afrikanische Spiritualität; er bespricht Ahnentheologie, das Gottesverständnis, Gebetssprache oder auch Vorstellungen von Heilung und liturgischer Praxis. »In Brother Tetteh and the Etherean Mission«, fasst er zusammen, »we have the hallmarks of a genuinely postcolonializing African spiritual movement.«[75]

Lartey beruft sich mit anderen Worten auf die Afrikanität dieser für ihn paradigmatischen postkolonialen afrikanischen Theologie. Tettehs Theologie geht jedoch darüber hinaus. Er strebt die Wiederbelebung der mystischen Traditionen Afrikas an. Das durchgehend mystische Format bedient ein Vokabular, das er eindeutig aus indischen Religionstraditionen entleiht, spricht von Karma und Reinkarnation. An anderen Stellen erläutert er Meditationstechniken zum Übergang von einem Zustand des Bewusstseins in einen anderen – die sogenannte Etherean Mission Application Technologies (EMAT) des »soul processing«. Auch das *mission statement* von Etherean Mission lautet, »to see a unified universe, which embraces all men (sic), irrespective of race, creed, or culture«.[76] Ehren-

75 Lartey, Postcolonializing God, 117.
76 Emmanuel Tetteh, Etherean Mission Handbook, Accra o. J., 15.

gäste auf der Jubiläumsfeier der Etherean Mission 2015 waren afro-amerikanische Vertreter einer eher esoterischen Szene, mit der Tetteh vernetzt ist. Kurzum: die »Etherean Mission« steht exemplarisch für eine kosmopolitan »verunreinigte« afrikanische Theologie mit porösen Rändern.

Post-postkoloniale Aussichten

Postkoloniale afrikanische Theologie ist in sich mehrstimmig. Die hier vorgeschlagene Rasterung gegenwärtiger Theologiebildung weist divergente Diskussionsstränge nach, die grundverschieden in ihren Ausgangsbeschreibungen und Themensetzungen sind. Während die afrozentrische Lesart der traumatisch behafteten »kolonialen Unterbrechung« mit Imperativen der Exklusivität afrikanischer Kultur und Weltanschauung operiert, mündet die afropolitane Genealogie der afrikanischen Zeitgeschichte gleichsam in eine entlarvende Theologie afrikanischer Schädelstätten ein, die jedwede Afrika-Nostalgie gleichsam als »falsches Bewusstsein« dekonstruiert.[77] Der kosmopolitane Zugang wiederum begreift den Rückgriff auf postkoloniale Differenzpositionierung als hinderlich und verlässt die Afrika-Fixierung, um hybride Mischungen aus den Religionen der Welt zuzulassen. Mäandert postkoloniale afrikanische Theologie also weg von einer Afrikanitätspositionierung hin zu globalen Verflechtungen, weicht ihre Sehnsucht nach einer strikten Afrika-Verwurzelung der Idee hybrider Identitätsbildung? Jedenfalls lässt sich eine zunehmende Hybriditätsdynamik feststellen, die sich vom Ort »Afrika« aus in die »Welt« hinein »verfugt«, wie Mbembe sagen würde, eine Theoriebewegung, die eingangs als Post-Postkolonialismus bezeichnet wurde.

Walter Mignolo schreibt jüngst die Anfänge »schwarzen« Denkens in eine vielfach nuancierte globale Geistesgeschichte der Postkolonialität ein. Für die durchaus unterschiedlichen Theorieformate postkolonialen Denkens findet Mignolo den Begriff des »cosmopolitan localism«. Damit meint er zum einen, dass Postkolonialismus als grundsätzliche Klammer in einer sich globalisierenden Welt anzusehen, zum anderen aber durch lokal bzw. kontextuell beschaffene

77 So die Kritik an kollektiven Identitätsbildungen in afrikanischen politischen Kulturen von Ali Mazrui, Cultural Amnesia, Cultural Nostalgia and False Memory: Africa's Identity Crisis Revisited, in: African Philosophy 13/2 (2000), 87–98.

»Akte epistemischen Ungehorsams« charakterisiert sei. Im Kern zentriert Mignolo aber die Vielfalt an postkolonialer Theorie um einen kolonialen Knoten: »(I)t implies that the commonalities of localisms – what connects the diversity of local histories – has, once again, its origin in the ›lamentable conditions of colonialism‹.«[78]

Allerdings widerspricht die in sich ausdifferenziert postkoloniale afrikanische Theologie einer solchen Zementierung von »beklagenswerten Bedingungen des Kolonialismus«.[79] Die drei Grundpositionen unterscheiden sich zumal in den postkolonialen Akten des epistemischen Widerstands. Am ehesten postuliert das afrozentrische Konzept eine Antithese zur okzidentalen Theologie und Christentumsgeschichte; doch sowohl der afropolitane wie kosmopolitane Ungehorsam brechen aus der Verhaftung auf eine übergeordnete postkoloniale Konstante aus. Dieser Impuls, sich aus der Umklammerung kolonialer Geschichte zu lösen, findet sich bereits im grundlegenden Werk Musa Dubes zur feministischen postkolonialen Bibelhermeneutik. In ihrer 2000 publizierten Dissertation rezipiert die botswanische Neutestamentlerin die von Maluleke ausgerufene *agency agenda*. Sie setzt jedoch starke Akzente gegen das Projekt eines historisch angelegten Afrozentrismus. Dem setzt Dube ein befreiungstheologisches Axiom entgegen: »(P)ostcolonial is not about dwelling on the crimes of the past and their continuation, but about seeking transformation for liberation.«[80] Der epistemische Ungehorsam wandelt sich in die vorrangige Orthopraxie. Damit würde Dube einem gewichtigen Einwand widersprechen, den Ulrich Dehn just an postkoloniale Theologie richtet. Dehn vermutet, dass mit zunehmender Dekontextualisierung eine Depolitisierung der Theologie einherginge.[81] Blicken wir freilich auf das vorgestellte kosmopolitane Beispiel der Etherean Mission, dann entspricht wohl die am

78 Walter D. Mignolo, The Advent of Black Thinkers and the Limits of Continental Philosophy, in: Afolayan/Falola, Handbook of African Philosophy, 287–301, hier: 299. Mignolo bezieht sich auf Merzhad Boloujerdi.

79 Jüngst nimmt insbesondere Sakuppa Bezug auf Mignolo, vgl. Teddy Chalwe Sakupapa, The Decolonising content of African Theology and the Decolonisation of African Theology: Reflections on a Decolonial future for African Theology, in: Missionalia 46/3 (2018), 406–424. Sakuppas Plädoyer für die Integration von »grassroots«-Theologien, um postkoloniale Perspektiven der Theologie zu eröffnen, scheint mir zwar naheliegend, doch angesichts der hier vorgelegten Auffächerung afrikanischer Theologie zu unpräzise.

80 Musa W. Dube, Postcolonial Feminist Interpretation of the Bible, St. Louis 2000, 16. Zur enormen bibelhermeneutischen Wirkmacht der *agency agenda* vgl. ferner Dies./Andrew M. Mbuvi/Dora Mbuwayesango (Hg.), Postcolonial Perspectives in African Biblical Interpretations, Atlanta 2012; Gerald O. West, The Stolen Bible. From Tool of Imperialism to African Icon, Leiden 2016.

81 Dehn, Weltweites Christentum, 185.

stärksten artikulierte Hybriditätsfreundlichkeit, die hier zumindest unverkennbar esoterische Züge trägt, der Entpolitisierungsvermutung. Doch das muss es nicht zwangsweise bedeuten, wie Isabel Phiri und Chammah Kaunda an der aktuellen Homosexualitätsdebatte innerhalb der afrikanisch-feministischen Theologie zeigen. Sie bezeichnen den Ansatz, der sich auf die vermeintliche Reinheit afrikanischer Kulturtraditionen bezieht und damit gut in die afrozentrische Kategorie passt, als Ausdruck einer »reaktiven« Theologie. Ein zweiter, »moderater« Ansatz versucht sich in der Vermittlung von auseinanderstrebenden Positionen zum Stellenwert afrikanischer Traditionen; ein dritter, »prophetischer« Ansatz stellt grundsätzlich die reklamierten Normen afrikanischer Weltanschauung in Frage und verlässt den kulturellen Afrikabezug.[82] Gerade die »prophetische« Formation afrikanisch-feministischer Theologie, die der kosmopolitanen Verflechtung der Theologie nahe steht, bietet Möglichkeiten, global und also ökumenisch diskutierte Themen einzuholen, die lokal strittig verhandelt werden. Sie weist z. B. auf Formen der sexualisierten Gewalt hin, betrachtet Menschenrechtsverletzungen in ethnischen Konflikten und Armutsfragen aus einer Genderperspektive oder thematisiert patriarchale Diskriminierung in afrikanischen Kontexten.[83] Die kosmopolitane Variante tendiert in diesem Fall dazu, sozialkritische Theologie zu konsolidieren.

In ihrem besagten Klassiker postkolonialer Bibelhermeneutik spricht Musa Dube an einer Stelle von einem besonderen Ort und einem besonderen Modus der theologischen Aushandlung von strittigen Interpretationen. Dieser Ort des strittigen Diskurses, in dem sich prophetisch-befreiende Deutungen Gehör verschaffen können, ist der geistgewirkte »*Semoya space*« (von: Moya – Geist): »The authority of a *Semoya space*, as a new space, is indispensable […] to insist on hearing God anew – free from the often oppressive space of our current social structures.«[84] Der pneumatisch gefüllte »*Semoya space*«, der ungewohnte The-

82 Vgl. Isabel A. Phiri/Chammah J. Kaunda, Gender, in: Kenneth R. Ross/J. Kwabena Asamoah-Gyadu/Todd M. Johnson (Hg.), Christianity in Sub-Saharan Africa, Edinburgh 2017, 386–396, hier: 392–395.

83 Vgl. Alice Yafei-Deigh, African Feminist Theology, in: Bongmba, Handbook of African Theology, 85–104.

84 Dube, Postcolonial Feminist Interpretation, 117 (Hervorhebung i. O.). Auch Vuyani Vellem vertritt kürzlich eine pneumatische Wende afrikanischer Theologie. Dubes Formulierung ist jedoch weit offener und selbstkritischer als der in afrozentrisch-antagonistischem Gestus zitierte Geistbezug, den Vellem explizit für die Black Theology heranzieht. Für Vellem reißt der Geist die Schwarze Theologie aus ihrer Lethargie heraus, um die Superioritätsdünkel »des Westens« zu konfrontie-

menstaffelungen und Ausformulierung neuer Herausforderungen zuließe, könnte jenen Schwellenraum signifizieren, den eine post-postkoloniale afrikanische Theologie nun betritt.

(Dr. Andreas Heuser ist Professor für Außereuropäisches Christentum an der Theologischen Fakultät der Universität Basel.)

ABSTRACT

With reference to Dehn's designation of Intercultural Theology as a »science of perception«, the article scrutinizes recent avenues in African postcolonial theology. In correspondence with approaches in African philosophy, the author differentiates three epistemic frames in contemporary African theology, namely afrocentristic, afropolitian and cosmopolitan textures, all of them dealing with the »colonial interruption«. The afrocentristic approach restitutes African memory by ascribing African religions a central status in postcolonial theory. The design of postcolonial theology positions African themes and history almost exclusively forefront. The afropolitan approach discovers aspects of Pentecostal theology in search for dealing with historic traumata caused by postcolonial African politics. In a self-reflective posture, afropolitanism claims a historic African modernity always webbed into world history. The cosmopolitan discourse keeps an even more visible distance to issues claimed African. Putting emphasis on the capability of individuals, it discovers the global world of religions and a multireligious impact on African locality. The article claims that African theology is entering the space of post-postcolonialism.

ren, vgl. Vuyani Vellem, Un-thinking the West. The Spirit of Doing Black Theology of Liberation in Decolonial Times, in: HTS 73/3 (2017), 1–9, hier: 9.

»Bring Yoga back!«

Konkurrierende epistemologische Fiktionen des Körpers als Gegenstand interkultureller Theologie

Claudia Jahnel

1. Hinführung: Yoga – der Körper im Fadenkreuz politischer Interessen und »geteilter Geschichten«

»Bring Yoga Back« – so lautete der Titel einer Kampagne der Hindu American Foundation (HAF)[1] aus dem Jahr 2009. Sie kritisierte die Kommerzialisierung und Vereinnahmung von Yoga durch die westliche Welt und prangerte den Diebstahl von hinduistischem geistigen Eigentum an. Im April 2010 veröffentlichte Aseem Shukla, einer der Mitbegründer der HAF, auf dem Blog der Washington Post »On Faith and Religion« einen Beitrag unter dem Titel »The Theft of Yoga«, in dem er die Ablösung des Yoga vom Hinduismus rügt:

> »Hinduism, as a faith tradition, stands at this pass a victim of overt intellectual property theft, absence of trademark protections and the facile complicity of generations of Hindu yogis, gurus, swamis and others that offered up a religion's spiritual wealth at the altar of crass commercialism […] The American Yoga Association, states that ›The common belief that Yoga derives from Hinduism is a misconception. The techniques of Yoga have been adopted by Hinduism as well as by other world religions.‹«[2]

1 https://www.hinduamerican.org/ (30.3.2021).
2 https://www.hinduismtoday.com/modules/smartsection/item.php?itemid=5127 (30.3.2021).

Ob »Christ:innen, Jüd:innen, Muslim:innen, Heid:innen, Agnostiker:innen und Atheist:innen«: als Yogapraktizierende partizipierten sie alle, so Shukla, »mit einer Energie am spirituellen Erbe der [hinduistischen] Glaubenstradition, die von den zweieinhalb Millionen amerikanischen Hindus kaum zu übertreffen sei«[3]. Dabei identifizierten diese Yoga-Übenden Yoga mit Hatha-Yoga, also mit jenem Yoga, das Körperhaltungen und Atemtechniken ins Zentrum stelle. Sie ignorierten aber die hinduistische Überzeugung, dass sich ganzheitliche Heilung und Erlösung erst unter Einbeziehung der spirituellen Dimensionen ereigne, auf die sich in besonderer Weise das Raja-Yoga mit der Betonung des achtgliedrigen Pfads konzentriere.

Fünf Tage nach Shuklas Blog-Eintrag konterte der Autor und Mediziner Deepak Chopra[4] im selben Blog mit dem Eintrag »Sorry, Your Patent on Yoga Has Run Out«:

> »First, yoga is a spiritual discipline in India, and always has been. The aim of the practice is liberation. When liberation occurs, the yogi is freed from incidental religious trappings that enclose yoga. Secondly, yoga did not originate in Hinduism as Dr. Shukla claims. Perhaps he has a fundamentalist agenda in mind, but he must know very well that the rise of Hinduism as a religion came centuries after the foundation of yoga in consciousness and consciousness alone.«[5]

Die im Washington-Post-Blog als »Great Yoga Debate« titulierte Auseinandersetzung zwischen Shukla und Chopra um die *ownership* über Yoga setzt sich transkontinental fort: Die nationalistische Hindu-Partei BJP will Indien als authentischen Ursprungsort des Yoga verstanden wissen. Mit Rückprojektionen moderner Yoga-Praktiken auf die Vergangenheit versucht sie aus nationalistischem Interesse heraus, hinduistische Werte politisch und kulturell zu »verankern«. 2014 eröffnete Premierminister Modi ein Ministerium für Yoga, Ayurveda und Naturheilkunde (kurz: AYUSH), und am ersten von ihm initiierten Weltyoga-Tag im Jahr 2015 praktizierten allein auf der Prachtstraße Rajpath im

3 Ebd.
4 Zu den Werken Deepak Chopras zählen ins Deutsche übersetzte Veröffentlichungen wie: Der dritte Jesus – Auf der Suche nach dem kosmischen Christus, München 2010; Die heilende Kraft in mir: Altindisches Wissen und moderne Naturwissenschaft, Georgsmarienhütte 2018.
5 https://www.hinduismtoday.com/modules/smartsection/item.php?itemid=5127 (30.3.2021).

Zentrum Neu-Dehlis 35 985 Menschen synchron Yogasequenzen, was zu zwei Einträgen ins Guinnessbuch der Rekorde führte.[6]

Gleichzeitig bekämpfen in den USA Eltern von Schulkindern die Einführung von Yoga als Entspannungstechnik an öffentlichen Schulen, weil sie eine Missionierung ihrer Kinder befürchten. Das Weiße Haus, das mit dem hinduistischen Wohlfahrtsverband Hindu American Sevā Charities (HASC) in der Zeit der Regierung Obamas gute Beziehungen pflegte, argumentierte 2013 dagegen: »Yoga has become a universal language of spiritual exercise in the United States, crossing many lines of religions and cultures. Everyday millions of people practice yoga to improve their health and overall well-being«.[7] Yoga wird hier also als inklusive spirituelle Praxis verstanden. Diese Begründung steht in der Tradition der Rede von Swami Vivekananda auf dem Weltparlament der Religionen 1893, die den Hinduismus als inklusive, universale und tolerante Religion präsentierte. Freilich gibt die Erklärung des Weißen Hauses weder einen Hinweis auf hierarchisierende und nationalistische Interessen, die sich in der Hinduismus-Rhetorik Vivekanandas u. a. finden lassen,[8] noch erwähnt sie, dass der Zusammenhang von Körperübungen und spirituellem Wachstum keine Selbstverständlichkeit in der Geschichte des Yoga darstellt und beispielsweise von Vivekananda vehement abgelehnt wurde.[9]

In jüngerer Zeit tendieren Politik und Rechtsprechung in den USA dazu, Schulyoga als »nichtchristliche[…] pseudoreligiöse[…] Dehnungsübungen mit Sonnen-

6 https://www.guinnessworldrecords.com/news/2016/6/international-yoga-day-top-ten-world-records-related-to-the-popular-exercise-432976#:~:text=The%20largest%20facial%20yoga%20class,age%20from%208%20o%2093 (30.3.2021).

7 Vgl. Alexander Kenneth-Nagel, Bedeutung und Wandel von Religion im Migrationskontext, in: Rauf Ceylan/Haci-Halil Uslucan (Hg.), Transformation religiöser Symbole und religiöser Kommunikation in der Diaspora. Sozialpsychologische und religionssoziologische Annäherungen an das Diskursfeld in Deutschland, Wiesbaden 2018, 19–41, hier: 31–34.

8 Swami Vivekananda, Complete Works of Swami Vivekananda, Bd. 1,3, Calcutta 1989. Zu dieser inklusivistischen, aber auch exklusivistischen Interpretation des Hinduismus bei Vivekananda s. Perry Schmidt-Leukel, Wahrheit in Vielfalt. Vom religiösen Pluralismus zur interreligiösen Theologie, Gütersloh 2019, 94.

9 Drei Jahre nach dem Weltparlament schrieb Swami Vivekananda: »[im] Hatha-Yoga geht es gänzlich um den physischen Körper. Ziel ist es, den physischen Körper sehr stark zu machen. Daran haben wir kein Interesse, denn diese Übungen sind sehr schwierig und können nicht an einem Tag gelernt werden. Außerdem tragen sie nicht viel zum spirituellen Wachstum bei«, s. Swami Vivekananda, Raja Yoga, or Conquering the Internal Nature [1896], in: Ders., Complete Works, Bd. 4, 20 (Übersetzung CJ).

grüßen« zu verbieten,[10] während die Befürworter:innen des Schulyoga »ironischerweise«, so kommentiert die US-amerikanische Journalistin Alia Wong, weiterhin das integrative Potential des Yoga betonen:

> »es hilft Jungen, die unkontrollierbare Wutausbrüche haben, Studierenden mit physischen Beeinträchtigungen, Kindern mit Übergewicht und desorientierten Jugendlichen. Die größte Hürde für Schulyoga liegt vielleicht in der Tatsache, dass jede*r seine/ihre eigene Meinung dazu haben: Religiös vs. säkular, Meditation vs. Körperertüchtigung, exklusiv vs. inklusiv – kein Wunder also dass zwei Menschen, die ein Kind in der Kämpfer-Pose sehen, zwei komplett unterschiedliche Dinge sehen.«[11]

Die skizzierten Besitzansprüche und die Konflikte um Deutungshoheit hängen mit aktuellen (kultur)politischen Interessen in Indien und den USA zusammen. Gleichwohl lassen sich die Begründungsmuster und konfligierenden Deutungen von Yoga diskurstheoretisch in die Zeit kolonialer und vorkolonialer Aushandlungsprozesse und kultureller Verflechtungen zurückverfolgen, ja, die Geschichte des Yoga ist geradezu beispielhaft für jene verwobene Dynamik, die Conrad und Randeria als Geschichte »geteilter Geschichten« und »entangled history«[12] bezeichnet haben: Durch die zahlreichen transnationalen »Abhängigkeiten und Interferenzen, […] Verflechtungen und Interdependenzen« ist die Geschichte des Yoga Teil der gemeinsamen, globalen Geschichte der Moderne; zugleich rufen diese Austauschprozesse immer auch »Abgrenzungen hervor, das Bedürfnis nach Partikularität und die Hypostasierung dichotomischer Strukturen«[13].

In diesem Sinn der »geteilten Geschichten« schreiben Indolog:innen und Religionswissenschaftler:innen gegenwärtig die Geschichte des modernen Yoga neu und dekonstruieren die Vorstellung eines »authentischen« indischen Yoga. Zu ihnen zählen etwa Elisabeth DeMichelis, Mark Singleton, Josef Alter und David

10 Thomas K. Gugler, Entwicklungspfade des Posturalyoga zwischen Lebensmächtemaximierung und kollektivem Sitzstellungssport, in: Isabella Schwaderer/Katharina Waldner (Hg.), Annäherungen an das Unaussprechliche. Ästhetische Erfahrung in kollektiven religiösen Praktiken, Bielefeld 2020, 103–128, hier: 104, mit Hinweis auf: Alia Wong, Why Schools Are Banning Yoga«, 20.9.2018, URL: https://www.theatlantic.com/education/archive/2018/09/why-schools-are-banning-yoga/570904/ (21.3.2021).

11 Wong, Why Schools.

12 S. dazu Sebastian Conrad/Shalini Randeria (Hg.), Jenseits des Eurozentrismus. Postkoloniale Perspektiven in den Geschichts- und Kulturwissenschaften, Frankfurt 2002.

13 Conrad/Randeria, Eurozentrismus, 17.

Gordon White.[14] Gemeinsam ist ihren Studien der zentrale Stellenwert, den sie der Körperpolitik und den Körperpraktiken des Yoga einräumen – in diesem akademischen Diskurs spiegeln sich gewissermaßen die gesellschaftlichen und kulturpolitischen Auseinandersetzungen um Yoga-Körperpraktiken.

Leitend für die jüngere yogabezogene Forschung sind die Fragen: Wie viel Körperlichkeit wird mit Yoga verbunden? Welche Körperpraktiken, -konzepte, -normen und -ästhetiken fließen in die transkulturellen Aushandlungen ein? Welche Körperpraktiken setzen sich durch und aus welchen Gründen? Welche subversiven oder offenen Widerstände zeichnen sich in ihnen ab? Aus der Perspektive, die Andreas Reckwitz als die einer »allgemeinen poststrukturalistischen Ontologie des Sozialen« bezeichnet hat,[15] wird analysiert, wie Yoga »in einem ständigen Prozess des Entstehens und Verschwindens, des Neuanknüpfens und Auflösens begriffen [ist]«.[16] In den zahlreichen Wendungen und Neuinterpretationen von Yoga bricht immer wieder »Unberechenbares und Improvisiertes«[17] hervor. Dazu zählt etwa die Tatsache, dass der Schwede Pier Heinrich Ling (1776–1866) mit der von ihm begründeten medizinischen Heilgymnastik die Entstehung des modernen Yoga entscheidend beeinflusst hat. Die Briten führten diese Gymnastik im 19. Jahrhundert in den Schulsport Indiens ein. Auch der YMCA prägte mit seinem Ideal des »muskulären Christseins« und der ganzheitlichen – Körper, Geist und Verstand umfassenden – Körperschulung die Körperübungen des Yoga. Diese Verflechtungsprozesse fanden statt, lange bevor ab den 1920er Jahren indische Yoga-Lehrer wie der berühmte Sri Tirumalai Krishnamacharya (1888–1989) Hatha-Yoga-Schulen in Indien eröffneten und Āsanas – also Sitzhaltungen und Stellungen – die deutliche Spuren der westlichen Sportübungen tragen – als spezifische »indische« Yoga-Übungen definierten. Sri Aurobindo entwickelte diese im wahrsten Sinne »hybriden« Yogapraktiken weiter zum »integralen Yoga«, der Yoga wieder stärker als spirituellen Übungsweg hervorhob, mit

14 Joseph S. Alter, Yoga in Modern India. The Body between Science and Philosophy, Princeton 2004; Elisabeth De Michelis, A History of Modern Yoga. Patanjali and Western Esotericism, London 2004; Mark Singleton, Yoga Body. The Origins of Modern Posture Practice, Oxford 2010; David Gordon White, Sinister Yogis, Chicago 2009. Für einen kurzen Überblick hierzu s. auch Claudia Jahnel, Zwischen spiritueller Versenkung und muskulärem Christsein: Yoga als Produkt interkultureller Aushandlungen, in: Andreas Hahn (Hg.), Yoga und christlicher Glaube: zwischen körpersensiblen Entdeckungen und synkretistischer Vereinnahmung, EZW-Texte 270, Berlin 2020, 40–58.

15 Andreas Reckwitz, Die Erfindung der Kreativität. Zum Prozess gesellschaftlicher Ästhetisierung, Berlin [6]2019, 16.

16 Reckwitz, Kreativität, 16.

17 Reckwitz, Kreativität, 16.

ihm aber gleichzeitig die körperlich-geistige Vorbereitung auf den antikolonialen Widerstand verband.[18]

Zu den Unberechenbarkeiten und Überraschungen der Yoga-Geschichte gehört schließlich, dass sich im Westen besonders ein körperbezogenes Yoga verbreitet hat und große Popularität genießt. Denn, wie schon erwähnt, lehnte Swami Vivekananda, der den Hinduismus über Nacht im Westen bekannt machte, das körperintensive Hatha-Yoga ab und vertrat – wie viele weitere Mitglieder der englischsprachigen indischen Elite – das Raja-Yoga der Patanjali-Sutren und damit das vermeintliche »Königs«-Yoga. Diese Yoga-Tradition eignete sich deutlich besser dafür, den Hinduismus als hochentwickelte, rationale und spirituelle Religion zu präsentieren, als die Berichte von »Fakiren« und »sinistren Yoginis« mit »spindeldürren Gliedmaßen«, »nackter und schwarzer Haut« und merkwürdigen »fixierten Körperhaltungen«, die sich in Dokumenten der britischen Kolonialregierung und in Bemerkungen von Religionsforschern wie Max Müller oder Monier-Williams wiederfinden.[19] Unterstützt wurde das »geistigere« Verständnis des Yoga wie des Hinduismus von indophilen europäischen Wissenschaftler:innen, die sich ohnehin mehr auf das Studium der Texte konzentrierten, und von esoterischen Intellektuellen wie Helena Blavatsky und den Mitgliedern der Theosophischen Gesellschaft[20] Ende des 19. und Anfang des 20. Jahrhunderts.

Heute gehört Yoga, so der Religionswissenschaftler Hubert Knoblauch, in das Panorama der »populären Religion« und der Sinnangebote der »Spiritualität«. Wie andere spirituelle Sinnangebote überschreitet Yoga vorgefasste Grenzen verschiedener Teilsysteme und kann sowohl der Gesundheitsvorsorge als auch dem Sport, der Psychologie, der Pädagogik oder eben auch der Religion zugeordnet werden.[21] Unter dem Titel »Spiritualität« stehen also religiös markierte und nicht-religiös markierte Angebote nebeneinander. Die Grenzen zwischen »religiös« und »nicht-religiös« sind dabei fließend. Das verbindende Element der spirituellen Angebote ist die persönliche Sinnerfahrung, die subjektiviert wird: D. h., es geht bei Yoga als Spiritualität um ein Angebot, bei dem persönliche körperliche Erfahrungen gemacht werden, die als religiös, spirituell oder – die Narrative der

18 Singleton, Yoga Body, 84–86.
19 François Bernier, Travels in the Mogul Empire, a. d. 1656–1668 [1670], Delhi ^{2}1968, 316f; s. auch: Singleton, Yoga Body, 38–41; White, Sinister Yogis.
20 Vgl. Singleton, Yoga Body.
21 Hubert Knoblauch, Populäre Religion. Auf dem Weg in eine spirituelle Gesellschaft, Frankfurt a. M. 2009.

verschiedenen Teilbereiche überschreitend – als ganzheitlich gedeutet und angeeignet werden.

Angesichts dieser zahlreichen Wendungen und Neuinterpretationen, bei denen gleichwohl der Zusammenhang zu Yoga erkennbar bleibt, kann dem Begriff Yoga der Charakter eines Metonyms attestiert werden, so konstatiert Dimitry Okropiridze in Anknüpfung an Jacques Lacan:

> »Die Bedeutung dessen, was mit Yoga gemeint ist, verschiebt sich immer wieder, zwischen dem jeweils Gemeinten bleibt jedoch eine Kontiguität bestehen, also eine Nachbarschaft, ein räumlicher und zeitlicher Zusammenhang. Die Deutung ist somit nicht völlig beliebig, sondern bewegt sich im Rahmen des Diskursfeldes, das sich – wie die transnationalen Aushandlungsprozesse illustrieren – kontinuierlich verändert, aber auch längerfristig durch bestimmte, kontextuell bedingte Narrative geprägt ist.«[22]

2. Interkulturelle Theologie – Quo vadis?

Welche Relevanz haben diese Bedeutungsverschiebungen und konkurrierenden Deutungsansprüche über Religion und Körperlichkeit für religionswissenschaftliches und interkulturell-theologisches Forschen und für die Frage: »Interkulturelle Theologie – Quo Vadis«? Das Beispiel der Kontroversen über Yoga rückt grundsätzliche Anforderungen an Religionswissenschaft und Interkulturelle Theologie in den Blick, denen ich im Folgenden nachgehen möchte. Es zeigt zum einen, dass es notwendig und angesichts der hochaktuellen Relevanz des Körpers zeitgemäß ist, die im Rahmen von Religionswissenschaft und Interkultureller Theologie etablierte kritische Reflexion der eigenen epistemologischen Voraussetzungen hinsichtlich ihres Gegenstands »Religion«[23] um den Gegenstand »Körper« zu erweitern. Daraus resultierend bedarf es zum andern eines neuorientierenden Nachdenkens über die spezifischen Methoden religionswissenschaftlichen und interkulturell-theologischen Forschens über Körper und Religion. Für

22 Dimitry Okropiridze, Was ist Yoga? Eine kultur- und religionswissenschaftliche Herleitung (Masterarbeit), Heidelberg 2014, http://archiv.ub.uni-heidelberg.de/volltextserver/22434/7/Okropiridze%2C%20Dimitry%20%282014%29_Was%20ist%20Yoga%20Eine%20kultur-%20und%20religionswissenschaftliche%20Herleitung_Masterarbeit.pdf, 33 (30.3.2021).

23 Vgl. dazu Klaus Hock (Hg.), Wissen um Religion: Erkenntnis – Interesse. Epistemologie und Episteme in Religionswissenschaft und Interkultureller Theologie, Leipzig 2020.

besonders weiterführend halte ich neuere Ansätze der Leibphänomenologie und der Embodiment-Theorie, die durch die Religionsästhetik[24] in die religionswissenschaftliche Forschung Eingang gefunden haben, innerhalb der Interkulturellen Theologie aber bislang wenig rezipiert werden.

2.1 Die »Somatophobie« religionswissenschaftlicher und interkulturell-theologischer Forschung hinterfragen

Die oben genannten Präferenzen westlicher Wissenschaftler:innen und Intellektueller wie Max Müller oder Helena Blavatsky für eine körperfreie Religion unterstreichen die Einsicht, die sich in den letzten Jahrzehnten durchgesetzt hat, dass Religion ein Konstrukt westlicher Wissenschaft ist.[25] Darüber hinaus weisen sie aber auch darauf hin, dass dieses Verständnis von Religion mit einer bestimmten Konstruktion des Körpers und des Körpers im Verhältnis zu Religion einhergeht. Angesichts dieser Verflechtung erscheint es wichtig, das Desiderat einer kritischen Reflexion der eigenen epistemologischen Vorannahmen und der westlich-theologischen Konstitution von Wissen, Wirklichkeit, Wahrheits- und Universalitätsansprüchen nicht nur für das Verständnis von Religion geltend zu machen, sondern auch für das des Körpers.

24 Die neuere, in verschiedene Richtungen ausdifferenzierte Leibphänomenologie knüpft insbesondere an den Ansatz von Maurice Merleau-Ponty an und findet in unterschiedlichen Disziplinen – von der Philosophie über die Soziologie, Pädagogik oder auch Theologie – einen Niederschlag. Als wichtiger Begründer der Embodiment-Theorie gilt hingegen Thomas Csordas. Für die Rezeption innerhalb der Religionswissenschaft ist v. a. die Habilitationsschrift von Anne Koch, die zugleich eine »Grundlegung der Religionsästhetik« darstellt, impulsgebend, s. Anne Koch, Körperwissen. Grundlegung einer Religionsaisthetik (Reihe: Perspektiven der Religionswissenschaft), Universität München 2007 (Open-access-Publikation der Universität München, http://epub.ub.uni-muenchen.de/12438/, 30.3.2021). Für eine Einführung in die Entstehungsgeschichte der Religionsästhetik s. Jürgen Mohn, Von der Religionsphänomenologie zur Religionsästhetik: Neue Wege systematischer Religionswissenschaft, in: MThZ 55 (2004), 300–309; einen Überblick in verschiedene körperbezogene Ansätze, die in der Religionsästhetik rezipiert werden, gibt: Sebastian Schüler, Der Körper, die Sinne und die Phänomenologie der Wahrnehmung: Vom Embodiment-Paradigma zur Religionsästhetik, in: Gritt Klinkhammer/Eva Tolksdorf (Hg.), Somatisierung des Religiösen. Empirische Studien zum rezenten religiösen Heilungs- und Therapiemarkt (Veröffentlichungen des Instituts für Religionswissenschaft und Religionspädagogik 7), Bremen 2015, 13–46.

25 Michael Bergunder, Was ist Religion? Kulturwissenschaftliche Überlegungen zum Gegenstand der Religionswissenschaft, in: Zeitschrift für Religionswissenschaft 19/1 u. 2 (2011), 3–55; Richard King, Orientalism and Religion. Postcolonial Theory, India and »The Mystic East«, London/New York 1999.

Verschiedene Religionswissenschaftler:innen haben in jüngerer Zeit das Körperverständnis in der Religionswissenschaft einer kritischen Reflexion unterzogen. So attestiert z. B. Manuel Vásquez in »More than Belief«[26] der religionswissenschaftlichen Forschung eine »Somatophobie«.[27] Max Müller etwa habe zusammen mit anderen »Orientalisten, Transzendentalisten und kosmopolitischen indigenen intellektuellen Eliten wie Swami Vivekananda« das Bild des Hinduismus als »innerliche, mystische und jenseitige« und »textualisierte« Religion geprägt.[28] Die Wurzeln für diese Somatophobie sieht Vásquez im Protestantismus der Moderne und dessen Bestimmung des Verhältnisses von Religion und Körper.

Auch bei Rudolph Otto lässt sich eine deutliche Abwertung des Körpers, wenn nicht gar Furcht vor ihm feststellen. In seinem berühmten Werk »Das Heilige« von 1917 schrieb er: »[...] wer sich zwar auf seine Pubertätsgefühle, Verdauungsstockungen oder auch Sozialgefühle besinnen kann, auf eigentümlich religiöse Gefühle aber nicht, mit dem ist es schwierig Religionskunde zu treiben«[29]. Bis in die 1980er Jahre hinein wurde der Körper, so konstatiert der Religionswissenschaftler Jürgen Mohn, bestenfalls als Instrument und Mittel für die Erfahrung des Heiligen verstanden:

> »Erfahrung wird [in der klassischen Religionswissenschaft] als ein den Körper als Basis zwar voraussetzender, ihrer religiösen Erkenntnisfähigkeit jedoch jenseits liegender und daher selbst zu vernachlässigender Vorgang beschrieben. Zumindest den frühen phänomenologischen Zugängen zu Religion, die den Intellektualismus und zugleich die Innerlichkeit der eigenen Erfahrungsreligiosität zur Basis ihrer Religionstheorie erhoben haben, liegt das Interesse am Körper selbst als religiöses Phänomen und Basis einer Religionstheorie fern.«[30]

Auf die Interdependenz zwischen einem insbesondere vom Protestantismus beeinflussten Körperverständnis der Moderne und der Konzeption von Religion weisen neben Vásquez auch die Soziologen Chris Shilling und Philip Mellor

26 Manuel A. Vásquez, More Than Belief. A Materialist Theory of Religion, Oxford 2011, 89.

27 Vgl. Okropiridze, Yoga.

28 Vásquez, Belief, 89.

29 Rudolf Otto, Das Heilige. Über das Irrationale in der Idee des Göttlichen und sein Verhältnis zum Rationalen [1917], München 2004, 8.

30 Jürgen Mohn, Körperkonzepte in der Religionswissenschaft und der Religionsgeschichte, in: Christine aus der Au/David Plüss (Hg.), Körper – Kulte. Wahrnehmungen von Leiblichkeit in Theologie, Religions- und Kulturwissenschaft, Zürich 2007, 47–73, hier: 50.

hin.[31] Während im Katholizismus die physisch-körperliche Gemeinschaft Kohärenz und gesellschaftlichen Zusammenhalt stifte – symbolisch repräsentiert durch das Abendmahl als »Essensritual« –, betonten die Protestanten das Studium biblischer Texte und die hierin gewonnenen gemeinsamen, christlichen Werte als wegweisend für den gesellschaftlichen Zusammenhalt. Diese Entzauberung des Körpers sowie der auf körperlichen Praktiken beruhenden Vergemeinschaftungsformen gehe Hand in Hand mit der »Entfernung« des Heiligen aus der unmittelbar erfahrbaren Wirklichkeit:

> »[…] Protestantism continued to emphasise the importance of the sacred but rendered it radically transcendent, so that the ›here and now‹ becomes thoroughly profane, facilitating both a social activism and a highly reflexive pattern of reformulating and redefining Christian tradition.«[32]

Die Moderne hat also nicht nur, wie weitläufig bekannt, das Verständnis von Religion entscheidend beeinflusst, sondern auch das Verständnis des Körpers. Sie hat den Körper entzaubert und die Religion entkörperlicht und damit Körper und Religion voneinander getrennt. Zugleich aber hat sie auch beide a-part gesetzt – d. h. Körper *und* Religion dem Bereich des Privaten zugeordnet und sie als rational zu regulierende Phänomene betrachtet.

Diese Verhältnisbestimmung ist aber nicht statisch. Im Gegenteil: Die geschilderten Auseinandersetzungen über das Verständnis und die Bedeutung des Körpers im Yoga weisen ja gerade auf kontinuierliche, mitunter unberechenbare, sensible und konfliktanfällige Interferenzen zwischen Körper, Religion, sozialer Ordnung, privat und öffentlich hin. Körper- und Religionsdiskurs überschneiden sich also, ja, der Körper und die Körperlichkeit können als konstitutiv betrachtet werden für die Konstruktion dessen, was als »Religion« verstanden werden soll.

Das gilt erst recht in einer Zeit, in der das Privateste – der Körper (einschließlich seiner Sexualität und sexuellen Orientierung) und die Religion (einschließlich ihrer körpermarkierenden Praktiken wie das Tragen des Kopftuchs, Beschneidung, ethisch-religiöse Fragen am Lebensanfang wie am Lebensende) – zum Öffentlichsten geworden ist! Jeder spricht über Sex! Das Fernsehprogramm kommt heute ohne das Zeigen teilweise oder ganz entblößter Körper nicht mehr aus.

31 Philip A. Mellor/Chris Shilling, Sociology of the Sacred: Religion, Embodiment, and Social Change, London 2014; Dies., Reforming the Body: Religion, Community and Modernity, London 1997.
32 Mellor/Shilling, Reforming, 16.

Körperoptimierung ist die Regel: Mann oder Frau machen den Körper marktkonform und sprechen darüber. Die in Netflix ausgestrahlte Dokumentation über die sexuellen Übergriffe von Bikram Choudhoury, dem Begründer des Bikram Yoga bzw. des Hot Yoga, die große Aufmerksamkeit und Empörung über Bikram hervorgerufen hat, gibt von dieser Öffentlichkeit von Körper und Religion nur ein Beispiel.[33] Natürlich sind diese Öffentlichkeit und Politisierung des Privaten – des Körpers wie der Religion – nicht wirklich neu; Zur-Schau-Stellungen des Körpers finden sich bereits in den christlichen Märtyrerakten oder in Aschura-Trauerzeremonien im Islam. Die Erweiterung technischer und medialer Möglichkeiten hat aber die Geschwindigkeit und die Verbreitungsmöglichkeiten enorm ausgeweitet.

2.2 Korrelation von Diskurstheorie und Leibphänomenologie – ein Desiderat

Die geschilderte Somatophobie religionswissenschaftlicher Forschung und ihre Konzentration auf Texte lässt nach alternativen Zugängen religionswissenschaftlicher und interkulturell-theologischer Forschung fragen. Grundherausforderungen bestehen dabei in den Fragen: Wie lässt sich sinnlich-körperliches Erleben analysieren, ohne es auf Texte und Sprache zu reduzieren?[34] Und wie beeinflusst körperliches Erleben kulturelle Deutungen und vice versa? Wie hängen also körperlich-leibliche Erfahrungen und Wirkungen mit sozialen Konstruktionen und dem Erscheinungsleib zusammen?

Am Beispiel des Yoga konkretisiert sich diese methodische und theoretische Herausforderung in der Feststellung, dass Yoga-Erfahrungen einerseits höchst private, partikulare, am eigenen Leib erlebte Sinnes-Erfahrungen sind. Sie enthalten, mit Michael Polanyi gesprochen, das Paradox des »Mehr-wissen-als-sagen-Könnens«[35], d. h.: Das im Yoga erworbene somatische Wissen kann – wie

33 https://www.netflix.com/title/80221584 (30.3.2021).

34 Diese Anfrage findet sich bereits in der Kritik an der vermeintlichen Tendenz zur Textualisierung des Körpers bei Judith Butler, s. etwa: Susan Bordo, Bringing Body to Theory, in: Dies., Twilight Zones. The Hidden Life of Cultural Images from Plato to O. J., Berkeley u. a. 1997, 173–191.

35 Michael Polanyi, Implizites Wissen, Frankfurt a. M. 1985. Vgl. dazu auch Andreas Nehring/Christoph Ernst, »Populäre Achtsamkeit« – Kulturelle Aspekte einer Meditationspraxis zwischen Präsenzerfahrung und implizitem Wissen, in: Christoph Ernst/Heike Paul (Hg.), Präsenz und implizites Wissen. Zur Interdependenz zweier Schlüsselbegriffe der Kultur- und Sozialwissenschaften, Berlin 2013, 373–401.

jedes Körperwissen – nur zum Teil in Sprache übersetzt werden. Es ist zu einem großen Teil »knowledge in the bones« oder auch – mit Donna Haraway gesprochen – »situiertes Wissen«[36]. Andererseits sind Körperpraktiken und -erfahrungen im Yoga öffentliche Formen der Verhandlung und Regulation am Knotenpunkt verschiedener Debatten – über Religion, Kultur, Identität, Nation, Politik und Gesundheit. Yoga führt also, mit Robert Orsi gesprochen, an die »Grenze von ›innerer‹ Erfahrung und ›äußerer‹ Umwelt, die die religionswissenschaftliche Forschung so kompliziert macht«[37]. In der Erforschung dieser Grenze sind Religionswissenschaft und Interkulturelle Theologie jedoch keinesfalls allein. Die Grenze beschäftigt vielmehr Forschungen verschiedener Disziplinen, die sich mit dem dynamischen Wechselverhältnis von körperlichen Diskursivierungsprozessen, praktischen Habitualisierungen und leiblichem Erleben auseinandersetzen. Diese Dynamik wird schon von Plessner in der Unterscheidung von äußerem Körper und innerem Leib thematisiert. Aber auch diese Unterscheidung muss wohl noch weiter differenziert werden. Entsprechend identifiziert beispielsweise die Sport- und Tanzpädagogin Antje Klinge fünf verschiedene »Leiber«: »den Leib als *Werkzeugleib*, mit dem man arbeitet, als *Sinnenleib*, mit dem man wahrnimmt, als *Erscheinungsleib*, mit dem man sich darstellt, als *Sozialleib*, mit dem man Beziehungen zu anderen aufnimmt, und als *Symbolleib*, mit dem man Zeichen geben kann«[38]. Zu Irritationen komme es, wenn »der erlebte Sinnenleib und der gelebte Erscheinungsleib auseinanderdriften, Werkzeugleib und Symbolleib sich widersprechen«[39].

Studien der jüngeren diskurstheoretisch orientierten Religionswissenschaft und Interkulturellen Theologie tragen dieser Vielfalt und dem Unterschied zwischen Körperdiskursen und leiblichem Erleben Rechnung, indem sie in historisch-kulturvergleichender Perspektive die Diskursivierungen und Habitualisie-

36 Donna Haraway, Situiertes Wissen. Die Wissenschaftsfrage im Feminismus und das Privileg einer partialen Perspektive, in: Sabine Hark (Hg.), Dis/Kontinuitäten. Feministische Theorie, Wiesbaden 2007, 305–322.

37 Robert Orsi, Klappentext zu Ann Taves, Religious Experience Reconsidered. A Building-Block Approach to the Study of Religion and Other Special Things, Princeton 2009.

38 Antje Klinge, Was Tanz kann, in: Rat für Kulturelle Bildung e.V. (Hg.), Zur Sache. Kulturelle Bildung: Gegenstände und Praktiken, Essen 2015, 31–40, hier: 35 (Hervorhebungen CJ), in Aufnahme von Günther Bittner, Erscheinungsleib – Werkzeugleib – Sinnenleib, in: Ludwig Duncker u. a. (Hg.), Kindliche Phantasie und ästhetische Erfahrung. Wirklichkeiten zwischen Ich und Welt, Langenau-Ulm 1990, 63–78.

39 Klinge, Tanz, hier: 35.

rungen religiöser Praktiken erforschen.[40] Die Frage ist aber, ob dieser Ansatz ausreicht, um Aspekte wie die »Ausdehnung, Sperrigkeit und Schwerfälligkeit [menschlicher Körper], [...] ihre unberechenbaren Leidenschaften und Begehren, die Begrenztheit ihrer Bewegungsmöglichkeiten und Aufnahmekapazitäten, ihr unvermeidliches Altern, Sich-Abnutzen und -Verbrauchen, ihr Ermüden und Ermatten, ihre Unlust und ihr Widerwillen« zu erfassen.[41] Sicherlich können »historisch stabilisierte, kulturell vorstrukturierte, regelmäßig organisierte und somit wiedererkennbare ›ways of doing‹«[42] als Teil gesellschaftlicher Diskurse historisierend analysiert werden. Wie aber kann die konkrete lebendige körperlich-sinnliche *Praxis* analysiert werden, die mehr ist als die Umsetzung oder das Vollstrecken einer gesellschaftlichen *Praktik*. Mit anderen Worten: Die Frage, die sich in diesem diskurstheoretischen, auf gesellschaftliche Praktiken konzentrierten Ansatz stellt, ist, ob hier nicht aller »Beschwörung« der Materialität von Raum, Zeit oder Körper »zum Trotz der Rückfall in ein logizistisches bzw. theoretizistisches Verständnis«[43] droht, das tendenziell unterschlägt, dass die lebendige körperlich-sinnliche Praxis reicher ist als die gesellschaftlich-diskursiv zugeschriebenen Praktiken.

Wofür ich an dieser Stelle daher plädieren möchte, ist eine Korrelation von diskurstheoretischen und leibphänomenologischen Zugängen und Methoden und einen Ansatz, der ernst nimmt, dass das körperlich-leibliche Erleben immer mit kontextuellen gesellschaftlichen Zuschreibungen korreliert, der aber daraus nicht verallgemeinernde Kausalzusammenhänge und Interpretationen schlussfolgert (denn dieselbe Yogapraxis kann ja etwa in verschiedenen Kontexten oder unter verschiedenen subjektiven Bedingungen unterschiedliche Bedeutung für die Praktizierenden und ihr soziales und politisches Umfeld haben). Ein Vorbild für einen solchermaßen korrelierenden Ansatz stellen etwa Talal Asads Untersuchungen zum Schmerz dar, die Scott und Hirschkind sehr treffend mit den Worten zusammenfassen:

> »This approach diverges both from phenomenology, where cultural practices are analyzed in religion to a set of innate bodily orientations, and from an understanding of the body as a surface upon which culture inscribes diffe-

40 Vgl. Nehring/Ernst, Achtsamkeit.

41 Thomas Alkemeyer, Bedingte Un/Verfügbarkeit. Zur Kritik des praxeologischen Körpers, in: ÖZS 44 (2019), 289–312, hier: 297.

42 Alkemeyer, Unverfügbarkeit, hier: 294.

43 Alkemeyer, Unverfügbarkeit, hier: 294.

rent meanings. For Asad, language and the body are distinct, co-constituent elements of human life, whose complex imbrications cannot be reduced a priori to any structure of determinations but must be examined in their diversity and cultural specificity.«[44]

Ein korrelativer Ansatz untersucht also die jeweiligen Praktiken in ihren kulturellen wie auch in ihren subjektiv-leiblichen Besonderheiten und vielfältigen Erscheinungsweisen. Im Rahmen der neueren Religionsästhetik beginnt sich ein solches mehrdimensionales Verstehen von Religion und Körper im Augenblick zu etablieren. Bevor ich das Programm dieses Ansatzes skizziere, möchte ich einen Blick auf Theologien des globalen Südens werfen. Denn schon vor den genannten religionsästhetischen und leibphänomenologischen Rückgewinnungen der Bedeutung des leiblich-sinnlichen Erlebens haben verschiedene Befreiungstheologien des globalen Südens den Körper und seine Vulnerabilität wie auch das leibliche Erleben theologisch interpretiert und als epistemologischen Ort der Generierung von widerständigem Wissen und der Hoffnung reflektiert.

3. Aufwertung des Körpers in Befreiungstheologien des globalen Südens

Innerhalb der Interkulturellen Theologie spielen bisher weder die Interdependenz von Körper und Religion noch die Suche nach alternativen Zugängen zu leiblichem Erleben und Körperwissen eine zentrale Rolle. Zwar wird von den Anfängen der Missionswissenschaft an körperliche Praxis – etwa in der Untersuchung von Ritualen oder von Krankheitsursachen – vielfach beschrieben. Dabei werden oftmals *Andersheit* und *Fremdheit* – von Hautfarbe, Kleidung oder sinnlicher Weltwahrnehmung – hervorgehoben. Eine systematische Beschäftigung mit dem Körper als religiös Wissendem oder Handelndem oder mit dem leiblichen Eigenerleben ist dabei m. W. nicht erkennbar. Es wäre sicher lohnenswert, über die Gründe für dieses Fehlen genauer nachzudenken: Scham, Prüderie oder die oben genannte Entfernung des Heiligen aus weltlichen Bezügen?

44 Vgl. David Scott/Charles Hirschkind, Introduction: The Anthopological Skepticism of Talal Asad, in: Dies. (Hg.), Powers of the Secular Modern. Talal Asad and His Interlocutors, Stanford 2006, 1–11, hier: 10.

Eine Ausnahme von der Abwertung und Verdrängung der leiblich-materiellen Dimension von Religion und Theologie stellen Befreiungstheologien dar. Wie in der Missionswissenschaft geht auch hier die Thematisierung körperbezogener Aspekte oftmals mit differenzmarkierenden Konnotationen einher. Bei der »Schwarzen Theologie« hat sich das Schwarz-Sein als Existenz bestimmende, Andersheit festschreibende ontologische Besonderheit sogar in die Nomenklatur eingeschrieben. Unter dem Einfluss der *critical race studies* und *embodiment studies* beginnt die Schwarze Theologie derzeit aber, diese sozial-ontologische und diskursive Konstruktion von Schwarz-Sein mit leiblich-subjektivem Erleben in Verbindung zu bringen.[45]

Das gilt auch für den Körper »der Anderen« in lateinamerikanischen Befreiungstheologien.[46] Schon in den 1980er Jahren haben Theologen wie Jaci Maraschin, Rubem Alves und Leonardo Boff den »materiellen«, »leibhaftigen« Körper als Ort der existentiellen *Erfahrung* von Leiden, Unterdrückung, Gewalt und Schmerzen wie auch von Befreiung theologisch reflektiert – und diese körperlichen Erfahrungen mit ethischem Engagement verbunden. Heike Walz fasst die Einsichten der genannten Theologen mit dem Satz zusammen: »Als Gegendiskurs zur hierarchisch-repressiven Gesellschaft ist die Zuwendung zum Körper für marginalisierte Menschen identitätsbildend und enthält emanzipatorisches Potential. [...] durch den Bezug zu Schmerz und Leiden des Körpers [wird] Ungerechtigkeit nicht verdeckt.«[47]

Die Ansätze von Ivonne Gebara und des von ihr initiierten Netzwerks »Conspirando« entwickeln diese Option für den leidenden Körper weiter zu einer »corporalen Epistemologie«. Hier ist der »oftmals geschundene und verachtete, ebenso wie der genießende und Lust empfindende Körper von Frauen [... und

45 Vgl. Stephanie Y. Mitchem, Embodiment in African American Theology, in: Anthony B. Pinn/Katie G. Cannon (Hg.), The Oxford Handbook of African American Theology, Oxford 2014, 308–318; Anthony B. Pinn, Embodiment and The New Shape of Black Theological Thought, New York 2010.

46 Vgl. auch meine Ausführungen zur Körperlichkeit in der lateinamerikanischen Befreiungstheologie bei Gebara und Kwok Pui-lan in: Claudia Jahnel, »We Are Undone by each other«. Interkulturell-theologische Perspektiven auf Judith Butler, in: Bernhard Grümme/Gunda Werner (Hg.), Produktive Irritation? Rezeption und Herausforderung der Philosophie Judith Butlers für die Theologie, Bielefeld 2020, 241–257.

47 Heike Walz, »... nicht mehr männlich und weiblich ...«? Ekklesiologie und Geschlecht in ökumenischem Horizont, Frankfurt a. M. 2006, 303, mit Verweis auf Stephan Kriesel, Der Körper als Paradigma. Leibesdiskurse in Kultur, Volksreligiosität und Theologie Brasiliens, Luzern 2001.

Männern] für viele der Ausgangspunkt ihrer Theologie und Hermeneutik«[48]. Darüber hinaus ist der Körper für Gebara ein wissender Körper. Einer monistischen Vorstellung folgend, versteht Gebara den Körper nicht mehr als Gegenüber zur Vernunft, denn, so Gebara: »Die Vernunft ist nichts anderes als dass sich unser Körper über sich und über die Welt bewusst ist. Deshalb drückt sich die verkörperlichte Vernunft über vielfältige Aktivitäten und Kreativitäten aus.«[49]

Postkoloniale Theologien hingegen scheinen – zumindest ansatzweise – die leiblich-materiale Dimension wieder mehr in den Hintergrund zu schieben und die »klassische« Konzentration auf Texte, Texthermeneutik, Sprache und Bedeutung fortzuführen. Zwar wird die Text- und Sprachlastigkeit westlicher Theologie oder Philosophie hinterfragt. Andererseits aber werden z. B. in der Methode des kontrapunktischen Lesens den »klassischen« Texten wiederum eigene *Texte* gegenübergestellt. Damit wird die kolonial-westliche Denkstruktur der Höherwertigkeit der Sprache und des Worts vor der Form weiter praktiziert.

Ein Beispiel für diese Ambivalenz bietet die aus Hongkong stammende Theologin Kwok Pui-lan. In »Postcolonial Imagination and Feminist Theology« übt sie deutliche Kritik an westlich-feministischen Theologinnen wie auch an Judith Butlers Poststrukturalismus.[50] Beide Ansätze verwendeten »unverhältnismäßig viel Zeit und Energie auf inklusive Sprache und das Geschlecht Gottes«[51]. Für Frauen der »Dritten Welt« jedoch sei die Auseinandersetzung mit sprachlichen Einschreibungen nicht prioritär: Der »Kampf für Gender-Gerechtigkeit kann für jene, die keinen Zugang zu sauberem Wasser haben und unter Mangelernährung leiden, nicht primär auf kulturell-symbolischer Ebene und ohne Einbeziehung soziopolitischer Kämpfe ausgefochten werden«[52].

Für Pui-lan ist also die Zentrierung auf sprachlich-diskursive Festschreibungen und darauf basierende genderbezogene Unterdrückungsstrategien eine Fortsetzung westlich-imperialer Strategien. Gleichwohl knüpft die Theologin auch positiv an Judith Butlers poststrukturalistische Methode an – und zwar dort, wo Butler zum Bruch mit dem »kolonialen, rassistischen, maskulinistischen und

48 Ivonne Gebara, Art. »Ökofeminismus«, in: Elisabeth Gössmann u. a. (Hg.), Wörterbuch der Feministischen Theologie, Gütersloh 2002, 422–424, hier: 422.

49 Ivonne Gebara, »10 Años de Con-spirando«, in: Con-spirando 40 (2002), 3–13, hier: 7, zitiert aus: Walz, … männlich, 297.

50 Kwok Pui-lan, Postcolonial Imagination and Feminist Theology, Louisville 2005, 129.

51 Pui-lan, Postcolonial, 129.

52 Pui-lan, Postcolonial, 130.

heterosexistischen« Diskurs und zur »Inversion, Subversion und Verschiebung dieser regulierenden Praktiken« anregt.[53] Pui-lan sieht hier trotz aller Kritik an diskurstheoretischer Textlastigkeit, so scheint es, eine Verbindung zwischen Diskurs und Sprache einerseits und Praxis und Erfahrung andererseits, oder anders: Wo diskurstheoretische Kritik dazu beiträgt, Erfahrungen von körperlich-leiblicher Gewalt und Unterdrückung aufzudecken und zu kritisieren, wird sie als wichtig und bereichernd bewertet.

Freilich kann man postkolonialer Theorie nicht generell Textlastigkeit vorhalten – im Gegenteil. Auch und gerade Vertreter:innen postkolonialer Theorie unterstreichen die Bedeutsamkeit von »Epistemologien des sinnlichen Erkennens« und üben Kritik an der Privilegierung des geschriebenen Textes und der Repräsentation von Schriftkulturen als »höherwertige Kulturen« und fordern einen »epistemic pluralism«.

Der bereits erwähnte Religionswissenschaftler Manuel Vásquez hat beispielsweise mit »More than Belief« eine dezidiert »materialistische« Religionstheorie vorgelegt, die den Schwerpunkt auf das Körperwissen legt.[54] Die Erforschung von Religionen habe Religionen zu lange wie Texte analysiert. Wissen über Religion sowie religiöses Wissen werde somit in erster Linie als kognitives Wissen verstanden. Das aber reduziere das Verständnis von Religion. Vásquez schreibt:

> »How can the heavily textual approaches that are still dominant in religious studies explore the full force of glossolalia, exorcism, and divine healing among Latino(a) Pentecostals and Charismatic Catholics? Or of rasa, the emotional flavor of dance or theatrical performances through which first-generation Hindu immigrants inculcate Hindu identity and culture to their children? Or the incorporation of the ancestor spirits among practitioners of African-based religions such as Santería or Candomblé, a phenomenon that blends sonic, tactile, olfactory, gustatory, and kinetic dimensions ranging from drumming and dancing to preparing and sharing a communal meal? Is it fruitful to understand [these] as nothing more than the enactment of a cultural text?«[55]

Vásquez benennt für die religiös-sinnlich-materielle Praxis von Religion Beispiele aus dem globalen Süden, die jedoch – wie pentekostale Frömmigkeitsprak-

53 Pui-lan, Postcolonial, 143.
54 Vásquez, Belief.
55 Vásquez, Belief, 2. Vásquez bezieht sich auf die inzwischen veröffentlichte Untersuchung von Elaine A. Peña zu religiösen Praktiken rund um die Virgen de Guadalupe, s. Elaine A. Peña, Performing Piety. Making Space Sacred with the Virgin of Guadalupe, Berkeley/Los Angeles 2011.

tiken zeigen – ebenso im weltweiten Christentum, auch des globalen Nordens, anzutreffen sind. Das nährt die stereotype Dichotomie von sinnlicher, körperbezogener Religion im globalen Süden und »rationaler« Religion im Norden. Trotzdem, Vásquez und andere postkoloniale Ansätze[56] konstruieren mit der Betonung der Leiblichkeit und Körperlichkeit religiöser Erfahrungen einen deutlichen Bruch mit einer text- und sprachorientierten Epistemologie. Wie die skizzierten Befreiungstheologien des globalen Südens heben sie die widerständige Epistemologie körper-leiblichen Erlebens – des Körperwissens – hervor und machen deutlich, dass die Einbeziehung dieser kritischen und politischen globalen Perspektive auch und gerade in der Entwicklung einer stärker körperbezogenen Religionswissenschaft und Interkulturellen Theologie berücksichtigt werden muss.

4. Religionsästhetik – Diskurstheorie und Ästhetik

Die postkoloniale und befreiungstheologische Kritik an einer einseitig text-orientierten Religionsforschung findet sich auch in dem mehrfach angesprochenen Forschungsfeld der Religionswissenschaft wieder, das seit den 1990er Jahren auch im deutschsprachigen Bereich deutlich an Fahrt aufgenommen hat: der Religionsästhetik. Diese Forschungsrichtung ist äußerst produktiv und reflektiert – aufgrund der vielfältigen theoretischen und methodischen Ansätze, die hier zusammenfließen – kontinuierlich ihre eigenen wissenschaftlichen Voraussetzungen.[57]

2007 gründeten die Religionswissenschaftler:innen Anne Koch, Katharina Wilkens, Annette Grieser, Jürgen Mohn u. a. den Arbeitskreis »Religionsästhetik« innerhalb der Deutschen Vereinigung für Religionswissenschaft (DVRW). Als eine Art Gründungsdokument gilt allerdings der bereits 1988 erschienene Artikel »Religionsästhetik« von Hubert Cancik und Hubert Mohr im Handbuch religionswissenschaftlicher Grundbegriffe.[58] Die Religionsästhetik versteht sich nicht als neue Theorie, sondern – wie auch die postkoloniale Theorie – als trans-

56 Vgl. etwa Vasudha Narayanan, Embodied Cosmologies. Sights of Piety, Sights of Power, in: Journal of the American Academy of Religion 71 (2003), 495–520.

57 Vgl. VuF 64, 2 (2019): Religionswissenschaft. Religionsästhetik, hg. von Anne Koch; Grieser, »Aesthetics«; Schwaderer/Waldner (Hg.), Annäherungen.

58 Hubert Cancik/Hubert Mohr, »Religionsästhetik« in: Ders. u. a. (Hg.), Handbuch religionswissenschaftliche Grundbegriffe, Vol. 1, Stuttgart 1988, 121–156.

disziplinäres Unternehmen. Wichtige Impulse habe sie durch die *cultural turns* erhalten, die für die »sinnliche, imaginative und verkörperte, die vollzogene und inszenierte Dimension von Religion und Kultur« aufmerksam gemacht hätten, so Anne Koch.[59] Religionsästhetische Forschungen wollen – so kann man in der Satzung des Arbeitskreises lesen – »die sinnliche Seite von Religionen erkunden«: Es geht um die »Wahrnehmung und um die Sinnesorgane des Körpers« und »ihre Aktivierung und Bewertung in der religiösen Theorie und Praxis«; um »Symbole und Zeichen«, »Kult und Ritual«, »die materielle Kultur der Religionen« und die »sinnliche Stimulation von Gefühlen und Stimmungen«.[60] Diese sinnliche Seite des Wissens wird als eigene Wissensform verstanden, als Wissen, das über die Sinne selbst generiert wird in einem Prozess »of making sense of what is through the senses«.[61] In dieser »ästhetischen Epistemologie«[62] liegt eine deutliche epistemologische Neuorientierung.

Das Verständnis von *Ästhetik*, das der Religionsästhetik zugrunde liegt, hat nicht viel zu tun mit einer normativen Theorie des Schönen und der Kunst. Es geht vielmehr zum einen zurück auf das *altgriechisch-aristotelische* Konzept von Ästhetik, wonach Ästhetik der Noesis – also dem intellektuellen, verstandesmäßigen Wissen – gegenübersteht. Wahrnehmung ist bei Aristoteles ein Prozess auf der Schnittstelle von Erleben und bewusstem intellektuellen Wissen. Zum andern beruft sich die Religionsästhetik auf die neuzeitliche, von Alexander Gottlieb Baumgartens »Ästhetik« (1750–1758) geprägte Tradition der Ästhetik als *Epistemologie des sinnlichen Erkennens*.[63] Auf der Schnittstelle von »sensation and interpretation«[64] geht es der Religionsästhetik um die Erforschung gelebter und gefühlter Religion einerseits und ihrer Interpretation andererseits und somit um körperliche Praxis *und* kulturelle Konstruktion. Damit hinterfragt sie binäre Dichotomien von Geist und Materie, Kultur und Natur, sie geht aber noch weiter und bezieht die Konstruktion von Dichotomien als Gegenstand der Forschung mit ein, fragt also nach den Entstehungszusammenhängen und den komplexen

59 Anne Koch, Zu diesem Heft, in: VuF 64, 2 (2019): Religionswissenschaft. Religionsästhetik, 82–86, hier: 82.
60 Koch, Zu diesem Heft, 83.
61 Alexandra Grieser, Art. »Aesthetics«, in: Kocku von Stuckrad/Robert Segal (Hg.), Vocabulary for the Study of Religion, Vol. 1, Leiden 2015, 14–23, hier: 14.
62 Koch, Zu diesem Heft, hier: 83.
63 Vgl. Stefan Binder, Die religionswissenschaftliche Teildisziplin Religionsästhetik, in: VuF 64, 2 (2019), 87–101, hier: 88.
64 Grieser, »Aesthetics«, hier: 17.

Spannungsfeldern, die sich in dichotomen Konstruktionen verdichten. Die epistemologische Neuorientierung der Religionsästhetik führt also nicht zu de-historisierenden Analysen sinnlich religiöser Erfahrung. Auch geht es ihr nicht um eine Anthologie verkörperter und versinnlichter Religion. Im Zentrum steht vielmehr die Wahrnehmung selbst und mit ihr die Frage: Wie werden Wahrnehmungsprozesse von verschiedenen kulturellen, ökonomischen, politischen oder religiösen Faktoren geprägt und – vor allem – wie werden dabei »Welt, Gesellschaft und Selbst sinnlich vermittelt konstruiert«?[65]

Diskurstheorie und Ästhetik bzw. subjektives, sensual-leibliches Erleben werden also verknüpft. Damit stellt sich die Religionsästhetik die methodisch wie theoretisch anspruchsvolle und kritische Aufgabe, Wissen in Worte zu fassen, das sich nicht in Worte fassen lässt, bzw. nach alternativen Möglichkeiten der wissenschaftlichen Erforschung von vorsprachlichem Wissen zu entwickeln. In den Worten von Alexandra Grieser und Jay Johnston:

> »Um jedoch über ein symbolisches Verständnis ästhetischer Formen hinaus gehen zu können, werden Theorien benötigt, die für die sinnlichen und körperlichen Aspekte von Wahrnehmung spezifisch sind, ohne dabei Texthermeneutik und Semiotik auf das Gebiet des Sinnlichen zu transportieren.«[66]

Ich möchte diese Herausforderung und das Potential des religionsästhetischen Zugangs an zwei Beispielen veranschaulichen:

4.1 Yoga: zwischen Anpassung an gesellschaftliche Erwartungen und leiblich-erfahrenem Widerstand

Für das erste Beispiel kehre ich noch einmal zum Yoga zurück. Verena Schnäbele untersucht in ihrem Aufsatz »The Useful Body«[67] das »Körperwissen« von Yogapraktizierenden in Yogagruppen in Deutschland. Diese ziehen in der Regel eine bestimmte Klientel an: Frauen aus dem Bildungsmilieu und mit oftmals hohem

65 Binder, Teildisziplin, hier: 89.
66 Alexandra Grieser/Jay Johnston (Hg.), Aethetics of religion. A connective concept (Religion and Reason 58), Berlin 2017, 3, zitiert nach Binder, Teildisziplin, hier: 100.
67 Verena Schnäbele, The Useful Body. The Yogic Answer to Appearance Management in the Post-Fordist Workplace, in: Beatrix Hauser (Hg.), Yoga Traveling. Bodily Practice in Transcultural Perspective, Heidelberg: Springer, 135–153.

beruflichem Engagement. Die körperliche »Wirkung« von Yoga in der genannten Testgruppe ist, so das Ergebnis Schnäbeles, ambigue. Denn einerseits trägt das Praktizieren von Yoga dazu bei, dass sich die Frauen besser an gesellschaftliche Normen und Erwartungen anpassen: Yoga trägt zur Stressreduktion bei, schafft Ausgeglichenheit und verschönert den Körper – alles arbeitgeber- und kapitalismusfreundliche Effekte. Andererseits sprechen die Befragten davon, dass sie beim Yoga ihren Körper »von Innen« spüren und »mappen«. Dieses Körpererleben führe dazu, dass viele Frauen die an sie herangetragenen Erwartungen hinterfragen. Durch Yoga wird ihnen der Wert und die Würde ihres Körpers wie ihrer Existenz bewusst. Der Körper hört damit also auf, Objekt von Disziplinierungsmaßnahmen zu sein. Er wird vielmehr zum Subjekt und Handelnden bis hin zum Widerständigen. Die körperliche Praxis verändert die Wahrnehmung der Gesellschaft und die Beziehung des Selbst zu ihr.

Das Beispiel zeigt, wie einerseits die mit westlichem Yoga verbundenen und in Yogagruppen oftmals angeleiteten körperlichen Empfindungen und Reaktionen ausgelöst werden: Entspannung, Stressreduktion etc. Diese Reaktionen entsprechen dem im Westen dominanten Yogadiskurs, der sich in die Körper der Praktizierenden einschreibt. Andererseits macht sich das leibliche Erleben durch das Spüren des »inneren Körpers« selbständig und unterläuft die gesellschaftlichen Erwartungen. Dieser Widerstand kann als Teil des Yoga-Diskurses verstanden werden. Er kann aber auch jene Dynamik zum Ausdruck bringen, die der Soziologe Thomas Alkemeyer als »Allgegenwart der mehr oder minder versteckten, unscheinbaren, unspektakulären Momente von verkörperter Unverfügbarkeit und eigensinniger Körperlichkeit« bezeichnet.[68] Situationsbedingt kann sich, so Alkemeyer, ein ungeplantes »Widerständig-Werden im Körper sedimentierter Handlungs- und Wahrnehmungsschemata« ereignen.[69] Die genaue Beleuchtung des konkreten Kontextes, seiner sozialen, politischen, aber auch individuellen Bedingungen wird dem körperlich- sensualen und sedimentierten Wissen näherkommen. Um die »verkörperte Unverfügbarkeit und eigensinnige Körperlichkeit« und damit die »innere Erfahrung« zu erfassen, sind aber (empirische) Methoden und Theorien nötig, die über die Texthermeneutik und Semiotik hinausgehen.

68 Alkemeyer, Un/Verfügbarkeit, hier: 308.
69 Alkemeyer, Un/Verfügbarkeit, hier: 307.

4.2 Fanons Apotheke

Das zweite Beispiel stellt weniger die Ergebnisse einer religionsästhetischen Forschung vor. Es ist vielmehr ein Beispiel für das (postkolonial) kritische Potential, das mit der Untersuchung der Verschränkung von diskursiven Einschreibungen und körperlich-leiblichem Erleben einhergeht. Das Beispiel stammt aus der psychologischen Praxis Frantz Fanons. Kaum jemand hat mit Schilderungen sinnlich-leiblicher Erfahrungen seine Leser:innen so sehr affiziert und gleichzeitig hegemoniale Prozesse und Diskurse aufgedeckt wie dieser karibisch-algerische Psychologe und Freiheitskämpfer.

In »Die Verdammten dieser Erde«[70] schildert Fanon Beispiele aus seiner psychologischen Praxis, in der er insbesondere mit Traumatisierten des algerischen Widerstandskampfes zu tun hat. Unter den dargestellten »Fällen« findet sich auch die Geschichte eines Mannes, der unter Impotenz leidet. Im Verlauf der Psychoanalyse stellte sich heraus, dass die Ehefrau des Klienten von französischen Offizieren vergewaltigt worden war. Diese Vergewaltigung ist paradigmatisch für sexualisierte Gewalt an Frauenkörpern in Zeiten von Kriegen und kolonialer Fremdherrschaft: Sie dienen oftmals dem Zweck, die eigene Macht zu demonstrieren und »den Anderen« – die Frau, aber besonders auch den Mann – zu erniedrigen. Dass diese sexualisierte Kriegsgewalt kein Kollateralschaden von Kriegen ist, sondern Teil kriegerischer Strategien und damit »ein Kriegsverbrechen, ein Verbrechen gegen die Menschlichkeit oder eine die Tatbestandsmerkmale des Völkermords erfüllende Handlung«, wurde im Jahr 2008 vom UN-Sicherheitsrat festgestellt.[71]

Nathalie Eleyth fasst die Gründe für sexualisierte Kriegsgewalt wie folgt zusammen:

> »1. Kriegs- und Hasspropaganda, die insbesondere die ›Frau des Feindes‹ zur Kriegsbeute oder Trophäe erklärt, 2. Rache für begangene Verbrechen des Feindes, 3. ein Klima der Straflosigkeit und der Wegbruch von Zivilisation, 4. die Auflösung moralischer Normen- und Wertsysteme im kriegerischen Kontext, 5. militärtypische toxische Maskulinitätskonzepte, 6. psychologische Mechanismen wie Gruppenkohäsion, die Tendenz der Segmentation der sozialen Welt in Eigengruppen (Ingroups) und Fremdgruppen (Outgroups)

70 Frantz Fanon, Die Verdammten dieser Erde, Reinbek bei Hamburg 1969.

71 Resolution 1820 vom 19. Juni 2008, https://www.un.org/depts/german/sr/sr_07-08/sr1820.pdf (30.3.2021).

wie auch Deindividuation und 7. persönliche Motive wie individuelle Frustration. Ferner spielt in vielen bewaffneten Konflikten sexualisierte Gewalt als Instrument gegenseitiger männlicher Kommunikation eine Rolle: ›Sie vermittelt dem Feind, daß er nicht in der Lage ist, seine Zivilbevölkerung zu beschützen. So werden die Widersacher nicht nur in ihrer männlichen Ehre gekränkt, sondern auch in ihrer Rolle als Kämpfer und Verteidiger demoralisiert.‹«[72]

Der kamerunische Philosoph Achille Mbembe greift nun den von Fanon geschilderten Fall auf und analysiert – ähnlich dem von Eleyth unter dem ersten Punkt aufgeführten Motiv der Hasspropaganda – die Herstellung einer gegenseitigen nachhaltigen Hassbeziehung als zentrales Motiv der französischen Offiziere. Den Tätern ging es darum, »durch die Vergewaltigung gleichsam eine Hassbeziehung herzustellen. Hass ist alles andere als ein Verhältnis der Anerkennung. Er ist vor allem ein Verhältnis des Abscheus. Ein Phallus verabscheut einen anderen Phallus.« Die Hassbeziehung wird durch den Auftrag an die Ehefrau sichergestellt: »Wenn du eines Tages deinen Scheiß-Gatten wiedersiehst, dann vergiß ja nicht, ihm zu sagen, was man dir angetan hat.«[73] Die mit der sexualisierten Kriegsgewalt verbundene Bedeutungszuweisung wird also direkt in den Leib – von Ehemann und Ehefrau – eingeschrieben und sedimentiert sich im Körperwissen des Ehemanns in der Impotenz. Den Grund für seine Impotenz wird dem Ehemann aber erst durch die Psychotherapie bewusst.

Auch die »Heilung« verläuft also körperlich-leiblich-sinnlich – und zwar über die Umdeutung und durch neues leiblich erfahrbares Wissen. Die »Medizin« in »Fanons Apotheke«, wie das dritte Kapitel aus Mbembes Politik der Feindschaft heißt, besteht darin, sich berühren zu lassen und die Anerkennung wiederherzustellen:

> »Sich berühren zu lassen – oder schutzlos einer anderen Existenz ausgesetzt zu sein – ist der erste Schritt hin zu jener Form von Anerkennung, die sich kaum in das Paradigma des Herrn und des Knechts oder in die Dialektik der Ohnmacht und der Allmacht oder auch des Kampfes, des Sieges und der Niederlage sperren lässt. Im Gegenteil, die daraus resultierende Beziehung ist eine der Sorge und Fürsorge. Die Verwundbarkeit zu erkennen und zu

72 Nathalie Eleyth, »Vergewaltigung als säkularer Gott«. Theologisch-ethische Perspektiven zu sexualisierter Gewalt, Schmerzdeutungen und weiblich gelesenen Körpern im Krieg, in: Katharina Greschat/Claudia Jahnel (Hg.), Dem Schmerz begegnen. Theologische Bedeutungen, Bielefeld 2021, 145–171, hier: 153, Zitat aus: Marie-Janine Calic, Krieg und Frieden in Bosnien-Hercegovina, Frankfurt 1996, 140.

73 Zit. nach Achille Mbembe, Politik der Feindschaft, Frankfurt a. M. 2017, 174f.

akzeptieren – oder auch einzugestehen, dass das Leben stets Gefahren bis hin zum Tod ausgesetzt ist – bildet den Ausgangspunkt für jede Entwicklung einer Ethik, deren Ziel in letzter Instanz die Menschlichkeit ist.«[74]

Die »Heilung« geschieht durch die Begegnung mit dem »Gesicht des Anderen«, in der sich der Einzelne dem Anderen, aber auch sich selbst »offenbart«.[75] Nur in dieser unmittelbaren Begegnung vollzieht sich Heilung durch wechselseitige Anerkennung und durch die Einsicht, dass auch der andere Mensch einen Körper hat: »Er hat Füße, Hände, eine Brust, ein Herz. Er ist nicht bloß eine Ansammlung von Organen. Er atmet. Er läuft«[76] … und er hat einen Namen.

Anerkennung und leiblich-sinnliches Erleben, diskursive Einschreibungen und ihre körperliche Materialisierung stehen hier also in einem Wechselverhältnis. Gleichzeitig schildert Fanon – in Mbembes Analyse zumindest – Momente des leiblich-körperlichen Widerstands und körperlicher Selbständigkeit (in der Impotenz bzw. Heilung)

5. Ausblick: Die politische Dimension von Körper und Leiblichkeit

Die beiden Beispiele zeigen, dass die sinnlich-leiblichen Dimensionen eminente politische Bedeutung haben. Nichts ist politischer als die Etablierung von körperlich-sinnlichen Wahrnehmungs- und Deutungsmustern, die Menschen vorgeben, was sie als »wahr« zu betrachten und zu fühlen haben[77] – wie etwa die Deutung einer Vergewaltigung als Erniedrigung und Hass. Körperlich-sinnliche Wahrnehmungen sind also keinesfalls privater Natur, sondern Ergebnis politisch-ästhetischer Prozesse bzw. einer sozialen Ästhetik.

Birgit Meyer hat zur Beschreibung dieser politischen Dimension ästhetischer Prozesse, ihrer Verkörperung und der Art und Weise, wie sie die sinnliche Wahrnehmung prägen und vice versa, den Ausdruck »sensational forms« geprägt.[78] *Sensational forms* sind autorisierte – manchmal auch autoritäre – Arten und

74 Mbembe, Politik, 214.
75 Mbembe, Politik, 214.
76 Mbembe, Politik, 160.
77 Grieser, »Aesthetics«, hier: 10.
78 Birgit Meyer, Aesthetics of Persuasion. Global Christianity and Pentecostalism's Sensational Forms, in: South Atlantic Quarterly 2010, 741–763.

Weisen, die den Zugang zu Transzendenz oder auch spirituelle »Zustände« hervorrufen und organisieren, indem sie bestimmte, wieder abrufbare Gefühle und Sinneseindrücke hervorrufen. Das »Funktionieren« der *sensational forms* ist abhängig von der kontinuierlichen körperlichen Einübung, in der sich Wahrnehmung, Sinneseindrücke und Interpretation immer wieder gegenseitig beeinflussen und bestätigen. Jede Religion operiert mit Hilfe von bestimmten historisch entstandenen *sensational forms*, die wiederholbare Muster von Gefühlen und Aktionen hervorrufen. Das gilt also für die Erfahrung der von Meyer untersuchten Phänomene der Geisteinwohnung im Zustand pentekostaler Glossolalie ebenso wie in der Losgelassenheit in bestimmten Asanas oder in der Verbindung von Körper und Geist im Pranayama.

Weil diese leiblich-sinnlichen religiösen Erfahrungen und Wahrnehmungen von ästhetischen Regimen gesteuert werden, ist die Religionsästhetik nicht einfach nur ein netter neuer Hype, sondern hochgradig politisch. Und dies umso mehr als wir, wie der bereits zitierte Soziologe Andreas Reckwitz formuliert, in einer Zeit der »zunehmenden Ästhetisierung« und des Kreativitätsdrucks leben, der auch und gerade das »ökonomisch-technische[…] Herz[…] der kapitalistischen Gesellschaften« prägt.[79] Ästhetisierungs- und Kreativitätsdruck suchen nicht nur die permanente »sinnliche und affektive Erregung durch das produzierte Neue«, das Lebendigkeit vermittelt.[80] Sie führen auch zur Marginalisierung einer Vielzahl von Menschen, die mit den Forderungen einer neo-liberalen Wirtschaftsordnung nicht mithalten können.

Die Religionsästhetik ist in diesem Prozess nicht nur »objektive Beobachterin« von religiös-sinnlichen Prozessen. Sie ist auch Teil der zunehmenden sozialen Ästhetisierung. Indem sie die vielfachen *sensational forms* religiöser Prozesse methodisch aufsammelt und theoretisch reflektiert, befindet sie sich zugleich aber auch auf einer »Rettungsmission«, wie Binder konstatiert. Mit ihrer »körperbasierten, sinnlichen Rekonzeptualisierung [hilft sie] uns Modernen […], nicht nur unsere Welt, sondern auch die Welten religiöser Menschen in vielen Zeiten und an vielen Orten zu analysieren«.[81]

79 Reckwitz, Kreativität, 11.
80 Reckwitz, Kreativität, 10.
81 Binder, Teildisziplin, hier: 99.

Robert Schreiter hat schon vor 2010 für die Interkulturelle Theologie eine strukturähnliche Aufgabenstellung – eine Art »Rettungsmission« – formuliert. In seinem Aufsatz »Verbreitung der Wahrheit oder interkulturelle Theologie« betont er die anhaltende Bedeutsamkeit der Suche nach der Wahrheit Gottes in den Brüchen der Leben von Menschen im Zeitalter der Globalisierung:

> »Wie stiften Menschen Sinn inmitten des Zusammenbruchs der Kultur und schaffen Identität im Leiden? [...] Das geht über postmoderne Beschäftigung mit Bruch und Auflösung hinaus. [Interkulturelle Theologie] müsste fragen, wie Menschen ihr Leben reparieren, wenn sie es können und wenn sie es nicht können, Wege finden, trotz der Zerstörung ihre Menschlichkeit zu bewahren. Oder, theologisch ausgedrückt: Die Lehre von der Inkarnation müsste das Verständnis der interkulturellen Theologie darüber formen, wie das Wort Gottes kulturelle Situationen stärkt und bestätigt, die von der Globalisierung aufgerieben werden.«[82]

Das sind »starke« Worte und ein hoher Anspruch, dem die Interkulturelle Theologie vermutlich nicht immer und längst nicht in aller Gänze gerecht wird. In einer Zeit der zunehmenden Ästhetisierung und des Ästhetisierungsdrucks scheint es mir notwendig, dass Interkulturelle Theologie und Religionswissenschaft diese Brüche des menschlichen Lebens wie auch der gesamten Schöpfung an der Schnittstelle von Religion, Körper und Ästhetik herausarbeiten und reflektieren. Es geht darum, ästhetische Instrumentarien zu entwickeln und dabei v. a. auch ein Gespür für die Momente versteckter, unscheinbarer und unverfügbarer Widerständigkeit zu entwickeln und zu kultivieren.

Ein notwendiger Nachsatz, der gleichsam ein Hauptsatz ist für das Thema »Interkulturelle Theologie und Religionswissenschaft – Quo Vadis?« – in Abänderung eines Zitats der kritischen Posthumanismusforscherin Janina Loh:

> »Kritische [interkulturelle Theolog*innen] wissen um die notwendige Unabgeschlossenheit ihrer eigenen Methoden und Theorien. In ihrem Gebrauch distanzieren sie sich immer wieder von diesen und hinterfragen sie in der eigenen Anwendung. Anders als andere Wissenschaftler*innen begeben sie

82 Robert Schreiter, Verbreitung der Wahrheit oder interkulturelle Theologie. Was meinen wir, wenn wir heute von Mission sprechen, in: Interkulturelle Theologie/Zeitschrift für Mission 36, 1 (2010), 13–31, hier: 25.

sich in die Riss- und Nahtstellen, die sich durch das [›Inter‹] ihres Faches in der eigenen Forschung auftun, hinein und nutzen dies produktiv zur steten Selbstkritik«.[83]

(Dr. Claudia Jahnel ist Professorin für Interkulturelle Theologie und Körperlichkeit an der Evangelisch-Theologischen Fakultät der Ruhr-Universität Bochum.)

ABSTRACT

Bodies matter! This is in a special way true for religious studies and intercultural theology. For a long time, a somatophobia prevailed in the field of religious studies research, which corresponded to the Western-Protestant conceptualization of religion. With the material turn and the body turn, however, central questions about the religious knowledge »in the bones« and a stronger attention to body practices and aesthetics are coming into view. This article argues for complementing discourse-theoretical research approaches within intercultural theology with approaches based on the aesthetics of religion, body phenomenology, and praxeology. Such a multi-perspectival analysis illuminates, as the example of yoga shows, among other things, the sometimes immensely political and subversive relevance of the body which has already been witness by liberation, feminist and queer theologies.

83 Janina Loh, Trans- und Posthumanismus. Zur Einführung, Hamburg 2018, 154.

L'art pour l'art?

Interkulturelle Theologie als Praxistheorie epistemischer Dissonanzen

Klaus Hock

Vorbemerkung und Hinführung

Zu diesem Beitrag gehört eine kleine anekdotische Vorgeschichte, die den Leser*innen deshalb nicht vorenthalten werden soll, weil sich in ihr eine punktgenaue Bestimmung dessen findet, worum es mir geht.

Als mir durch Prof. Dr. Werner Kahl, den damaligen Studienleiter der Missionsakademie in Hamburg, das Privileg zuteil wurde, für das Symposium zu Ehren von Prof. Dr. Ulrich Dehn aus Anlass seiner Emeritierung als einer der Vortragenden eingeladen zu werden, bat ich zunächst um Bedenkzeit, was die genaue Titelnennung meines Beitrags anbelangte. Doch schon bald konnte ich ihm schreiben: »[…] nun ging es doch schneller als gedacht (wg. Pfingsten? Hoffentlich keine fake message des Hlg. Geistes); mein Thema ist: ›L'art pour l'art? Interkulturelle Theologie als Praxistheorie epistemischer Dissonanzen‹.« Kurz darauf antwortete Werner Kahl: »[…] der Titel macht mir viel Sinn und ist selbstverständlich pfingstlich. Ich bereite gerade die Predigt für den Internationalen Gospelgottesdienst heute abend vor zu Apg 2 (im Dialog mit Pastor Prince Okeke). Besonders in der Apostelgeschichte geht es ja im Wesentlichen um die narrative Entfaltung dessen, was Paulus umtrieb aufgrund seiner Deutung des Christusgeschehens: Die evangeliumsgemäße, d. h. gerechte und heilsame Gestaltung von Glaubens- und Lebensgemeinschaften der kulturell Verschiedenen. Und wenn ich den Titel Deines Vortrags recht verstehe, geht es um die Reflexion dieses Projekts, sei es in lokaler oder globaler Perspektive.«

Damit hatte Werner Kahl den Nagel auf den Kopf getroffen und exakter, als ich es je gekonnt hätte, prägnant in Worte gefasst, worum es mir geht. Ich werde im Laufe meines Beitrags noch öfters auf diese Formulierung Bezug nehmen. Dabei fasse ich sie allerdings noch etwas weiter, da nicht nur die *kulturell*, sondern auch die *religiös* Verschiedenen mit in den Blick genommen werden sollen.

Noch eine zweite Vorbemerkung muss ich vorausschicken. Obgleich ich vor längerer Zeit eine Einführung in die Interkulturelle Theologie verfasst habe, muss ich doch gestehen, dass ich in Bezug auf diese Thematik eher *user* als *developer* bin, wie es im IT-Jargon heißt, was sich unter anderem darin spiegelt, dass ich mich diesbezüglich bislang kaum programmatisch geäußert habe.[1] Insofern betrete ich mit den folgenden Ausführungen ein Stück weit Neuland – zumindest was den Versuch anbelangt, einige inhaltliche Richtungsimpulse zu skizzieren und insofern, als ich mich zu bestimmten Konzepten oder Entwürfen positioniere. In diesem Zusammenhang ist noch auf einen weiteren Aspekt zu verweisen. Wie Volker Küster einmal festgestellt hat, bezeichnet »Interkulturelle Theologie« momentan »noch kein festumrissenes Teilgebiet der Theologie oder eine bestimmte Methode«, zumal »[s]eine jeweilige Bedeutung […] von den Forschungsinteressen derjenigen mitdefiniert wird, die ihn verwenden«, und deshalb spricht er auch von der »Pluridisziplin« Interkulturelle Theologie.[2] Vielleicht hilft zur ersten Verständigung über diese Pluridisziplin, zwischen Interkultureller Theologie mit großem »I« und interkultureller Theologie mit kleinem »i« zu unterscheiden: Ersteres bezeichnet dann das Fach, letzteres je konkrete programmatische Entwürfe – wie etwa Systematische Theologie mit großem »S« auf die Disziplin und systematische Theologie mit kleinem »s« auf die Entwürfe z. B. Barths, Moltmanns, Sölles etc. verweisen, denen weitere spezifizierende Adjektive (dann wiederum bisweilen mit großem Anfangsbuchstaben) beigeordnet werden können – »Dialektische Theologie«, »Theologie der Hoffnung«, »Theologie der Befreiung« oder ähnlich.

Die folgenden Ausführungen sind nicht mehr als eine bescheidene und in ihrer Reichweite begrenzte, kleine Etüde auf dem Gebiet der interkulturellen Theologie mit kleinem »i« – und insofern werde ich an dieser Stelle dann doch ein Stück weit vom *user* zum *developer*, wenngleich auf recht allgemeiner und abstrakter Ebene.

1 Eine eingeschränkte Ausnahme bildet Klaus Hock, Interkulturelle Theologie. Programmatische Assoziationen, Interkulturelle Theologie/ZMiss 37 (2011), 53–69.

2 Volker Küster, Art. Interkulturelle Theologie, in: RGG[4], Bd. IV (2001), 197–199, hier: 197. Genau genommen spricht Küster von ihrer »Genese aus der Pluridisziplin RMÖ [= Religions-, Missions- und Ökumenewissenschaft; K. H.]« (ebd., 199).

Das Thema »Interkulturelle Theologie« ist – im allgemeinen und allerweitesten Sinne – die Begegnung zwischen kulturell (und religiös) Verschiedenen und Verschiedenem.[3] Aus je positionellen Perspektiven stellt sich diese Verschiedenheit auf den ersten Blick als Andersheit dar und scheint entsprechend als Interaktion mit »Anderem« und »den Anderen« konkret fassbar zu werden – anderen Menschen, anderen Religionen oder Gewissheitssystemen und -praktiken bzw. ihren Akteuren und Agenturen, Institutionen und Narrationen, Verleiblichungen und Performanzen, Politiken, Praktiken und Diskursen und so weiter. Von daher ist nachvollziehbar, dass auf die daraus resultierenden Herausforderungen theoretisch-theologisch beispielsweise zunächst mit Entwürfen einer Xenologie reagiert wurde, in denen Anderes als Fremdes thematisch wird. Dabei droht allerdings nicht selten außer Blick zu geraten, dass Kategorisierungen von Andersheit und Fremdheit einen doppelten, fließenden Prozess des *Othering* voraussetzen: Zunächst eine »Ver-Anderung«,[4] durch die Unterschiede, zunehmend reifiziert, als essentialisierte Differenzen konzeptualisiert werden,[5] dann eine Exotisierung, eine Ver-Fremdung des und der Anderen, dem letztlich eine (multi-)kulturalistisch begründete, kulturseparatistische Programmatik unter weitgehender Ausblendung inter-und transkultureller Verflechtungen zugrunde liegt.

Selbstverständlich ist hier Vorsicht geboten, da eine inhaltliche Fokussierung (um nicht zu sagen: Engführung) auf bestimmte Aspekte, wie hier vorgeschlagen, Gefahr läuft, Themen der Interkulturellen Theologie unbesehen zu hierarchisieren bzw. das Interesse lediglich auf ausgewählte Felder zu fokussieren. Dennoch scheint mir die Frage der Interaktion von und dann auch des Umgangs mit Verschiedenen und Verschiedenem sämtliche Dimensionen Interkultureller Theologie zu durchziehen. Damit rücken auch Fragen von *Othering* und Exotisierung hinsichtlich ihrer (Deutungs-)Machtdynamik in den Horizont funda-

3 In der Fassung des mündlichen vorgetragenen Referats auf dem Symposium hatte ich noch von der »Begegnung und de[m] Umgang mit ›Anderem‹ und ›den Anderen‹ – anderen Menschen, anderen Religionen oder Gewissheitssystemen und -praktiken […]« gesprochen. Davon möchte, ja muss ich Abstand nehmen; die weiteren Ausführungen machen hoffentlich einsichtig, weshalb.

4 Nicht Veränderung, sondern VerAnderung. Der Sache nach wurde das Konzept des Othering implizit wohl bereits diskutiert, bevor es mit Namen wie Edward Said oder Johannes Fabian in Verbindung gebracht wurde und dann in den *Postcolonial Studies* zu einem Schlüsselbegriff avancierte. Vor allem Gayatri Spivak prägte ihn zur Beschreibung von Prozessen, durch die im kolonialen Kontext »das im Machtdiskurs ausgeschlossene Andere« erschaffen wird (The Rani of Sirmur. An Essay in Reading the Archives, in: History and Theory 24/3 (1985), 247–272, hier: 255.

5 Grundlegend hierzu: Wilfred Cantwell Smith, The Meaning and End of Religion, Minneapolis 1991 [1961].

mentaler kritischer (Selbst-) Reflexion. Sie können dann nicht mehr in bloß kursorischen Prolegomena gestreift werden, sondern bedürften eigentlich einer entsprechend fundamentaltheologischen Traktierung und müssten darüber hinaus zur programmatischen Querschnittsaufgabe Interkultureller Theologie werden. Wenn ich so die Frage der Interaktion von und dann auch des Umgangs mit Verschiedenen und Verschiedenem als generische Aufgabe Interkultureller Theologie bestimme, komme ich jedoch nicht umhin, dieses Thema auf übergreifender, allgemeinerer Ebene zum Gegenstand der Reflexion zu machen. Damit wird es abstrakter, und wenn es abstrakter wird, laufe ich selbstverständlich wiederum Gefahr, dass Interkulturelle Theologie dann tatsächlich *l'art pour l'art* wird, eine »Kunst, die keine bestimmte Absicht und keinen [gesellschaftlichen] Zweck verfolgt; Kunst als Selbstzweck«, wie der Duden diese aus der französischen Kunsttheorie stammende Redewendung, deren Herkunft nicht restlich geklärt ist, konzise beschreibt.[6] Dem ist nur dadurch zu begegnen, dass bereits in den Vorgang der theoretischen Reflexion selbst Elemente der Praxisrelevanz eingetragen und quasi genetisch eine Verbindung von Praxis und Theorie postuliert wird – und das verlangt dann, Interkulturelle Theologie als Praxistheorie zu konzipieren. Auch diese Operation verbleibt allerdings auf theoretischer Ebene – etwas anderes zu behaupten, wäre unredlich, und entsprechend konzentriere ich mich bei der Reflexion des »Projekts« der »evangeliumsgemäße[n], d. h. gerechte[n] und heilsame[n] Gestaltung von Glaubens- und Lebensgemeinschaften der kulturell Verschiedenen«, wie Werner Kahl mein Vorhaben paraphrasiert hat – und ich ergänze: »und der *religiös* Verschiedenen« –, auf das, was ich theoretisch mit dem Begriff der »epistemischen Dissonanz» konzeptualisiere; dazu später noch einige weiterführende Bemerkungen.

In den folgenden Impulsen – wie gesagt: mehr vorläufige Skizze als ausgearbeitetes Programm – skizziere ich in einem ersten Schritt sowie als Ausgangspunkt und Einordnung ins Ganze Interkultureller Theologie und mit Blick auf eine bessere Kontextualisierung meiner Überlegungen in groben Zügen rückblickend die Entwicklung des Wissenschaftsdiskurses bezüglich der Frage nach der interkulturellen Geschichte des Christentums in Gestalt des »Projekts einer integrierten Geschichte des Weltchristentums«. In einem zweiten Schritt nähere ich mich dem chiffreartigen Begriff der »epistemischen Dissonanz« und erläutere, weshalb und wie das damit signifizierte Konzept mit dem Postulat einer

6 https://www.duden.de/rechtschreibung/L_art_pour_l_art, (30.3.2021).

interkulturellen Theologie als Praxistheorie verknüpft ist. Exemplarisch etwas fassbarer konkretisieren will ich dies in einem dritten Schritt durch die Vorstellung einiger – im Abschluss an die Debatte um Perry Schmidt-Leukels fraktale Theorie der Religionsvielfalt entworfener – erster Modellskizzen einer interkulturellen Theologie in Gestalt einer Art »Unschärferelations-Theorie«, wie ich sie erst einmal vorläufig – und vielleicht ein wenig zu vollmundig – bezeichnen will.

1. Interkulturelle Christentumsgeschichte als integrierte Geschichte des Weltchristentums

Auch wenn es das »Gschmäckle« einer ursprungsmythologischen Referenz hat, möchte ich doch einsetzen bei dem vor nun schon mehr als 15 Jahren von der zuständigen Fachgruppe der Wissenschaftlichen Gesellschaft für Theologie und dem Verwaltungsrat der Deutschen Gesellschaft für Missionswissenschaft gemeinsam verabschiedeten Positionspapier »Missionswissenschaft als Interkulturelle Theologie und ihr Verhältnis zur Religionswissenschaft«. Wie damals ausdrücklich festgehalten wurde, war es »nicht die Intention des Papiers, eine inhaltliche Programmatik zu formulieren, da dies den einzelnen Lehrstühlen überlassen werden muss. Vielmehr [ging] es darum, den Gegenstandsbereich der Interkulturellen Theologie/Missionswissenschaft innerhalb der Evangelischen Theologie deutlich zu profilieren.«[7]

Dennoch – und daran würde ich ausdrücklich festhalten wollen – gibt es in der Tat so etwas wie eine implizite Programmatik der Interkulturellen Theologie. Diese ist in den damals identifizierten drei Hauptarbeitsfeldern Interkultureller Theologie angelegt, die aus ihrer Aufgabe erwachsen, »die Interaktion zwischen Christentum und nichtchristlichen Religionen und Weltanschauungen sowie die dadurch ausgelösten Transformationsprozesse des Christentums in unterschiedlichen kulturellen Kontexten theologisch zu reflektieren«, nämlich

»1. Theologie- und Christentumsgeschichte Afrikas, Asiens, Lateinamerikas und Ozeaniens;

7 https://dgmw.org/wp-content/uploads/2015/12/Text_07_16.10.12_DGMW-Papier.pdf (30.3.2021).

2. Interkulturelle Theologie im engeren Sinn (z. B. kontextuelle Theologien, Nord-Süd-Wechselwirkungen und Konflikte in der Weltchristenheit, Migration, Entwicklungsproblematik);

3. Theologie und Hermeneutik interreligiöser Beziehungen (z. B. interreligiöser Dialog, Missionstheologie, Theologie der Religionen)«.[8]

Beispielhaft will ich das erste dieser Hauptarbeitsfelder herausgreifen – nicht ohne zugleich darauf zu verweisen, dass die damalige Formulierung inzwischen insofern Makulatur ist (und eigentlich schon damals war), als es eben nicht bloß um die »Theologie- und Christentumsgeschichte Afrikas, Asiens, Lateinamerikas und Ozeaniens« gehen kann, sondern um eine interkulturelle Geschichte des Christentums, die nur in Gestalt des Projekts einer integrierten Geschichte des Weltchristentums zu konzipieren ist.

Der entscheidende Punkt dabei besteht jedoch darin, dass sich im Diskursfeld Interkultureller Theologie die Christentumsgeschichtsschreibung von der traditionellen Missionsgeschichte zur postkolonialen Christentumsgeschichte transformiert hat. Das geschah in mehreren historischen Schüben, über deren Verlauf es aber nur in Grundzügen Übereinstimmung geben kann. Je nach angelegten Kriterien fällt die Einteilung unterschiedlich aus, und die einzelnen Phasen gehen zudem häufig ineinander über bzw. lassen sich nie eindeutig voneinander abgrenzen.[9]

Meiner eigenen Einschätzung nach beginnt der historiographische Transformationsprozess mit einer ersten Phase nach dem Ende des Ersten Weltkriegs, die in den 1930er Jahren kulminiert und sich mit folgenden Stichworten charakterisieren ließe: Öffnung gegenüber »nicht-theologischen« Methoden und Akteuren sowie Wahrnehmung sozialer, politischer und wirtschaftlicher Faktoren; »Ökumenisierung« und Rückgang konfessioneller Abgrenzungsdiskurse; »Entdeckung der Moderne«[10] und zunehmende Sensibilität für die Herausforderungen durch Säkularisierung, moderne Wissenschaft, politische Ideologien und soziale

8 Ebd.

9 Zum Folgenden vgl. meine Ausführungen in Klaus Hock, Einführung in die Interkulturelle Theologie, Darmstadt 2011, insb. 15–31; oder in Klaus Hock, Passions-Feier. Kreuzungen der Christentümer als Kreuzwege der Christenheit, in: Arndt Bünker u. a. (Hg.), Gerechtigkeit und Pfingsten. Viele Christentümer und die Aufgabe einer Missionswissenschaft, Ostfildern 2010, 18–28.

10 Christof Dipper, Max Weber, Ernst Troeltsch und die »Entdeckung der Moderne«, in: Detlev Mares/ Dieter Schott (Hg.), Das Jahr 1913. Aufbrüche und Krisenwahrnehmungen am Vorabend des Ersten Weltkriegs, Bielefeld 2014, 95–118, der insbesondere die interdisziplinären Zusammenhänge dieser »Entdeckung« hervorhebt.

Herausforderungen. – In einer zweiten Phase wird mit dem von Walter Hollenweger, Hans Jochen Margull und Richard Friedli initiierten Projekt einer »Interkulturellen Geschichte des Christentums« ein Wechsel in der Wahrnehmung eingeleitet, bei dem statt dogmatischer, konfessioneller oder theologischer Grundannahmen nun soziale, ökonomische, politische, kulturelle … Faktoren als Agenzien der Ausbreitungsgeschichte des Christentums in den Blick kommen, deren Zusammenwirken das Christentum, nun pluralisch gefasst als Christentümer, in ihren je spezifischen historischen Kontexten geprägt hat. Die wichtigsten Stichworte hierbei sind: Integration von »Kirchengeschichte« und »Profangeschichte« (»Die Welt setzt die Tagesordnung«); Thematisierung der historischen Konsequenzen von Imperialismus und Kolonialismus, was mit kritischen Reflexionen über globale Abhängigkeitsstrukturen einhergeht und sich mittelbar auch im Wechsel der Bezeichnung von »Überseegeschichte« zu »Außereuropäische Geschichte« spiegelt; Blickwechsel hin zur Perspektive der von der Geschichte des expandierenden Westens Betroffenen und Forderungen einer Revision traditionell triumphalistischer Missionsgeschichtsschreibung. – Die sich mit der vorherigen überschneidende bzw. sogar parallel laufende dritte Phase ist gekennzeichnet durch Initiativen aus dem »Globalen Süden«, der damals unter der Nomenklatur »Dritte Welt« firmierte, und der Forderung nach einer vornehmlich durch dortige Akteure zu schreibenden *neuen* Kirchengeschichte, mit der die Kritik an der vermeintlichen »Objektivität« bisheriger Christentumshistoriographie einherging. – Die daraus erwachsende vierte Phase ist stark durch postkoloniale Studien inspiriert, mit dem Focus »auf der Frage nach den geschichtsmächtigen Formationen und Strukturen, innerhalb derer verschiedene Akteure (*Agents*) […] reagieren« – und agieren. Globale Christentumsgeschichte »ist folglich nicht länger als Fortsetzungsgeschichte des Christentums im außereuropäischen Kontext zu beschreiben, sondern als ein Vorgang, bei dem wechselseitige Transformationsprozesse in den Blick kommen« und »westliche Theologien wie auch westliche Christentumsformen sich mehr und mehr mit ihrer bislang nicht wahrgenommenen Provinzialität auseinandersetzen müssen.«[11]

In den jüngeren und jüngsten Entwicklungen der letzten Jahre haben viele Wissenschaftler*innen diese Impulse aufgenommen, ohne das postkoloniale Paradigma selbst hegemonial zu stellen. Das von dem emeritierten Münchener Kirchenhistoriker Klaus Koschorke initiierte Vorhaben markiert mit dem termino-

11 Hock, Einführung, 44f.

logischen Wechsel von der »Außereuropäischen Christentumsgeschichte« zum Modell der »Polyzentrische[n] Strukturen der globalen Christentumsgeschichte«[12], das »veränderte Landkarten« zeichnet, die Wende hin zum »Projekt einer integrierten Geschichte des Weltchristentums«.[13] Dadurch kommen höchstkomplexe Verschränkungen zwischen peripheren und zentralen Entwicklungen in den Blick. Wie ich selbst verschiedentlich vorgeschlagen habe, sind durch das Konzept der Transkulturation diese vielfältigen Bezugnahmen, Verschränkungen, Hybridisierungen oder auch Identifikationen in ihrer komplexen Dynamik recht genau zu beschreiben, wodurch sich das Modell der polyzentrischen Strukturen der Christentumsgeschichte und das der Transkulturation wechselseitig ergänzen und vielleicht in einer transkulturellen Geschichte des Christentums integrieren lassen.[14] Jüngst haben Joar Hagar, Frieder Ludwig und Eva Vea Rosnes in Aufnahme dieser Impulse innerhalb der Rahmensetzungen des Polyzentrizitäts-Paradigmas und unter der Nomenklatur der »Transloyalität« ein größeres interdisziplinäres Projekt auf den Weg gebracht.[15] In diesem sollen anhand der Bereiche Bildung und Gesundheit am Beispiel von Entwicklungen in ausgewählten Ländern und mit Schwerpunktsetzung auf lutherische Debatten Aushandlungsprozesse und Diskurse sowie dadurch ausgelöste globale wie lokale Transformationsprozesse nachverfolgt und analysiert werden.

Frieder Ludwig selbst hat in einem Überblick die von mir in aller Kürze skizzierten Entwicklungen seit dem Ende des Zweiten Weltkriegs unter besonderer Berücksichtigung der Wechsel in den Nomenklaturen zur »Geschichte der Weltchristenheit« mit eigenen Konturierungen und Akzentsetzungen versehen. Dabei ruft er nochmals prägende Publikationen, Forschungsvorhaben und Debatten in Erinnerung, die in der Entwicklung der Historiographie des globalen Christentums teils kataraktartige Paradigmenwechsel oder zumindest vorsichtiges Um-

12 Klaus Koschorke, Polyzentrische Strukturen der globalen Christentumsgeschichte, in: Richard Friedli u. a. (Hg.), Intercultural Perceptions and Prospects of World Christianity (= Studien zur interkulturellen Geschichte des Christentums 150), Frankfurt am Main 2010, 105–126.

13 Klaus Koschorke, Veränderte Landkarten der globalen Christentumsgeschichte, in: Kirchliche Zeitgeschichte 22/1 (2009), 187–210, hier: 193.

14 Klaus Hock, Transkulturelle Perspektiven auf polyzentrische Strukturen, in: Ciprian Burlacioiu/Adrian Hermann (Hg.), Veränderte Landkarten. Auf dem Weg zu einer polyzentrischen Geschichte des Weltchristentums. Festschrift für Klaus Koschorke zum 65. Geburtstag, Wiesbaden 2013, 295–314.

15 Eine erste Skizze findet sich unter https://www.vid.no/forskning/vids-fremragende-forskningsmiljoer/connected-histories-contested-values/ oder https://app.cristin.no/projects/show.jsf?id=674850 (30.3.2021).

denken evoziert haben. Seine Darstellung deckt sich mit meinen Beobachtungen, insbesondere mit Blick auf die in der jüngsten Phase feststellbare zentrale Bedeutung der Untersuchung komplexer Verflechtungs- und Aushandlungsprozesse. Dies kommt auch in dem von ihm mitverantworteten Projekt zum Tragen, das, wie er schreibt, besonderes Interesse an den von verschiedenen Akteuren vorgebrachten »Anliegen und Überzeugungen« hat, die »so formuliert werden [mussten], dass sie in unterschiedlichen Kontexten und Plausibilitätsstrukturen Sinn machten. Das Navigieren in diesem komplexen Beziehungsgeflecht mit sehr unterschiedlichen Gesprächs- und Verhandlungspartnern ist das, was wir unter Transloyalität verstehen.«[16]

Dieser nun doch eher deskriptive Rückblick sollte als Ausgangspunkt und Einordnung ins Ganze der Interkulturellen Theologie am Beispiel der interkulturellen Christentumsgeschichte Trends und Entwicklungen nachzeichnen sowie skizzieren, wo wir diesbezüglich heute stehen – nämlich beim Versuch, sie als integrierte Geschichte des globalen Christentums zu konzipieren und zu begreifen, die durch komplexe, oftmals konfliktbehaftete Verflechtungs- und Aushandlungsprozesse gekennzeichnet ist. Daraus erwächst aber nicht nur in diachroner, sondern auch in synchroner Hinsicht die Frage nach der Verhältnisbestimmung zwischen unterschiedlichen, teils in elementaren Fragen fundamental miteinander konfligierenden Epistemologien: Aus der Tiefe der Geschichte kommend wie auch gezeichnet durch diese Geschichte, hegemonial gestellt die Einen, marginalisiert die Anderen, treffen sie in all ihren Widersprüchlichkeiten und Idiosynkrasien aufeinander. Einer interkulturellen Theologie stellen sich damit besondere Herausforderungen sowohl für die Frage nach den Erkenntnismöglichkeiten und dem Verhältnis zu den daraus erwachsenden praktischen Erfordernissen (siehe 2.) als auch für die Problematik des Umgangs mit historischen Verwerfungen und gegenwärtigen Antagonismen (siehe 3.).

16 Frieder Ludwig, Aufbrüche zur »Geschichte der Weltchristenheit« in Deutschland. Kirchengeschichte als Missionsgeschichte – Interkulturelle Geschichte des Christentums – Außereuropäische Christentumsgeschichte?, in: Klaus Hock (Hg.), Wissen um Religion. Erkenntnis – Interesse. Epistemologie und Episteme in Religionswissenschaft und Interkultureller Theologie (= Veröffentlichungen der Wissenschaftlichen Gesellschaft für Theologie 64), Leipzig 2020, (233–249, hier: 249).

2. Epistemische Dissonanz und Praxeologie

Eine der großen Spannungen, wenn nicht gar Konflikte zwischen verschiedenen Christentumsformen liegt darin, dass sie auf unterschiedlichen Wissenssystemen basieren, was sowohl in ihrer performativen Praxis als auch in Gestalt unterschiedlicher theologischer Entwürfe deutlich wird. Nun war die Forderung nach einer epistemologischen Neuausrichtung christlicher Theologie bereits Ende der 1970er Jahren in der ökumenischen Debatte gestellt worden, namentlich seitens der *Ecumenical Association of Third World Theologians* (EATWOT), die in der Schlusserklärung verlautbaren ließ: »Eine bloß akademische Theologie, die vom Handeln getrennt ist, weisen wir als belanglos zurück. Wir sind bereit, in der Epistemologie einen radikalen Bruch zu vollziehen, der das Engagement zum ersten Akt der Theologie macht und sich auf eine kritische Reflexion oder die Realitätspraxis der Dritten Welt einlässt.«[17] Problematisch wurde die Rezeption dieser Forderung in der Folge dadurch, dass die epistemologische Neuausrichtung in verkürzter Weise häufig mit dem politischen Engagement für politische Befreiungsbemühungen gleichgesetzt wurde und dann selbst zu einer Art von orthodoxem Dogma avancierte, das die Wahrnehmung des weiteren (religiösen und kulturellen) Kontextes einengen sollte.

Wenn wir uns auf Fragen der Deutung des globalisierten Christentums im Modus der Interpretation transkultureller Dynamiken konzentrieren, tun sich also bisweilen besondere Herausforderungen auf. So müssen wir uns beispielsweise Fragen des Umgangs mit dem vergessenen Wiedergänger eines alten Bekannten stellen, nämlich einem Christentum, bei dem es sich nicht um das homöopathisch dosierte Christentum handelt, an das wir uns in unserem kuscheligen europäischen Kontext gewöhnt und in dem wir uns bequem eingerichtet haben, sondern um eines, das sich jenseits der europäischen Aufklärung herausgebildet hat und auch die vermeintlich konsensualen epistemischen Parameter unseres Denkens – inklusive unseres überkommenen Wissenschaftsdiskurses – in Frage stellt. Im vermeintlichen oder tatsächlichen *clash of Christianities* spiegelt sich in ganz verdichteter und zugleich doppelt gebrochener Weise die Problematik des Verhältnisses von »unseren« und »anderen« Wissenssystemen. Die episte-

17 Herausgefordert durch die Armen. Dokumente der Ökumenischen Vereinigung von Dritte-Welt-Theologen 1976–1986 (= Theologie der Dritten Welt, Bd. 13), Freiburg 1990, 43f.

mologische Diskrepanz zwischen manchen Christentumsformen scheint oftmals grundlegender zu sein, als dass sie durch einen Appell an gemeinsames gesellschaftliches Handeln überbrückt werden könnte. Eine interkulturelle Theologie wird diese Kluft weder ignorieren noch einebnen können, sondern konstruktiv darauf reagieren müssen. Aber wie genau kann das gehen – und wie kann das gutgehen, zumal, wenn wir – durchaus inspiriert von postkolonialen Theorien – auch in diesem Zusammenhang die Gültigkeit hegemonial gestellter Epistemologien grundsätzlich in Frage stellen müssen?

Zunächst ist nochmals zu klären, ob und inwieweit wir es tatsächlich mit einem grundsätzlichen, letztlich unüberbrückbaren epistemologischen Bruch zu tun haben. Wie ich bereits an anderer Stelle und in einem anderen thematischen Kontext einmal vermerkt habe, markiert das Zusammentreffen unterschiedlicher Epistemologien »(d)as eigentliche Epizentrum der Problematik interkulturell-theologischer Auseinandersetzung. [...] Wie stellt sich dieser ›clash of epistemologies‹ aus der Perspektive der Interkulturellen Theologie dar – und was können dafür Impulse aus postkolonialen Theorien zum Umgang mit dieser Herausforderung beitragen?«[18]

Der kritische Einwand, dass mit der Annahme eines epistemologischen Bruchs die Gefahr gegeben sei, »die Notwendigkeit und die Möglichkeit interkultureller Vermittlung und übergreifender Aussagen allgemein anerkannter Art zu gering zu schätzen oder gar zu verspielen«[19], ist durchaus ernst zu nehmen. Insbesondere ist festzuhalten, dass selbstverständlich alle Wissens- und Erkenntnissysteme »in einem global(geschichtlich)en Kontext stehen«, dass also auch »nicht-westliche« »andere«, wie beispielsweise »je indigene[n] Epistemologien also nicht isolationistisch essentialisiert werden können«[20].

Ein erster Schritt aus dem Dilemma, zwischen Bruch und Kontinuität wählen zu müssen, ist sicherlich eine radikale Historisierung der je zugrundeliegenden erkenntnistheoretischen Prämissen nach einem ähnlichen Prozedere, wie es Mi-

18 Klaus Hock, Erweitertes Wissen. Afrikanische Divinationssysteme und post-koloniale Perspektiven Interkultureller Theologie, in: Andreas Nehring/Simon Wiesgickl (Hg.), Postkoloniale Theologien II: Perspektiven aus dem deutschsprachigen Raum, Stuttgart 2018, 155–170, hier: 166.

19 Wolfgang Lienemann, Interkulturelle Theologie – Systematische Theologie – Theologische Ethik. Überlegungen zu ihrem spannungsreichen Verhältnis, in: Burlacioiu/Hermann (Hg.), Landkarten, 339–368, hier: 362.

20 Hock, Erweitertes Wissen, 167.

chael Bergunder für den Religionsbegriff vorgelegt hat[21] – also eine Art Genealogie der Wissens- und Erkenntnisvoraussetzungen zu erstellen, der Bedingungen des Zustandekommens von Erkenntnis, Wissen und Gewissheiten. In diesem Zusammenhang wäre dann auch zu klären, wie das Problem miteinander kollidierender Epistemologien, das an unzähligen Beispielen aufscheint, im Kontext einer interkulturellen Theologie verhandelt werden kann.

Beim Nachdenken über diese Herausforderung bin ich auf einen Begriff gestoßen, der für ein Konzept oder auch ein Modell steht, das hier vielleicht weiterhelfen kann: das der »epistemischen Dissonanz«. Es wird seit einigen Jahren vor allem in Architektur und Designtheorie diskutiert, wo es unter anderem von dem Ethnologen, Anthropologen und Soziologen Ignacio Farías eingeführt und traktiert wurde,[22] der sich ausdrücklich auf das zu diesem Thema einschlägige wirtschafts- und organisationssoziologische Schlüsselwerk von David Stark bezieht.[23] Nicht umsonst nehme ich auf die Diskussion in Architektur und Designtheorie Bezug, da ich unten nochmals zwei Beispiele aus diesen Bereichen aufgreifen will.

Epistemische Dissonanz ergibt sich im genannten Kontext ganz banal zunächst aus unterschiedlichen Erkenntnispositionen, die von den am Projekt beteiligten Architekt*innen eingenommen werden und insbesondere an sog. »Korrekturterminen« zutage treten, bei denen es »darum geht, die Projektplanung abzustimmen, Entwurfsprobleme und alternativen zu diskutieren und Entscheidungen zu treffen«.[24] In diesem Zusammenhang versteht Farías epistemische Dissonanz als »die produktive Ausschöpfung alternativer Erkenntnisperspektiven auf ein noch nicht existierendes Objekt«,[25] indem »unterschiedlichste Wissensvorräte miteinander in Beziehung gesetzt [werden], was die Generierung neuer […A]lternativen erlaubt«,[26] und zwar im Sinne einer »Notwendigkeit von Offenheit und Uneindeutigkeit«[27]. Epistemische Dissonanz ist für ihn dabei »nicht nur

21 Zuletzt ausführlich: Michael Bergunder, Umkämpfte Historisierung. Die Zwillingsgeburt von »Religion« und »Esoterik« in der zweiten Hälfte des 19. Jahrhunderts und das Programm einer globalen Religionsgeschichte, in: Hock, Wissen, 47–131.

22 Ignacio Farías, Epistemische Dissonanz. Zur Vervielfältigung von Entwurfsalternativen in der Architektur, in: Sabine Ammon/Eva-Maria Froschauer (Hg.), Wissenschaft Entwerfen. Vom forschenden Entwerfen zur Entwurfsforschung der Architektur, Paderborn 2013, 77–107.

23 David Stark, The Sense of Dissonance. Accounts of Worth in Economic Life, Princeton 2009.

24 Farías, Dissonanz, 91.

25 Farías, Dissonanz, 101.

26 Farías, Dissonanz, 74.

27 Farías, Dissonanz, 72.

ein intersubjektives Phänomen, das aus den unterschiedlichen epistemischen Positionen der [B]eteiligten […] entsteht. Sie ist auch ein soziotechnisches Phänomen, das von der Fähigkeit visueller Mediatoren, neue Information zu produzieren und bisherige Entscheidungen zu testen, abhängt.«[28]

Der Anklang zum Begriff der kognitiven Dissonanz liegt auf der Hand. Aus der Psychologie stammend, beschreibt er dort eigentlich einen eher negativ konnotierten Zustand. Farías nimmt nun eine »positive Umdeutung des Dissonanzbegriffes« vor, um epistemische Dissonanz »als Quelle für Variationen und Alternativen zu diskutieren«. Mehr noch: »Dissonanz stellt einen wichtigen Auslöser für neue Explorationen, Ideen und Innovationen dar, sodass sie […] nicht vermieden, sondern sogar angestrebt wird.«[29] Farías verweist in diesem Zusammenhang auf den Organisationssoziologen David Stark, der bereits im Titel seines Hauptwerks zu diesem Thema[30] einen impliziten Hinweis darauf gibt, wie und weshalb sich die negative Assoziation der Dissonanz ins Positive verwandelt: »Entscheidend ist hier der *Sinnbegriff* [Hervorhebung von mir, K. H.], der sowohl in Bezug auf Wahrnehmung, als auch auf Bedeutung, auf eine geteilte Anerkennung und Aufwertung von Dissonanz hinweist. Dissonanz ist […] nur dann produktiv, kreativ und konstruktiv, so Stark, wenn ein Sinn für ihre Wahrnehmung und Aufwertung entwickelt und geschärft wird. So wird mittels einer zunächst auf Dissonanzen und Reibungen fokussierte[n] Beschreibung […] eine These über ihre im Grunde geteilte Kultur präsentiert.«[31]

An dieser Stelle ist das Modell der epistemischen Dissonanz für meinen Zweck allerdings insofern zu modifizieren, als diese »im Grunde geteilte Kultur« sich im Kontext Interkultureller Theologie nicht auf organisationssoziologische Größen bezieht, sondern auf das, was Glaubens- und Lebensgemeinschaften der kulturell bzw. religiös Verschiedenen als gemeinsam Geteiltes entdecken oder generieren – und dies wiederum kann nur im Zuge von Aushandlungsprozessen konstituiert werden.

Damit befinden wir uns nun auf einer Ebene, wo sich Theorie und Praxis miteinander verzahnen, und zwar idealerweise so, dass Interkulturelle Theologie sich weder als l'art pour l'art in abstrakter Autonomie gegenüber der Praxis isoliert, noch im Modus einer aktionistischen l'art pour l'art *politique* mit dieser

28 Farías, Dissonanz, 107.
29 Farías, Dissonanz, 103.
30 Stark, Sense.
31 Farías, Dissonanz, 105.

verschmilzt, sondern in der Dialektik von Engagement und Differenz beides, Theorie und Praxis, in einem generativen Prozess aufeinander bezieht.[32] Wenn der epistemologische Bruch als epistemische Dissonanz konzeptualisiert wird, eröffnen sich Perspektiven des (praktischen) Aushandelns, dessen (theoretische) Reflexion in Gestalt einer Praxistheorie zu formulieren ist. Wie das Stichwort nahelegt, können diesbezüglich selbstverständlich Überlegungen des französischen Soziologen Pierre Bourdieu einen ersten Anstoß geben, in welche Richtung zu denken wäre. Pierre Bourdieu war Zeit seines Lebens mit dem Verhältnis von Theorie und Praxis befasst. Doch obgleich der Titel eines seiner wohl bekanntesten Werke dies zu suggerieren scheint – »Entwurf einer Theorie der Praxis« –, hat er darauf verzichtet, eine in sich geschlossene Großtheorie zu entwerfen. Vielmehr knüpft Bourdieu an jenen Denkern an, »die wie Wittgenstein den heuristischen Wert offener Konzepte propagiert und den ›Abschließungseffekt‹ allzu perfekt konstruierter Begriffe, ›vorgängiger Definitionen‹ und anderer trügerischer Normen der positivistischen Methodologie angeprangert haben […] Eine wirklich wissenschaftlich strenge Epistemologie könnte die Forscher vom Druck einer methodologischen Tradition befreien, die häufig von den mittelmäßigsten Wissenschaftlern ins Feld geführt werden [sic!], […] um das Schöpferische und Neue der wissenschaftlichen Einbildungskraft zu schmälern und niederzumachen.«[33]

Auf die Frage des Umgangs mit epistemologischen Unvereinbarkeiten aus der Perspektive Interkultureller Theologie übertragen, hieße dies: Abschied zu nehmen vom Absolutheitsanspruch »westlicher« Epistemologien, die sich im Gefolge der europäischen Aufklärung mehr oder weniger hegemonial gestellt haben – und sich auf die Suche zu begeben nach neuen Verhältnisbestimmungen und

32 Es würde den Rahmen dieses Beitrags sprengen, mit Blick auf Interkulturelle Theologie die Frage nach dem titelgebenden l'art pour l'art im Kontext der Reflexionen zu diskutieren, die diesbezüglich Adorno angestellt hat. In diesem Zusammenhang halte ich es indes für unabdingbar, an der oben genannten Spannung von Engagement und Differenz festzuhalten – einschließlich der Negation eines kategorischen Imperativs der Praxis einerseits wie auch der Zurückweisung einer Verabsolutierung der Theorie als l'art pour l'art andererseits – ganz im Sinne von Adornos Beobachtung: »Totale Zwecklosigkeit dementiert die Totalität des Zweckmäßigen in der Welt der Herrschaft« (Theodor W. Adorno, Minima Moralia, Frankfurt am Main 1951, 301; vgl. auch Ders., Zur Dialektik des Engagements, in: Neue Rundschau 73 (1962), 93–110, wieder abgedruckt u. a. als Ders., Engagement, in: Ders., Zur Dialektik des Engagements. Aufsätze zur Literatur des 20. Jahrhunderts II, Frankfurt am Main ^{2}2016 (1973), 7–30. Zum Stichwort »Interkultureller Theologie als ›generatives Projekt‹« siehe Hock, Einführung, 150.

33 Pierre Bourdieu, Bezugspunkte, in: Ders., Rede und Antwort, Frankfurt am Main 1992, 50–75, hier: 57.

Zuordnungen unterschiedlicher, oftmals miteinander inkompatibler Wissenssysteme. Diese Neuzuordnungen können meines Erachtens jedoch nicht so vorgenommen werden, dass im Sinne einer – gar noch im Singular gedachten! – postmodernen Erkenntnistheorie das Problem epistemologischer Unvereinbarkeiten durch einen fundamental(istisch)en Multi-Perspektivismus ersetzt wird. Zu groß wiegt die Gefahr, dass damit lediglich der Konkurrenzkampf für die Hegemonie der eigenen Perspektive kaschiert wird. Hier hege ich durchaus gewisse Vorbehalte gegen bestimmte Spielarten postkolonialer Theorieentwürfe, und diesbezüglich habe ich bereits anderweitig mehrfach als Caveat gegenüber der Gefahr eines kulturalistischen »metropolitanen Postkolonialismus«[34] formuliert, dass es gilt, »mit Blick auf die nicht auszuschließende Gefahr der Generierung erneuter oder revitalisierter Essentialisierungen, Marginalisierungen, Ausgrenzungen und Subalternitäten besondere Sensibilität an den Tag zu legen« – inklusive der Wachsamkeit gegenüber der Gefahr, »den Verlockungen einer diskursiven Vormachtstellung des eigenen postkolonialen Zugriffs nachzugeben.«[35]

Um dieser Gefahr zu begegnen, brauchen wir eine gleichsam ethnographische Befassung mit den Aushandlungsprozessen zwischen den Glaubens- und Lebensgemeinschaften der kulturell bzw. religiös Verschiedenen im Mikro-Bereich, wie auch mit einer Geschichtsschreibung, die dem Einzelnen im Detail »nachgeht und es doch, mit einem geweiteten Blick, in den größeren Zusammenhang der […] Geschichte einstellt«.[36] Innerhalb des weiteren Kontextes auch global nachzeichenbarer Spannungen und Brüche lassen sich an ausgewählten Beispielen entsprechende Vorgänge identifizieren. Dabei ist die Frage zu bedenken, inwieweit die auch im Kleinen eben nicht als eindeutig gegeben und wesenhaft vorausgesetzten Phänomene in ihrer Hybridität und geschichtlich bedingten Unbeständigkeit modellhaft beschrieben werden können, wozu im Folgenden ein Vorschlag unterbreitet werden soll.

34 Vasant Kaiwar, The Postcolonial Orient. The Politics of Difference and the Project of Provincialising Europe, Leiden 2014, X und passim.

35 Hock, Erweitertes Wissen, 169f.

36 Klaus Hock, Wo ist »das Postkoloniale«? Ein Versuch, in: Michael Eckart (Hg.), Mission Afrika. Geschichtsschreibung über Grenzen hinweg. Festschrift für Ulrich van der Heyden, Stuttgart 2019, 233–240, hier: 240.

3. Fraktalität, Fraktur, Fragilität

Seit geraumer Zeit bin ich nun schon auf der Suche nach Modellen, die angesichts der tatsächlichen oder vermeintlichen Unvereinbarkeit einander widerstreitender Epistemologien dabei helfen könnten, aus den daraus resultierenden Aporien herauszuführen und neue Perspektiven aufzuzeigen. Insofern geht es in diesem Beitrag lediglich um einen kleinen Einblick in diese Suchbewegung, die allerdings noch nicht zu einem endgültig befriedigenden Ergebnis geführt hat. Welches mögliche Modell könnte nun aber mit Blick auf die bisherigen Überlegungen zur Orientierung dienen? Es müsste dabei mehrere Dinge leisten: Erstens, Religion(en) bzw. Kultur(en) in ihrer Amorphität und Vielfalt erfassen; zweitens, dabei Religion(en) und Kultur(en) so thematisieren, dass zugleich ihre Vielfalt sowie das je durch Prozesse des *Othering* generierte »Andere« – also andere Religionen und Kulturen wie auch das Andere ihrer selbst in Gestalt der durch sie geAnderten Religion(en) und Kultur(en) – mit in den Blick genommen wird; und drittens, die im Zusammentreffen der Religionen (inklusive »Nichtreligionen«) und Kulturen entstehenden transkulturellen Diskurse thematisieren, bei denen nichtreligiöse und religiöse Diskurse sowie Diskurse über Religion und Nichtreligion ineinander verschränkt sind. Damit kämen Konstellationen in den Blick, die durch eine besondere Fraktalität geprägt sind – und mit diesem Begriff habe ich zugleich schon die Assoziation zu einem Entwurf hergestellt, an den ich – wenngleich kritisch – anknüpfen will, nämlich Perry Schmidt-Leukels fraktale Theorie der Religionsvielfalt.[37]

Perry Schmidt-Leukel ist nicht der Einzige, der im Kontext der Religionsforschung auf das Modell des Fraktals Bezug nimmt, allerdings der Erste, der dies im Rahmen explizit theologischer Diskurse tut. Vor ihm hatte das für die Religionsphänomenologie Ioan P. Culianu (auch: Couliono) getan, der schrieb: »So

37 Perry Schmidt-Leukel, Religious Pluralism and Interreligious Theology. The Gifford Lectures – An Extended Edition, Maryknoll/New York 2017; in der Diskussion: Ders., A Fractal Interpretation of Religious Diversity. An Overview, in: Alan Race/Paul Knitter (Hg.), New Paths for Interreligious Theology. Perry Schmidt-Leukel's Fractal Interpretation of Religious Diversity, Maryknoll/New York 2019, 3–22 sowie Ders., Fractal Patterns in Religious Diversity. What to Make of Their Discovery? A Response, in: ebd., 177–193; zuletzt in konkretem Anwendungsversuch: Ders., See a World in a Flower. A Fractal Interpretation of the Relation between Buddhism and Christianity, Beijing 2020. Auf Deutsch s. etwa Ders., Fraktale und Ökumene. Eine Theorie religiöser Vielfalt, in: Rebekka Klein (Hg.), Gemeinsam Christsein. Potentiale und Ressourcen einer Theologie der Ökumene für das 21. Jahrhundert, Tübingen 2020, 227–243.

gesehen, hat die Religion keine ›Geschichte‹, und die Geschichte zu einem ganz bestimmten Zeitpunkt lässt sich nicht durch eine ›Religion‹ definieren, sondern nur durch einige unvollständige Bruchstücke einer Religion. Zunächst einmal ist eine Religion nämlich ein unendlich komplexes System und dann erst derjenige Teil dieses Systems, der sich im Laufe der Geschichte herausgeschält hat. Also ist nur ein verschwindend kleiner Teil dieses Fraktals in einem bestimmten Augenblick gegenwärtig, den wir als ›Jetzt‹ bezeichnen.«[38]

Es entbehrt nicht einer gewissen Ironie, dass Culianus Applikation des Fraktal-Modells seinerzeit gerade aus theologischer Perspektive unter heftige Kritik gekommen war.[39] Perry Schmidt-Leukel jedenfalls greift es erneut auf und entwickelt eine »Fraktale Theorie der Religionsvielfalt« in Anlehnung an die Fraktal-Theorie des Mathematikers Benoît Mandelbrot (1924–2010), der den Begriff 1975 geprägt hat.[40] Nach Mandelbrot finden sich in der Natur fraktale Erscheinungsformen in Gestalt einer begrenzten Anzahl von selbstähnlichen Strukturen – so sind beispielsweise Farnpflanzen oder Blumenkohl aus verkleinerten Kopien ihrer selbst zusammengesetzt. Noch häufiger jedoch treten in der Natur fraktale Strukturen mit einer zwar nicht exakten, aber statistischen Selbstähnlichkeit auf, so beispielsweise Bäume, Flussmündungen oder Küstenlinien, zu deren Analyse es einer »Morphologie des Amorphen«[41] bedarf.

Perry Schmidt-Leukel modelliert sein Programm einer Interreligiösen Theologie nun nach dem Modell der Fraktalität und auf der Grundlage eines fraktalen Verständnisses religiöser Vielfalt. Ich will lediglich durch einige wenige, zufällig und bunt zusammengestellte Zitate ein paar Aspekte herausgreifen, um sein Modell blitzlichtartig zu beleuchten: »Die fremde Religion und der Andersgläubige sind weniger fremd als man zunächst glaubt«.[42] – »Die neue Theorie bietet

38 Ioan P. Couliano, Die Religion als System, in: Ders./Mircea Eliade, Handbuch der Religionen, Berlin 2010 (frz. 1990), 19–24, hier: 21f.

39 So etwa Michael von Brück: Damit würde eine Meta-Position eingenommen, die einen »gemeinsamen Grund« behaupte, aus dem heraus sich die verschiedenen Religionen nur ausformten; s. Michael von Brück, Der Beitrag der Religionswissenschaft zum Dialog der Religionen, in: Peter Koslowski (Hg.), Philosophischer Dialog der Religionen statt Zusammenstoß der Kulturen im Prozeß der Globalisierung, München 2002, 163–201, hier: 200, oder Sascha Müller: Das ignoriere das Selbstverständnis der jeweiligen Religionen; s. Sacha Müller, René Descartes' Philosophie der Freiheit. Ad imaginem et similitudinem Dei – philosophische Prolegomena zu einer Theorie der religiösen Inspiration, München 2007, 57.

40 Benoît B. Mandelbrot, Les objets fractals: forme, hasard et dimension, Paris 1975, später ausgearbeitet in: Ders., Die fraktale Geometrie der Natur, Basel/Boston 1987 (engl. 1977).

41 Mandelbrot, Geometrie, 13.

42 https://idw-online.de/de/news673426, (30.3.2021).

eine Alternative zur verbreiteten Ansicht, dass Religionen unvereinbar und nicht vergleichbar sind.«[43] – »Grundlegende Muster religiöser Vielfalt spiegeln sich in der Vielfalt innerhalb jeder Religion und letztlich innerhalb der im einzelnen Menschen angelegten religiösen Möglichkeiten wider«.[44] Zwischen einem konservativen Verständnis von Theologie und einer interreligiösen Theologie besteht dabei laut Schmidt-Leukel mehr Kontinuität als gedacht: »Im interreligiösen theologischen Diskurs begegnen in neuer Form Themen und Fragen wieder, die auch aus der theologischen Tradition der eigenen Religion bekannt sind. Der Schlüssel zum Verständnis fremder Religionen liegt somit auch in der eigenen.«[45]

Nun ist Perry Schmidt-Leukels Theorie mehrfach kritisiert worden, und ich denke, diese Kritik ist in vielerlei Hinsicht durchaus valide. Moniert wird etwa, dass Schmidt-Leukel quasi eine religiöse Anthropologie, einen *homo religiosus* postuliert, wenn er von der Annahme ausgeht, dass »grundlegende Muster religiöser Vielfalt in gemeinsamen Eigenschaften und transzendentalen Strukturen des menschlichen Geistes«[46] angelegt sind. Einen weitergehenden Einwand richtet der Basler Theologe Reinhold Bernhardt gegen die Annahme, »dass es sich bei Religion um einen zusammenhängenden Phänomenkomplex mit durchgehenden Strukturen handelt.«[47] Wird dieses Religionsverständnis als Produkt abendländischer Geistes- und Kulturgeschichte de-konstruiert, das unterschiedliche Phänomene unter dem Begriff »Religion« zusammengespannt hat, wird dem Gesamtkonstrukt seine Grundlage entzogen. Damit erweist sich auch das »Postulat einer letztlichen (in ihrem Grund verwurzelten) Gleichheit der Religionen« als prekär – also das Postulat, »dass es einen religionstranszendenten Einheitsgrund der Religionen gibt«.[48]

Ungeachtet dieser Monita kann meiner Meinung nach das Fraktalitäts-Konzept in modifizierter Form dennoch als Referenzmodell dienen. Voraussetzung ist unter anderem der doppelte Verzicht auf die religiös-anthropologische Fun-

43 https://www.uni-muenster.de/Religion-und-Politik/aktuelles/2015/okt/PM_Religionen_aehneln_einander_in_ihrer_Vielfalt.html (30.3.2021).

44 https://www.uni-muenster.de/Religion-und-Politik/aktuelles/2016/jul/News_Audios_Gifford_Lectures.html (30.3.2021).

45 https://idw-online.de/de/news638826 (30.3.2021).

46 Perry Schmidt-Leukel, Eine fraktale Interpretation religiöser Vielfalt, in: Münchener Theologische Zeitschrift 69 (2018), 134–150, hier: 142.

47 Reinhold Bernhardt, Inter-Religio. Das Christentum in Beziehung zu anderen Religionen (= Beiträge zu einer Theologie der Religionen, Band 16), Zürich 2019, 369.

48 Bernhardt, Inter-Religio, 369.

dierung und das religionstranszendente Einheitspostulat. Zudem sind einige Aspekte zu verstärken, um die Brüchigkeit, aber auch Wandelbarkeit sowohl der Gegenstände als auch der Reflexionen darüber stärker in den Blick zu rücken, was unter den Begriffen der Fraktur und der Fragilität zu fassen wäre. Umgekehrt kann der Gedanke, nach dem »den ›Religionen‹ nicht eine strikte Identität gemeinsam ist, sondern sie durch eine Art von Familienähnlichkeit miteinander verbunden sind«,[49] wie Perry Schmidt-Leukel feststellt, die Perspektive darauf eröffnen, dass in der Frage der Interaktion von und dann auch des Umgangs mit Verschiedenen und Verschiedenem Kontinuitäten bestehen, auch Kontinuitäten epistemologischer Qualität – was ich mit dem Begriff der »epistemischen Dissonanz« zu skizzieren versucht habe.

An dieser Stelle ist noch einem möglichen Missverständnis vorzubeugen. So sehr auch im Wissenschaftsdiskurs – insbesondere in der Religionswissenschaft – häufig mit »geborgten Modellen« gearbeitet wird, ist es durchaus nicht ohne Risiko, sich auf solche zu beziehen, die nach naturwissenschaftlichen Entwürfen geformt sind. Das geschieht zwar immer wieder, auch in der Interkulturellen Theologie. So hatte etwa Ulrich Schoen seine Theologie der Religionen in expliziter Bezugnahme unter anderem auf ein Modell aus der Quantenmechanik entworfen – das Bohr'sche Komplementaritätsprinzip –, aber er hat sich als gelernter Naturwissenschaftler auf dem Gebiet der Quantenmechanik sehr gut ausgekannt und die Referenzen darauf mit großem Bedacht gewählt.[50] Zum anderen geht es bei der Bezugnahme auf Modelle aus anderen Wissenschaftskulturen in der Regel um Analogiebildungen, nicht um »Realismen« in dem Sinne, dass die Modelle etwas vermeintlich substanziell Gegebenes als »wahr« belegen sollen.

Ich will mich hier also nicht in irgendein Abenteuer stürzen, indem ich eine interkulturelle Theologie etwa in Gestalt einer Art Chaostheorie zu konzipieren versuche – das gäbe Alan Sokal sicherlich gleich die Steilvorlage für einen neuen Bestseller, in dem er seinen Vorwurf des Missbrauchs und der abwegigen Anwendung naturwissenschaftlicher Konzepte für philosophische Modelle wie-

49 Perry Schmidt-Leukel, Wahrheit in Vielfalt. Vom religiösen Pluralismus zur interreligiösen Theologie, Gütersloh 2019, 108f.

50 Ulrich Schoen, Das Ereignis und die Antworten. Auf der Suche nach einer Theologie der Religionen heute, Göttingen 1984; mit Blick auf das Modell noch expliziter s. Ders., Determination und Freiheit im arabischen Denken heute. Eine christliche Reflexion im Gespräch mit Naturwissenschaften und Islam, Göttingen 1976.

derholen könnte.[51] Auch will ich nicht eine Art »mathematischen Naturalismus« in die Religionsforschung einführen, gewissermaßen als szientistische »Taufe« interkultureller Theologie. Mir geht es um bei weitem weniger als Culianu oder Schmidt-Leukel, da mir Fraktalität lediglich als Metapher dient, als Modell, das dabei helfen kann, die Frage der »gerechten und heilsamen Gestaltung von Glaubens- und Lebensgemeinschaften der kulturell und religiös Verschiedenen im Kontext interkultureller Theologie« so zu »modellieren«, dass in diesem Modellrahmen die Frage der Interaktion von und dann auch des Umgangs mit Verschiedenen und Verschiedenem erörtert werden kann.

Ein möglicher Nachteil des Fraktalitäts-Modells könnte sein, dass es auf den ersten Blick ein eher statisches Modell darstellt; aber in dieses Modell sind Dynamiken eingeflossen, die selbst bei einfachsten Formen bewusst gemacht werden können. Fraktale mit Religionsbezug sind dabei durchaus auch in visibilisierter Gestalt zugänglich, und ich möchte dies am Beispiel der Universitätskirche bzw. des Paulinums – der Aula und Universitätskirche St. Pauli in Leipzig – als architektonische Repräsention eines Fraktals im Modus einer *Fraktur* kurz skizzieren. Dieses Beispiel illustriert zugleich gut die *semantischen* Brechungen im Wortfeld rund um »Fraktalität«, die bereits in der gemeinsamen etymologischen Wurzel angelegt sind – das lateinisch *fractus*, »gebrochen«, von lateinisch *frangere*, »brechen«, »in Stücke zerbrechen«, von dem auch *fragilis*, »zerbrechlich«, abgeleitet ist – als Grundlage unserer Wörter »fragil« oder »Fragilität«. Beim Fraktal sind also die Fraktur und die Fragilität mitzudenken: Es ist in sich gebrochen.

Das architektonische Artefakt des Paulinums bildet in kongenialer Weise Auseinandersetzungen um Religion sowie zwischen Religion und Nichtreligion ab, und es erhält durch die symbolische Referenz auf historische Ereignisse einen besonders dynamischen Charakter:[52] In der irritierenden Schräge, in der versetzten Perspektive ist die Erinnerung an die Sprengung der Universitätskirche inkludiert, und somit werden durch die Reminiszenz an ein besonders dramatisches Geschehen Aushandlungsprozesse und Deutungsmachtkonflikte um »Religion« thematisiert.

51 Alan Sokal, Eleganter Unsinn. Wie die Denker der Postmoderne die Wissenschaften mißbrauchen, München 1999 (frz. 1997, engl. 1998).

52 Einen ersten Überblick bietet Peter Zimmerling, Universitätskirche St. Pauli. Vergangenheit, Gegenwart, Zukunft, Leipzig 2017.

Paulinum - Aula und Universitätskirche St. Pauli 2017
(Foto: Concord)[53]

Augustinerplatz mit Paulinerkirche, 1948

(Foto: Rogger Rössler)[54]

Zufällig bin ich auf ein weiteres Beispiel für die architektonische Repräsentanz eines dem ersten Beispiel entsprechenden Fraktals aus dem interreligiösen und zugleich inner-islamischen Religionskontakt gestoßen. Das architektonische Ensemble rund um *jannat al-baqî'*, den »Garten von Baqî'«, den ältesten islamischen Friedhof von Medina, variiert das Fraktal in völlig anderer Form: Hier haben wir die Herrschaft des Religiösen visibilisiert in der als unendliche Leere skizzierten Anlage des Friedhofs und den machtvoll thronenden Minaretten vor

53 https://de.wikipedia.org/wiki/Paulinum_(Universität_Leipzig)#/media/Datei:Paulinum72012.jpg, Lizenz: frei (30.3.2021).

54 https://de.wikipedia.org/wiki/Paulinerkirche_(Leipzig)#/media/Datei:Fotothek_df_roe-neg_0000284_002_Augustusplatz_mit_Paulinerkirche.jpg, Lizenz: frei. Quelle: Von Deutsche Fotothek, CC BY-SA 3.0 de (30.3.2021).

dem Hintergrund des Nicht-Religiösen, Alltäglichen, Funktionalen. Invisibilisiert ist die einstige interkulturelle Vielfalt des (in diesem Falle: inner-islamischen) Religionskontakts und die religiöse (inner)islamische Pluralität: Das Mausoleum der *ahl al-bayt* von Baqî' wurde 1925 von den wahhabitischen Eroberern zerstört.[55] Die »Modernität« des Religionskontakts spiegelt sich in der antimodernistischen Moderne des Wahhabismus, der selbst ein Produkt der Pluralisierung ist, diese jedoch nicht anerkennen will und damit auf die Verdrängung – im Extremfall vielleicht sogar bis zur Annihilierung – des Anderen setzt: Die Partikularität des Eigenen soll durch seine Alleinstellung und Absolutsetzung gesichert werden. An diesem Beispiel wird nochmals besonders augenscheinlich, dass es eben nicht ohne die Dimension des Normativen geht – hier auf äußerst abstrakter Ebene thematisiert durch den Hinweis auf die wahhabitische Strategie der bedingungslosen Hegemonialisierung des eigenen Partikularen –, auf deren Schattenseite die Ausgrenzung, Entrechtung oder gar Auslöschung des Anderen programmatisch wird.

Panorama mit Blick auf einen Teil des Baqî-Friedhofs

(Foto: Kerina yin)[56]

1926 zerstörtes historisches Grabmal von Baqî*

(Autor: unbekannt)[57]

Nochmals zurück zum Modell der Fraktalität. Es hat gewisse Ähnlichkeiten mit dem, was in Hinsicht auf Phänomene des Kulturkontakts einmal als »fuzzy

55 Ein erster Überblick findet sich bei Werner Ende, Steine des Anstoßes. Das Mausoleum der Ahl al-bayt in Medina, in: Hinrich Biesterfeldt/Verena Klemm (Hg.), Differenz und Dynamik im Islam. Festschrift für Heinz Halm zum 70. Geburtstag, Würzburg 2012, 181–200.

56 https://de.wikipedia.org/wiki/Baqīʿ_al-Gharqad#/media/Datei:Panorama_Perkuburan_Baqi'_(Maqbaratu_al-Baqi').jpg, Quelle: Kerina yin, Lizenz: frei (30.3.2021).

57 https://de.wikipedia.org/wiki/Baqīʿ_al-Gharqad#/media/Datei:Baghi_tomb.jpg, Quelle: Setayeshgaran Noor Magazine, Lizenz: frei (30.3.2021).

logic of encounter« beschrieben worden ist.[58] Auch hier gibt es eine Bezugnahme auf ein Referenzmodell, die *Fuzzy-Set-Theorie* – also die sog. »unscharfe Mengenlehre«. Sie wurde in den 1960er Jahren von dem Mathematiker und Elektroingenieur Lotfi Zadeh entwickelt, erlebte dann in den 1980er Jahren vor allem in Japan einen ersten Höhepunkt und bildet inzwischen die Grundlage für technische Anwendungen in unterschiedlichen Bereichen – in Waschmaschinen, in Geräten der Unterhaltungselektronik, oder in der vollautomatischen Zugsteuerung von U-Bahnen. Die *Fuzzy-Set-Theorie*, ganz allgemein und in aller Kürze gesprochen, dient als Werkzeug dazu, um Situationen zu beschreiben, in denen Daten ungenau oder vage sind. Für den Umgang mit diesen Situationen wird einem bestimmten Objekt ein bestimmter Grad der Zugehörigkeit zu einer bestimmten Menge zugewiesen. Die *Fuzzy-Set-Theorie* wiederum weist gewisse Ähnlichkeiten mit dem Modell der Heisenberg'schen Unschärferelation auf, nach der sich das »natürliche« Verhalten eines Teilchens je nach Beobachtung verändert – oder umgekehrt: nach der ein Teilchen entweder als Welle oder als Materie beobachtet werden kann, wobei es aber keine Beobachtungsinstallation gibt, bei der es als beides in den Blick kommt – oder noch anders gesagt: Es ist nur beides, wenn niemand hinschaut. Analog finden wir in der epistemischen Dissonanz ein Modell, bei der alternative, sich vielleicht gar gegenseitig ausschließende Erkenntnisperspektiven auf etwas noch nicht Existierendes produktiv ausgeschöpft werden können. Die bereits erwähnte, damit verbundene »Notwendigkeit von Offenheit und Uneindeutigkeit«[59] wäre dann vielleicht theologisch zu lesen als »responsives Handeln« oder »responsiver Habitus«[60] in Antwort auf und in Erwartung des im Christusereignis angebrochenen Reiches Gottes – aus dem sich dann tatsächlich die Ermöglichung und der Auftrag zur gerechten und heilsamen Gestaltung von Glaubens- und Lebensgemeinschaften der kulturell und religiös Verschiedenen ergibt.

58 Gesa Mackenthun/Sünne Juterczenka (Hg.), The Fuzzy Logic of Encounter. New Perspectives on Cultural Contact, Münster u. a. 2009, insb. Dies., Introduction, in: ebd., 7–21.

59 Farías, Dissonanz, 72.

60 Franz Gmainer-Pranzl, Der »Logos christlicher Hoffnung« in globaler Verantwortung. Interkulturelle Theologie – historische und hermeneutische Grundlagen, in: Interkulturelle Theologie/ZMiss 2–3 (2014), 129–148, hier: insb. 146f, in Anlehnung an Bernhard Waldenfels, Grundmotive einer Phänomenologie des Fremden, Frankfurt am Main 2006, insb. 56–67.

(Dr. Klaus Hock ist Prof. em. für Religionswissenschaft und Interkulturelle Theologie an der Universität Rostock.)

ABSTRACT

This article intends to sketch out some programmatic perspectives for intercultural theology by exploring the interrelation between its theoretical and practical dimensions.
Starting from the observation that cultural and religious encounters are at the very heart of intercultural theology, the question of dealing with difference becomes the focus of reflection. First of all, the historical dimensions of the encounter of Christianity with other religions and cultures are traced and framed as a project of a – more integrated than integral – history of global Christianity which emphasizes the constitutive importance of transcultural entanglement and negotiation. Against the background of conflicting epistemologies in the context of a perceived or factual »clash of Christianities«, the concept of epistemic dissonance serves as a model both for linking theory and practice and for correlating apparently incompatible theologies in order to discover and generate communalities (in faith) and communities (in life). Finally, by referring to the concept of a fractal theory of religious diversity while querying its underlying religious anthropology and transcendental ontology, the model of fractality is introduced as a dynamic category capable of including historical experiences of fragility, division or disruption to open up a future which is remindful of what had been excluded, and advocates for the concerns of the subaltern.
On the whole, intercultural theology as praxeology of epistemic dissonances provides a generative conceptual framework by tapping epistemic resources that are both open to changes and consider ambiguities, with the aim of facilitating responsive action for shaping just and salutary communion.

»Brannte nicht unser Herz in uns?«

Auf dem Weg zu einer ökumenischen *Theology of Companionship*: Der Pilgerweg der Gerechtigkeit und des Friedens

Fernando Enns

Seit der »Pilgerweg der Gerechtigkeit und des Friedens« (*Pilgrimage of Justice and Peace* – PJP) auf der 10. Vollversammlung des Ökumenischen Rates der Kirchen (ÖRK) in Busan, Südkorea, 2013 ins Leben gerufen wurde, ist er zum neuen programmatischen Horizont für das Leben der weltweiten ökumenischen Gemeinschaft geworden. Da dieser Pilgerweg als eine transformative Reise in eschatologischer Erwartung des Reiches Gottes begriffen wird, strebt er danach, die *spirituelle* Dimension der Teilhabe an Gottes gerechtem Frieden tiefer zu ergründen.[1] Inzwischen hat die weltweite ökumenische Gemeinschaft in den unterschiedlichen Kontexten verschiedene Erfahrungen auf ihrem Pilgerweg sammeln können, so dass hier nach Impulsen für die Zukunft der ökumenischen Bewegung gefragt werden darf.[2]

Im Folgenden wird auf die Lernerfahrungen zweier Gremien zurückgegriffen: Innerhalb des ÖRK wurde gleich zu Beginn eine internationale Steuerungs-

1 Vgl. ÖRK-Zentralausschuss, Eine Einladung zum Pilgerweg der Gerechtigkeit und des Friedens, https://www.oikoumene.org/en/resources/documents/central-committee/geneva-2014/an-invitation-to-the-pilgrimage-of-justice-and-peace (23.02.2021), hier: 2.

2 An anderer Stelle ist der grundsätzliche Ansatz vorgestellt worden: Vgl. Fernando Enns, Am Beginn eines ökumenischen »Pilgerwegs der Gerechtigkeit und des Friedens«. Für eine theologisch begründete, politisch verantwortliche und ökumenisch anschlussfähige Friedensethik – aus der Perspektive der Friedenskirchen, in: Evangelische Theologie 75/4 (2015), 269–285. Vgl. auch Susan Durber/Fernando Enns (Hg.), Gemeinsam unterwegs. Theologische Überlegungen zum Ökumenischen Pilgerweg der Gerechtigkeit und des Friedens, Genf 2018.

gruppe (*Reference Group*) berufen, die der PJP Gestalt geben sollte, sowie eine Theologische Studiengruppe, die sich auf die theologischen Implikationen des Pilgerweges konzentriert – wie von der Vollversammlung empfohlen.[3] In diesen beiden beratenden Gremien finden sich Menschen unterschiedlichster Glaubenstraditionen – auch jeweils ein*e Vertreter*in des Buddhismus, des Hinduismus, des Judentums und des Islam, die hinsichtlich Geschlecht, Alter, ethnischer und kultureller Hintergründe divers sind, um von den unterschiedlichsten Perspektiven zu lernen.[4]

Methodologisch lassen sich beide Gruppen von der Metapher der Pilgerschaft selbst inspirieren: Es finden Pilgerteam-Besuche (*Pilgrim Team Visits*) in verschiedene Regionen und Gemeinden auf der ganzen Welt statt, jedes Jahr mit einem eigenen thematischen Schwerpunkt,[5] der Einsicht Rowan Williams' folgend: »*the place works on the pilgrim!*« Die Begegnungen an diesen »Pilgerstationen« sind jeweils von einem reichen spirituellen Leben geprägt, Freuden, aber auch Sorgen und Verwundungen werden mit den gastgebenden *communities* geteilt, um letztlich die Möglichkeiten von lokalen wie globalen Transformationen miteinander auszuloten. Dieses Vorgehen folgt der Systematik dreier Dimensionen eines spirituellen Weges, wie zuvor vom ÖRK – in Anlehnung an Dorothee Sölle[6] – formuliert: *via positiva* (»die Gaben feiern«), *via negativa* (»die Wunden berühren«) und *via transformativa* (»Ungerechtigkeiten transformieren«).[7] Die Erfahrung zeigt, dass Weisheit auch in der Umkehrung jenes Satzes von Williams liegt: *the pilgrims work on the place*, denn der Besuch der ökumenischen Pilger*innen (der Gerechtigkeit und des Friedens!) bleibt nicht ohne Auswirkun-

3 Vgl. ÖRK, Bericht des Ausschusses für Programmrichtlinien, in: Hans-Georg Link u. a. (Hg.), Busan 2013. Offizieller Bericht der Zehnten Vollversammlung des Ökumenischen Rates der Kirchen, Leipzig/Paderborn 2014, 342–352 (§§ 7–12).

4 Der Autor dieses Beitrags ist Co-Vorsitzender beider Gruppen, gemeinsam mit Jennifer Martin aus Jamaica.

5 Beginnend in Europa 2015, Israel/Palästina und Naher Osten in 2016, 2017 Nigeria und die Region der Großen Seen, 2018 Kolumbien und andere Länder in Südamerika, 2019 Thailand und umliegende Länder, 2020 Fidschi im pazifischen Raum. Für 2021 sind Pilgerreisen nach Nordamerika in einem hybriden Format geplant, aufgrund der Einschränkungen durch COVID-19. Die jährlichen Treffen werden in Zusammenarbeit mit nationalen und regionalen Kirchenräten und anderen ökumenischen Organisationen geplant und durchgeführt.

6 Vgl. Dorothee Sölle, Mystik und Widerstand. »Du stilles Geschrei«, München [5]2003.

7 Vgl. Fernando Enns, Walking Gently with your God. The Ecumenical Pilgrimage of Justice and Peace – a New Direction for the Ecumenical Movement, in: Uta Andrée u. a. (Hg.), Reforming Theology, Migrating Church, Transforming Society. A Compendium for Ecumenical Education, Hamburg 2017, 239–247.

gen auf die lokalen Kontexte, so berichten die gastgebenden Gemeinden.[8] Das in dieser Dynamik entstehende Selbstverständnis der Gemeinschaft von Pilgernden wie gastgebenden *communities* lässt sich angemessen als »Zeugnis geben von Gottes Pilgerschaft des gerechten Friedens« beschreiben.[9] So werden schließlich Herausforderungen auf die ökumenische Agenda gehoben, die aus der Erfahrung real existierender Gemeinschaften in ihren jeweiligen Kontexten erwächst, aber nicht darauf beschränkt bleibt.

Vier Themen einer christologisch begründeten *Theology of Companionship*

Während des zurückgelegten Pilgerweges haben sich so vier gemeinsame Themen herauskristallisiert, die in allen Kontexten – jeweils auf unterschiedliche Weise – relevant sind und in ihrer Dringlichkeit geteilt werden: (1) Wahrheit und Trauma, (2) Land und Vertreibung, (3) Gender-Gerechtigkeit und (4) Rassismus. Diese Themen dienen gleichsam als konkretisierte Illustrationen globaler Querschnittsthemen, wie der vorherrschenden ökonomischen und/oder ökologischen Gewalt und Ungerechtigkeit. Daher steht die ökumenische Gemeinschaft nun vor der Herausforderung, von diesen kontextuell erfahrenen Ungerechtigkeiten ausgehend in die gemeinsame theologische Reflexion vorzustoßen. Hierbei ist eine Erweiterung der Perspektive entscheidend: von einem in der Ökumene oft propagierten, aber zuweilen doch einseitig, manchmal gar als paternalistisch erfahrenen Ansatz der *advocacy* und des *accompaniment*, hin zu einer Verhältnisbestimmung, die – von der Pilgerweg Metapher inspiriert – als *companionship* bezeichnet werden soll (»*com-pan-iero/as*«, i. e. die das Brot miteinander auf dem Weg teilen). Entsprechend sollen die vier genannten Themen hier in einem christologisch begründeten Denkrahmen einer *theology of companionship* reflektiert werden. Vorrangiges Ziel ist hierbei nicht, eine systematische »Kohärenz« herzustellen, wie sie westlich geprägtem theologischen Denken eigen ist, sondern den Blick stärker auf die Narrative der friedensstiftenden ökumenischen *Bewegung*

8 Vgl. Eigene Mitschrift, Aussagen von Yusuf Ibrahim Wushishi (Generalsekretär des Nationalen Kirchenrates in Nigeria), Kaduna 2017.

9 Vgl. z. B. ÖRK, WCC Pilgrim Team Visits 2018, September 5, 2018, https://www.youtube.com/watch?v=AHDat3v-7i8&feature=share (11.04.2021).

im Allgemeinen zu richten, die sich allmählich der Notwendigkeit einer eigenen Dekolonisierung bewusst wird.[10]

1. Wahrheit und Trauma: Gottes Erinnern

Traumatisierte Menschen haben gestörte Erinnerungen. Daher werden ihre Erzählungen oft nicht geachtet, ihre Validität gar geleugnet. Ihre Art des Erinnerns ist komplex, da die Macht der Verdammung, der Scham oder der Schuld das eigene Selbst als unerlösbar erscheinen lassen kann.[11] Trauma ist (auch) eine moralische Verletzung, »*when the fabric that holds moral agency and the self together are torn asunder*«[12]. In der Folge werden traumatisierte Menschen oft zum Schweigen gebracht, zuweilen wird das Schweigen Einzelpersonen und ganzen Gemeinschaften explizit auferlegt. Und eben dieses Schweigen lässt erlittene Verletzungen (psychische wie körperliche) dann weiter zu Traumata »gefrieren«.

Die Wahrheit anzuerkennen kann eine befreiende, wiederherstellende Kraft haben, für Opfer, Überlebende, Täter*innen, Zuschauende (*bystanders*) sowie für die Beziehungen innerhalb der betreffenden Gemeinschaft. Wenn Wahrheit aufgedeckt wird, nach Zufügung und Erleiden schwerer Verletzungen, dann wird für einige Buße möglich, für andere Vergebung. Im Prozess der gemeinsamen Anerkennung einer Wahrheit kommt Gerechtigkeit in Sicht. Doch um diese Kraft zu entfalten, darf Wahrheit nicht ausschließlich aus einer Perspektive beansprucht werden, noch darf das Erzählen von Wahrheit auf bloße Tatsachenfeststellungen reduziert werden.

In Kolumbien sind viele Menschen durch den jahrzehntelangen Bürgerkrieg traumatisiert. Ein Ergebnis des 2016 unterzeichneten Friedensabkommens zwischen der kolumbianischen Regierung und der FARC-Guerilla war die Einrichtung der Wahrheitskommission (TCC). Pater Francisco de Roux, der dieser Kommission vorsitzt, erklärt, dass die TCC nicht versucht, einen endgültigen Bericht der vergangenen grausamen Ereignisse zu entwickeln, sondern verschiedene –

10 Vgl. etwa Catherine Keller u. a. (Hg.), Postcolonial Theologies. Divinity and Empire, St. Louis 2004.
11 »[…] *because it [trauma] carries the power of condemnation, shame, and guilt that can unleash a view of the self as irredeemable and un-reparable*«. Willie James Jennings, War Bodies. Remembering Bodies in a Time of War, in: Stephanie N. Arel/Shelly Rambo (Hg.), Post-Traumatic Public Theology, Cham 2016, 23–36, hier: 24.
12 Jennings, War Bodies, hier: 24.

durchaus auch gegensätzliche – Narrative in einen Dialog miteinander zu bringen. Wahrheit könne nur als *gemeinsamer Prozess* interpretiert werden, in dem die Wunden (gr. *trauma*) zur Sprache kommen müssen.[13] Ziel sei es, in der eigenen Erzählung Raum für die Wahrheit der Anderen zu schaffen.

Wahrheit, so als Relationsbegriff verstanden, lässt sich in Beziehung setzen zur biblischen Selbstaussage Christi »Ich bin der Weg, die Wahrheit und das Leben« (Joh 14,6). In Christus – der »Wahrheit« – ist die Fragilität und Begrenztheit aller Mächte und Privilegien offenbart sowie das Unrecht, das Marginalisierten und Traumatisierten widerfahren ist, anerkannt. So kann der Glaube an *diese* Wahrheit dazu befreien, selbst wieder Akteur*in von Heilungsprozessen zu werden, weil alles Streben nach Selbsterlösung aufgegeben wird.

Allerdings warnt Phillis Isabella Sheppard:

> Trauma demands that our theology and commitments begin on the ground, in the blood, sweat, and tears, and the pain-induced lesions that are carved into our bodies and psyches, and in the intersubjective realm […] If our theology is not of those who live with trauma and […] subject to their reflection, it is dangerous to talk about theology, and its danger lies in its power in theological discourse and theological practices to reproduce trauma.[14]

Individuen und Gemeinschaften müssen aus ihren eigenen spirituellen Wurzeln und Traditionen schöpfen, um einen (Pilger-)Weg der Trauma-Heilung gehen zu können. Tatsächlich öffnen kontextuell geprägte spirituelle Praktiken Möglichkeiten für kreative, individuelle wie gemeinschaftliche Wahrheitsfindungsprozesse – als Teil der kollektiven Traumatherapie.[15] Symbolik und Rituale spielen eine Schlüsselfunktion in diesen Prozessen des »rechten Erinnerns«.[16] Zum Beispiel kann das Teilen des Abendmahls – in Erinnerung an jene »Wahrheit«, die gefoltert, getötet und doch wieder auferweckt wurde – helfen, verletzte Körper und geschundene Seelen einer Gemeinschaft anzuerkennen. In der Feier des Abendmahls wird jener *companiero* erinnert, der selbst durch den Tod hin-

13 Eigene Mitschrift der Begegnung, Bogotá 2018.

14 Phillis Isabella Sheppard, Afterword, in: Stephanie N. Arel/Shelly Rambo (Hg.), Post-Traumatic Public Theology, Cham 2016, 291–300, hier: 292.

15 Vgl. Susanna Snyder, La Mano Zurda with a Heart in Its Palm. Mystical Activism as a Response to the Trauma of Immigration Detention, in: Stephanie N. Arel/Shelly Rambo (Hg.), Post-Traumatic Public Theology, Cham 2016, 217–240, hier: 217.

16 Vgl. Miroslav Volf, The End of Memory. Remembering Rightly in a Violent World. Grand Rapids/Cambridge 2006, 66–84.

durch ging und in der Kraft des Heiligen Geistes bezeugt, dass der Tod – und alle Tode – nicht das letzte Wort über das Leben haben.

Willie J. Jennings interpretiert dies treffend als »Gottes Erinnern«, das die Dynamik der communio freisetzt:

> Jesus is the innocent who has been killed in conflict. Yet, he has risen not in vengeance or condemnation, but in new life […] He offers forgiveness from the site of his body marked by violent death. Jesus returns to the scene of violence and betrayal, that is, to a world stamped with the memories of his murder, and he remembers with and for us, drawing our past into his future and shaping our present in his presence. In Jesus, we learn that God remembers. This is not a declaration of the divine capacities for memory, but for the communion dynamic in God's memory.[17]

Im Hinblick auf eine entstehende *theology of companionship* zeigen diese Entdeckungen auf dem Pilgerweg der Gerechtigkeit und des Friedens, wie wichtig die Schaffung sicherer Räume ist, in denen schmerzhafte Wunden erinnert und – gemeinsam mit Anderen – lamentiert werden können. Manchmal wird das Vertrauen der Traumatisierten eher in die *companiero/as* als in Gott gelegt werden können. Für manche wird die Realität des Karfreitags zu dominant sein; sie können der befreienden Auferstehung Christi, jener »Wahrheit«, nur sehr zögerlich Vertrauen schenken. Sie stecken sozusagen fest in der Verunsicherung des Karsamstags. Dann werden die *companiero/as* die Hoffnung für jene tragen müssen, die »zerbrochenen Herzens sind« und »deren Geist zerschlagen ist« (Ps 34,18). Es liegt dann an den *companiero/as*, die Jesus-Geschichte zu verkörpern, indem sie diese »Wahrheit« neu vergegenwärtigen (vgl. Mt 25). So könnte sich eine Gemeinschaft von *com-pan-iero/as* als stark genug erweisen, die Gebrochenheit der Körper zu »halten« und die zugefügten Traumata zu »umarmen«. Heilsame Narrative können so geformt werden, die Identität und Zugehörigkeit neu wachsen lassen. Die Erinnerungsarbeit einer Glaubensgemeinschaft findet dabei stets in der geglaubten und bekannten Gegenwart Gottes statt, der selbst erinnert, und durch die Kraft seines Heilenden Geistes zu einer gemeinsamen Erzählung bewegt.[18]

17 Jennings, War Bodies, hier: 30.
18 Jennings, War Bodies, hier: 32.

2. Land und Vertreibung: neue Kreatur

In Fidschi (Teil des »flüssigen Kontinents«) sind ganze Dorfgemeinschaften in höher gelegene Gebiete »umgesiedelt« worden. Die von Menschen verursachte globale Erwärmung hat den Meeresspiegel bereits derart ansteigen lassen, dass die Küsten an manchen Stellen Hunderte von Metern ins Landesinnere gewandert sind. In der neuen Umgebung fühlen sich die Menschen fremd. In Torogu bedeckt das Meerwasser immer öfter die Wege, dringt in Häuser ein, versalzt landwirtschaftliche Flächen. Den Friedhof der Vorfahren zurückzulassen, ist für John Dunn unmöglich. Gemeinsam mit ein paar anderen weigert er sich, das zu verlassen, was von ihrem Heimatdorf übriggeblieben ist.[19]

Eine der gemeinsamen Erfahrungen an den verschiedenen »Pilgerstationen« ist die Beziehungsstörung zwischen Mensch und Land/Mitwelt. Landlose Bauern, Vertreibung aufgrund von bewaffneten Konflikten aufgrund der Konzentration von Land in den Händen weniger Großgrundbesitzer und/oder internationaler Unternehmen sind weitere Illustrationen dieser Störung. Lokale, ländliche Gemeinschaften bezeugen Land oder das Wasser oft als ihre »Mutter« und drücken damit eine Beziehung aus, die über Jahrhunderte durch gegenseitige Fürsorge geprägt war und der eigenen Identitätsbildung diente. *Campesino* ist nicht einfach nur eine Berufsbezeichnung (»Landwirt«).[20] Heute erkennen wir deutlich, dass diese gestörte Mensch-Land-Beziehung durch das »koloniale Projekt« herbeigeführt wurde – das bis heute andauert: Die Beanspruchung eines »neuen Territoriums« und seiner Bewohner*innen, inklusive ihrer Körper, als Eigentum, das ausgebeutet wird. So ist Land zu einem Objekt geworden, das erobert, kontrolliert und »kultiviert« werden sollte.[21] Es stiftet nicht mehr Identität seiner Ur-Bewohner*innen, sondern der Mensch definiert jetzt das Land.[22] In dieser – oft theologisch überhöhten – kolonialen Logik ersetzt das Weiß-Sein Land/Wasser als identitätsstiftende Kraft. Denn erst diese »Verzerrung« (*distortion*) ermög-

19 Eigene Mitschrift, Fiji 2020.

20 Vgl. Andrés Pacheco Lozano, Towards a Theology of Reconciliation. A Pilgrimage of Justice and Peace to heal broken Relations in Colombia. Dissertation, Vrije Universiteit, Amsterdam 2020.

21 Vgl. María Castro Varela/Nikita Dhawan, Postkoloniale Theorie. Eine kritische Einführung (2., komplett überarbeitete und erweiterte Auflage), Bielefeld 2015.

22 *»[t]he deepest theological distortion [in the disruption on our understanding of land] is that the earth, the ground, spaces and places are being removed as living organizers of identity and as facilitators of identity«*, so Willie J. Jennings, The Christian Imagination. Theology and the Origins of Race, New Haven 2010, 39.

lichte die Einteilung der Menschen in »Rassen« und die Trennung voneinander. Sie führt zur Ausbeutung und Vertreibung indigener Völker und schließlich zur Brutalität der Sklaverei. Bis heute findet dieses koloniale Projekt fortwährend neue Mutationen.

Traditionelle weiße Theologien haben das koloniale Projekt nicht nur reflektiert, sondern auch legitimiert. Jennings macht hierfür letztlich eine verzerrte Sicht auf die Schöpfung verantwortlich, die die theologische Anthropologie auf kommerzialisierbare Körper reduzierte:

> Europeans enacted racial agency as a theologically articulated way of understanding their bodies in relation to new spaces and people [It was done by] an inverted, distorted vision of creation that reduced theological anthropology to commodified bodies.[23]

Diese »verzerrte Vision« setzt die Annahme voraus, dass das vermeintlich ursprüngliche Chaos erst durch Gottes Schöpfung geordnet werden musste. Die Menschen – insbesondere Europäer*innen – wurden zu Akteuren, die diese Berufung zur »Kultivierung« erfüllten, indem sie die gottgegebene Ordnung der Natur »beschützten« und zu diesem Zweck Land und Menschen in Besitz nahmen. Bis heute sind Stigmatisierung und »Exotismus« gängige (neo-)koloniale Ansätze gegenüber indigenen Völkern und ihren Kosmologien.

Eine selbstkritische Anerkennung der eigenen Verstrickung in diese (strukturelle) Sünde ist Voraussetzung für einen möglichen gemeinsamen Pilgerweg mit den »Anderen«. Eine theologische Neuorientierung kann nur im Dialog mit jenen Gemeinschaften erfolgen, die die Identität stiftende Bindung an »Mutter Natur« (zumindest ansatzweise) bewahrt haben oder aber gerade wiederentdecken – auch weil sie zumeist die ersten sind, die die Auswirkungen der gewaltsamen Ausbeutung von Natur und Menschen erfahren. Die an den »Rand« gedrängten wissen sehr wohl, dass die Ursachen hierfür vor allem in den weit entfernten »Zentren« liegen.

Gottes fortwährende Fürsorge für Land und Wasser kann u. a. in der Art und Weise erkannt werden, wie Jesus vom Reich Gottes spricht. Die enge Relation zwischen Gott und der Schöpfung, zwischen Menschen und Land erfolgt durch

23 Jennings, Christian Imagination, 58.

Bilder und Analogien einer bäuerlichen Gesellschaft.[24] Jesu Sprache entspricht einer agrarischen Gesellschaft, zu der er sich selbst zählt und an die er seine Botschaft richtet. Wenn das NT das Reich Gottes mithilfe dieses Begriffsfeldes beschreibt, wird Gottes Wille zur Versöhnung auch der zerbrochenen Beziehungen zu Land/Wasser deutlich. Die Bewegung der Inkarnation Gottes in Christus offenbart ein alternatives Verständnis: Der präexistente Logos wird »Fleisch« und »offenbart ein weites Paradigma für die intime, ontologische Verstrickung zwischen Göttlichkeit und aller Materialität«[25]. Die Interpretation der Inkarnation als materielle Verkörperung lässt erkennen, dass Gottes Versöhnung nicht isoliert auf das Heil des individuellen Menschen beschränkt sein kann, sondern auf das gesamte Schöpfungsgeflecht zielt – und alles in eine »neue Kreatur« verwandelt. Gottes Absicht für die Welt ist Versöhnung und Gemeinschaft des gesamten Kosmos (vgl. 1 Kol 1,19; Eph 1,10). – Wenn diese Implikation der Inkarnation zum Tragen kommt, dann wächst das Bewusstsein für das Geschöpf-Sein unter anderen Mitgeschöpfen eines geschaffenen Lebensnetzes.

William Cavanaugh schlägt vor, dass eine pilgernde Kirche – im Gegensatz zu einem touristischen Ansatz – ihre Identität in der Solidarität mit den Migrant*innen finde, die aus der Not heraus unterwegs sind, und nicht aus dem Wunsch, alle Not zu transzendieren.[26] Migrant*innen werden – auch in einer globalisierten Welt – eben nicht mehr durch das Land/Wasser definiert, aus dem sie kommen, sondern durch »Grenzen«:

> The purpose of the border is not simply to exclude immigrants but to define them, to give them an identity. That identity is a liminal identity, an identity that straddles the border and defines the person as being neither fully here nor fully there. The instability and mobility of identity in a globalized world thus depends upon the borders that supposedly fix identities against the whirlwind of globalization.[27]

24 Vgl. Alain Marchadour/David Neuhaus, Das Land, die Bibel und die Geschichte. Auf das Land zu, das ich dir zeigen werde (The Abrahamic Dialogues Series Bd. 5), New York 2007, 63–86.

25 »*... reveals a wider paradigm for the intimate, ontological entanglement between divinity and all materiality*«, so Matthew Eaton, Enfleshed in Cosmos and Earth, in: Worldviews. Global Religions, Culture, and Ecology 18/3 (2014), 230–254, hier: 244.

26 »[...] pilgrim church is to find its identity in solidarity with the migrant who travels from necessity, not from a desire to transcend all necessity«, so William T. Cavanaugh, Migrant, Tourist, Pilgrim, Monk. Mobility and Identity in a Global Age, in: Theological Studies 692 (2008), 340–56, hier: 352.

27 Cavanaugh, Migrant, Tourist, Monk, hier: 344.

Es ist dieser Ort einer liminalen Existenz, den die pilgernde Kirche selbst annehmen muss, um als ein Heiligtum für alle Vertriebenen dienen zu können – auf der Suche nach der Vereinigung mit Gott, die die Möglichkeit einer Versöhnung aller zerbrochenen Beziehungen mit der Mitwelt glaubt. Voraussetzung hierfür ist der demütige Dienst »vor Ort«, um *companieros/as* füreinander werden zu können:

> To welcome and revere migrants as Christ, to feed them, pray with them, and wash their feet, is to turn migrants into pilgrims, and thus to turn fate into destiny.[28]

3. Gender-Gerechtigkeit: Gottes Wort wird Körper

Selina Ahmed, Direktorin der *Acid Survivors Foundation*, und Farida Yasmin, Polizistin in der *Women's Support and Investigation Division* in Bangladesh arbeiten täglich mit traumatisierten Frauen. Sie betonen, dass sich das Leben der Frauen nicht ändern wird, solange die patriarchalen Strukturen nicht überwunden sind.[29]

Diskriminierung, Ausgrenzung und Gewalt aufgrund des Geschlechts oder der sexuellen Orientierung sind weit verbreitete Realitäten, auch innerhalb der ökumenischen Gemeinschaft: die Verweigerung der Beteiligung von Frauen an Führungspositionen, sexuelle Gewalt gegen Frauen und Kinder – zuhause und im öffentlichen Raum –, aber auch Diskriminierung aufgrund der sexuellen Orientierung. Das Schweigen der Opfer und das Schweigen der Gemeinschaften zu diesen Formen von Gewalt sind in vielen Kontexten »unüberhörbar«. Gleichzeitig finden sich an nahezu allen Orten Frauengruppen, -initiativen, -organisationen und LGBTQ-Netzwerke, die Widerstand leisten und versuchen, diese Kulturen des Schweigens und die geschlechtsspezifische Gewalt zu überwinden – inspiriert durch die Kraft einer transformativen Spiritualität.

Kwok Pui-lan reflektiert die Perspektive der Opfer von Gender-Ungerechtigkeit christologisch und stellt dazu elementare Fragen im Kontext des kolonialen Projekts:

28 Cavanaugh, Migrant, Tourist, Monk, hier: 355.
29 Mitschrift von Susan Durber, Dhaka 2019.

> How is it possible for the formerly colonized, oppressed, subjugated to transform the symbol of Christ—a symbol that has been used to justify colonization and domination—into a symbol that affirms life, dignity and freedom? Can the subaltern speak about Christ, and if so, under what conditions? What language shall we borrow?[30]

Wiederum lässt die Bewegung der Inkarnation Gottes in Christus zwei Elemente hervortreten: Verkörperung und Hybridität. Die Inkarnation ist Ausdruck von Gottes Willen, mit der Schöpfung in Gemeinschaft zu sein und zerbrochene Beziehungen zu heilen. Nach Joh 1 wird dies möglich, weil Gottes Wort »Körper« geworden ist und »unter uns wohnt«. Die Konzentration auf den körperlichen Aspekt der Inkarnation lenkt die Aufmerksamkeit auf alle Körper, anstatt diese zu ignorieren. Indem Gott selbst »Fleisch« wird, wird der Körper, der in traditionellen Theologien oft mit Unreinheit und Sünde konnotiert war, aufgewertet. Die Inkarnation deutet auf den Körper und das Körperliche als Weg, Gott zu erkennen und sich mit dem Göttlichen zu verbinden.[31]

Pui-lan deutet die Inkarnation als »hybrides Symbol«: Jesus ist weder nur göttlich, noch nur menschlich, sondern göttlich *und* menschlich.

> The most hybridized concept in the Christian tradition is that of Jesus/Christ. The space between Jesus and Christ is unsettling and fluid, resisting easy categorization and closure. It is the »contact zone« or the »borderland« between the human and the divine, the one and the many, the historical and the cosmological […] the prophetic and the sacramental, the God of the conquerors and the God of the meek and the lowly.[32]

Indem wir die Inkarnation als Verkörperung anerkennen und das göttlich-menschliche Mysterium der Hybridität hervorheben, treten ignorierte und zum Schweigen gebrachte körperliche Erfahrungen in den Vordergrund christologischer Überlegungen. Die Frage Jesu »Wer sagt denn ihr, dass ich sei?« (Mt 16,15) ist eine Einladung an jede Glaubensgemeinschaft, diese Kontaktzone mit neuen Deutungen, Einsichten und Möglichkeiten zu füllen, so Pui-lan.[33]

30 Kwok Pui-lan, Postcolonial Imagination and Feminist Theology, Westminster 2005, 168.

31 Vgl. Peter-Ben Smit, Die Auferstehung des Leibes Christi in 1 Korinther 11. Paulus als Theologe des Leibes im Gespräch mit Judith Butler, in: Lectio Difficilior. European Electronic Journal for Feminist Exegesis 1 (2019), 1–24.

32 Pui-lan, Postcolonial Imagination and Feminist Theology, 171.

33 *»Jesus' question ›Who do you say that I am?‹ is an invitation for every Christian and local faith community to infuse that contact zone with new meanings, insights and possibilities.«* Pui-lan, Postcolonial Imagination and Feminist Theology, 171.

Diese Re-Interpretation der Inkarnation regt dazu an, im Kontext der geschlechtsspezifischen Gewalt dem Kreuzweg Jesu besondere Aufmerksamkeit zu schenken. Am Kreuz war sein Körper verschiedenen Formen der Gewalt ausgesetzt. Davor wurde er nackt ausgezogen – eine Handlung sexueller Gewalt (wie Seelsorger*innen, die mit Opfern sexuellen Missbrauchs arbeiten, interpretieren).[34] Das Wahrnehmen dieser körperlichen Verletzungen Jesu kann für Opfer geschlechtlicher und sexueller Gewalt zur Möglichkeit werden, sich mit dem Leiden Jesu zu identifizieren. Ihre Wunden, ebenso wie die Wunden Jesu, entlarven auch die Strukturen, die sie unterdrücken und ausgrenzen. Das Geheimnis der Hybridität Jesu eröffnet neue Möglichkeiten für jene, die in »prekäre Positionen« gepresst werden.[35]

Der Körper des auferstandenen Christus trägt schließlich sichtbar die Narben, die noch die Grausamkeit der Gewalt offenbaren und doch die Möglichkeit der Heilung verheißen. Der auferstandene Christus lädt ein, seine Wunden (gr. *traumata*) zu berühren (Joh 20), um zu verstehen, dass auch jene Wunden, die durch sexuelle und geschlechtsspezifische Gewalt geschlagen wurden, tatsächlich die Wunden Christi sind.

Für eine entstehende *theology of companionship* ist es zunächst entscheidend, die Sinnlosigkeit des Leidens, die Tiefe der Wunden sowie die Auswirkungen, die geschlechtsspezifische Gewalt auf Einzelne und Gemeinschaften hat, anzuerkennen. Vor allem die Psalmen und das Buch der Klagelieder bieten hierfür eine Sprache des Glaubens, um dem Schmerz Ausdruck zu verleihen, um die Erfahrung der Gottverlassenheit auszudrücken. Das Zitat Jesu am Kreuz »Mein Gott, warum hast du mich verlassen?« (Ps 22, Mk 15,34) wird zu einem Platzhalter solcher Schreie des Glaubens. Womöglich kann der treueste Ausdruck des *companionships* darin bestehen, sich der Klage der Anderen auszusetzen und in diese mit einzustimmen.

34 Elaine Heath bekräftigt in diesem Zusammenhang: »*In Jesus' culture [...] to be stripped naked in front of a watching crowd was an act of sexual violation*«, Elaine Heath, We Were the Least of These. Reading the Bible with Survivors of Sexual Abuse, Grand Rapids 2011, 123. Vgl. auch Rocío Figueroa/David Tombs, Recognising Jesus As a Victim of Sexual Abuse. Responses from Sodalicio Survivors in Peru, in: Religion and Gender 10/1 (2020), 57–75.

35 Unter »Prekarität« versteht Judith Butler eine »*politically induced condition in which certain populations suffer from failing social and economic networks of support more than others, and become differentially exposed to injury, violence, and death*«, Judith Butler, Notes Toward a Performative Theory of Assembly, Cambridge 2015, 33.

Zweitens müssen die strukturellen Wurzeln dieser Gewalt aufgezeigt werden. Während Verletzbarkeit Teil der menschlichen *conditio* ist, wird eine »prekäre Position« durch Menschen und menschliche Institutionen herbeigeführt. Die Herausforderung erschöpft sich nicht allein darin, einen kritischen Blick auf die Gesellschaft als Ganze zu werfen, sondern das Leben und die Praktiken der Kirchen und Gemeinden selbst kritisch zu untersuchen, auch Theologien und Traditionen.

Eine Theologie des *companionship* muss schließlich von den Wunden der Opfer sexueller und geschlechtsspezifischer Gewalt und Diskriminierung ausgehen. Die bisher Schweigenden und Diskriminierten müssen ermächtigt werden, eine führende Rolle in der Entwicklung dieser Theologie zu übernehmen, indem sie die Handlungsfähigkeit ihres eigenen Körpers wiedergewinnen. Die Auseinandersetzung mit der strukturellen Dimension ist ein paralleler Weg, den die *companiero/as* gemeinsam gehen, auf dem sie die Schönheit der diversen, geheiligten Körper feiern.

4. Rassismus: eins in Christus?

Wenn in Brasilien minderwertige Arbeit vornehmlich von Afro-Brasilianer*innen verübt wird oder wenn Menschen in Jamaica zu chemischen Produkten greifen, um ihre Haut aufzuhellen, wird deutlich, wie tief Rassismus verinnerlicht ist. Wenn weiße Polizeikräfte in den Vereinigten Staaten auf *People of Color* schießen, weil sie als potentielle Bedrohung *an sich* gesehen werden, dann werden wir Zeugen dafür, dass Rassismus tatsächlich tötet.

Rassismus ist die Kombination von Diskriminierung – basierend auf der konstruierten Kategorie der »Rasse« – und einer unverhältnismäßigen Verteilung von Macht, die das Privileg einer Gruppe schützt und das Gedeihen einer anderen verweigert, so dass Ungerechtigkeiten über Generationen hinweg re-produziert werden. Die Kirchen des ÖRK haben *race* gemeinsam mit Vertretern des Vatikan 2018 neu definiert als »ein soziales Konstrukt, das behauptet, die Trennung zwischen menschlichen Gruppen zu erklären und zu rechtfertigen, indem es physische, soziale, kulturelle und religiöse Kriterien vorschiebt«[36]. Die Folgen sind verheerend:

36 »[…] *a social construct which claims to explain and justify the separation between human groups by advancing physical, social, cultural and religious criteria*«, so der ÖRK, Abschlussbotschaft der Kon-

> […] the systemic and systematic impact of actions taken against groups of people based on the colour of their skin. It separates people from each other in the name of a false notion of the purity and superiority of a specific community. It is an ideological stance expressed through marginalization, discrimination and exclusion against certain persons, minorities, ethnic groups or communities.[37]

Marc MacDonald, indigener Erzbischof aus Kanada, zeigt auf, wie komplex das Phänomen des systemischen Rassismus wirkt:

> [systemic racism] is deadly in that it makes grossly unacceptable evil mimic morality. It not only makes evil acceptable; it makes evil desirable. It makes evil look good, and it is this capacity for deception that makes confronting systemic evil so urgent.[38]

Vom »kolonialen Projekt« geprägter Rassismus ist gekennzeichnet durch die Konstruktion allgegenwärtiger hierarchischer Ordnungen, ursprünglich erdacht durch weiße »Entdecker«, weiter etabliert als »wissenschaftliches« und »theologisches Wissen«, indem verschiedenen Menschen unterschiedliche Werte von Überlegenheit und Unterlegenheit, von Kultur und Natur zugewiesen werden. Dieses Organisationsprinzip ist zutiefst mit der Gier verbunden, dem Zugang zu Ressourcen von Territorien und Körpern. Weiß-Sein und »Weiße Vorherrschaft« (*white supremacy*)[39] basieren hierauf. Die konstruierten »Anderen« sind durch die Deportation ihrer Körper aus ihren Heimatländern und Gemeinschaften entfremdet, ihre ursprünglichen Kulturen und ihr ursprünglicher Glaube sind zerstört.

Nach Robert McAfee Brown liegt ein großer Irrtum des Christentums darin, das Leben in zwei Bereiche, zwei Sphären, zwei Abteilungen aufzuteilen.[40] Zuweilen wurde die *imago Dei* – das grundlegendste Argument für die Anerken-

ferenzen zu Fremdenfeindlichkeit, Rassismus und populistischem Nationalismus im Kontext der globalen Migration. Der Ökumenische Rat der Kirchen und der Vatikan, Rom 2018, § 6 (a), https://www.oikoumene.org/en/resources/documents/message-from-the-conference-xenophobia-racism-and-populist-nationalism-in-the-context-of-global-migration-19-september-2018 (10.01.2021).

37 ÖRK, Abschlussbotschaft.

38 Mark MacDonald, Systemic Evil and Christian Discipleship, in: The Ecumenical Review 72/1 (2020), 108–115, hier: 111.

39 Vgl. bell hooks, Weißsein in der Schwarzen Vorstellungswelt, in: Dies., Black Looks. Popkultur – Medien – Rassismus, Berlin 1994, 204–220.

40 Vgl. Robert McAfee, Spirituality and Liberation. Overcoming the Great Fallacy, Louisville 1988, 25.

nung der Würde aller Menschen – missbraucht, indem Spiritualität abgetrennt wurde von den sozioökonomischen Realitäten. Wird das geistliche Leben aber auf das Ziel individueller Erlösung reduziert, dann bleibt die gemeinschaftliche Sünde des systemischen Rassismus davon unberührt. Betrachtet man hingegen das Leben Jesu, so ist gerade die Verbindung von Spiritualität und sozialem Handeln entscheidend für jede Befreiung und Heilung von irdischen Lasten und Zwängen (vgl. Lk 4,18).

In der Geschichte des Christentums finden sich institutionelle und strukturelle, biblische und theologische Legitimationen und Rechtfertigungen von Rassismus auf der einen Seite, Unachtsamkeit und Ignoranz, auch *white fragility*[41] auf der anderen. Zu kritisieren ist hier nicht nur schlicht eine interessengeleitete Lektüre biblischer Texte, sondern die Entwicklung einer christlichen Vorstellungswelt, die Rassismus ermöglicht und nährt. Jennings identifiziert hier wiederum jene »verzerrte Vision« der Schöpfung und der entsprechenden Anthropologie.[42] Vorstellungen wie etwa das Auserwählt-Sein – und abgeleitete supersessionistische Theorien, oder der Schöpfungsbericht selbst wurden von weißen Theologen (sic) als Rechtfertigungen für den Rassismus herangezogen.[43] Die *Doctrine of Discovery* bot den entsprechenden Denkrahmen.[44]

Jesus wurde – wie jeder Mensch – in einen bestimmten Kontext hineingeboren, verbunden mit einer bestimmten sozialen Konstruktion von Identität: ein jüdischer Mann aus Galiläa. In seinem Leben und Dienst identifizierte er sich mit Marginalisierten (konstruierten »Anderen«), und widersetzte sich den entsprechenden Diskriminierungen. In diesem Körper identifiziert sich Gott mit einer Gemeinschaft, die unter einem imperialen System lebt, das einige als rein und überlegen, andere als unrein und minderwertig – als menschlich und unmensch-

41 Der Begriff ist von Robin DiAngelo geprägt. Vgl. Dies., Wir müssen über Rassismus sprechen. Was es bedeutet, in unserer Gesellschaft weiß zu sein, Hamburg 2020.

42 »*Europeans enacted racial agency as a theologically articulated way of understanding their bodies in relation to new spaces and new peoples and to their new power over those spaces and people. Before this agency would yield the ›idea of race,‹ ›the scientific concept of race,‹ the ›social principle of race,‹ or even a fully formed ›racial optic‹ on the world, it was a theological form—and inverted, distorted vision of creation that reduced theological anthropology to commodified bodies. In this inversion, whiteness replaced the earth as signifier of identities*«, Jennings, The Christian Imagination, 58.

43 Jennings meint, dass die Lehre von der *creatio ex nihilo* ein Beispiel für diese christliche Lehre ist, die die Grundlage für das koloniale Projekt bildete, vgl. Jennings, The Christian Imagination, 28.

44 Vgl. z. B. Larissa Behrendt, Discovering Indigenous Lands. The Doctrine of Discovery in the English Colonies, Oxford 2010.

lich – konstruierte. Während seines Widerstands enthüllte Jesus das systemische Böse, das vom römischen Imperium geschickt »verpackt« wurde, indem es mit den lokalen religiösen Eliten und Hierarchien zusammenarbeitete. Am Kreuz aber hat Christus »die Mächte und Gewalten ihrer Macht entkleidet und sie öffentlich zur Schau gestellt und hat einen Triumph aus ihnen gemacht in Christus« (Kol 2,15). Er durchschaute hierarchische und unterdrückerische Definitionen der Menschheit, einschließlich jener systemischen, religiösen und politischen Mächte, die sie aufrechterhalten und von ihr aufrechterhalten werden.

Im Anschluss an Irenäus und Athanasius weist Jennings auf die Bedeutung des Vertrauens in das menschliche Fleisch als Träger des göttlichen Lebens hin.

> Only when trust has been established can we realize that we have been joined together as one humanity in Christ [...] we become convinced by the one saving human being, Jesus, we are also convinced that there is only one real flesh that binds all humanity together with the one creation, this same Jesus.[45]

Wegen des Einen, der befreit, der kein anderer ist als der Eine, der die Welt erschaffen hat, sind Menschen in der Lage, Hoffnung für ihre Körper zu finden. Die Angst vor der Zerbrechlichkeit der Begriffe, der Unzulänglichkeit aller sozialen Konstruktionen und Kategorien kann so überwunden werden.

Rassismus ist die Verweigerung der Möglichkeit von *companionship.* Um einander *companiero/as* zu werden, ist der Widerstand gegen jede Form von Rassismus eine *conditio sine qua non.* Ein Pilgerweg der Gerechtigkeit und des Friedens verlangt von den Pilgernden, sich jeder Fremdzuschreibung zu widersetzen, indem sie ihre tiefere Identität als *companiero/as* Christi finden. Der Begriff »Pilger*in« – abgeleitet vom lateinischen *peregrinus* – beinhaltet ja »Fremde*r«, »Wanderer«, »Exilant*in«, »Reisende*r«, »Neuankömmling«. Er erinnert an die alt-israelitische Tradition, in der Gastfreundschaft durch die Erinnerung an eine Identität motiviert war, die einst aus Sklaverei und Wanderschaft durch die Wüste befreit wurde (vgl. Dtn 10,19–20; 24,18).

Auf institutioneller Ebene muss eine ökumenische *theology of companionship* zur selbstkritischen Untersuchung führen, wie Praktiken, Ordnungen, Zusammensetzungen und Strukturen der Kirche(n) Diskriminierung, Fremdenfeind-

45 Willie J. Jennings, He Became Truly Human. Incarnation, Emancipation, and Authentic Humanity, in: Modern Theology 12/2 (1996), 239–255, hier: 249.

lichkeit und Rassismus »verstetigt« haben, die die Einheit in Christus konterkarieren. Die Herausforderung für die pilgernde ökumenische Gemeinschaft besteht somit darin, sich von sich selbst zu de-zentrieren, einschließlich der vorherrschenden Privilegien. Dies könnte zur Selbst-Erkenntnis führen und zu einer Übung der Reinigung von der Sünde des Rassismus. Pilger*innen finden ihre Authentizität nicht im Gegensatz zu konstruierten Anderen, sondern durch die Aufnahme von und den Besuch bei Anderen – ein gegenseitiges Geschenk, das ganz unterschiedliche Identitäten zulässt, gerade weil sie eins sind in Christus.

Zum Schluss – Pilgerweg als kenotische Bewegung

Zu Beginn des Pilgerweges der Gerechtigkeit und des Friedens formulierte der ÖRK-Zentralausschuss:

> Pilgerinnen und Pilger, die unterwegs sind, reisen mit leichtem Gepäck und lernen, dass nur das Wesentliche und Notwendige zählt. Sie sind offen für Überraschungen und bereit, durch Begegnungen und Herausforderungen auf ihrem Weg verwandelt zu werden. Alle, die mit offenem Herzen und offenem Geist mit uns gehen wollen, sind willkommene Gefährten (mit denen wir unser Brot teilen). Der Pilgerweg verspricht, ein verwandelnder Weg zu sein, auf dem wir uns selbst in neuen Beziehungen der Gerechtigkeit und des Friedens neu entdecken können.[46]

Was für viele zunächst schlicht eine Metapher war, hat sich für manche tatsächlich in leiblich-transformative Erfahrungen verwirklicht. Sehr unterschiedliche »Pilgerstationen« haben doch gemeinsame Herausforderungen herauskristallisieren lassen, denen der ÖRK/die einzelnen Kirchen jetzt – in einem neuen Selbstverständnis als »pilgernde Kirche« – besondere Aufmerksamkeit schenken sollten.

Auf der bisher zurückgelegten Pilgerreise werden auch neue Praktiken (wieder-)entdeckt. Ein primäres Motiv mittelalterlicher Pilgerwege war die Transformation des Selbst durch die Vergebung der Sünde. Cavanaugh erinnert daran, dass »[d]iese Transformation des Selbst keine Selbsttransformation als solche war, da sie auf eine Disziplin reagierte, die ihre Quelle außerhalb des Selbst

46 ÖRK-Zentralausschuss, Eine Einladung zum Pilgerweg der Gerechtigkeit und des Friedens, 3.

hatte: Gott«[47]. Die Tugend der Demut war der Schlüssel. Daher kann die Pilgerschaft auch als eine »kenotische Bewegung interpretiert werden, ein Abstreifen der äußeren Quellen der Stabilität im eigenen Leben«[48]. In dieser Hinsicht könnte unser Pilgerweg der Gerechtigkeit und des Friedens zu dem werden, was Jesus seinen Jünger*innen angekündigt hat: »Wer mein Jünger [und meine Jüngerin] sein will, muss sich selbst verleugnen und sein [ihr] Kreuz auf sich nehmen und mir nachfolgen« (Mk 8,34).

Diese kenotische Bewegung der Pilgerschaft führt zur Anerkennung der Notwendigkeit, mit Anderen, auch ganz Anderen, zu gehen. Pilger*innen heißen andere Pilger*innen willkommen, weil die Anwesenheit von Pilger*innen einen Ort heiligt. So könnte die Ökumene tatsächlich ein »heiliger Ort« werden, an dem Gemeinschaft mit Gott erfahrbar wird.

> The pilgrim […] sees all potential others as brothers and sisters on a common journey to God. The pilgrim preserves otherness […] by moving toward a common center to which an infinite variety of itineraries is possible. If God, the Wholly Other, is at the center, and not the great Western Ego, then there can be room for genuine otherness among human beings. The pilgrim church is therefore able simultaneously to announce and dramatize the full universality of communion with God, a truly global vision of reconciliation of all people [and all of creation, FE], without thereby evacuating difference.[49]

Pilgerschaft als kenotische Bewegung zu begreifen verhindert schließlich auch das Missverstehen dieser wertvollen Metapher, denn in bestimmten Kontexten verstanden sich *pilgrims* ja (in der »neuen Welt«) gerade als Teil des kolonialen Projekts.[50] Nur durch die Anerkennung der Notwendigkeit, das Selbst in Verbindung mit der Suche nach dem »ganz Anderen« loszulassen – und dadurch fähig zu werden, tatsächlich mit Anderen als *comapniero/a* zu gehen – wird der Pilgerweg zu einem transformativen Prozesses für die ökumenische Bewegung. Die

47 »*This transformation of the self was not self-transformation, as such, because it responded to a discipline that had its source outside the self: God.*« Cavanaugh, Migrant, Tourist, Pilgrim, Monk, hier: 349.

48 »[…] *a kenotic movement, a stripping away of the external sources of stability in one's life*«, so Cavanaugh, Migrant, Tourist, Pilgrim, Monk, hier: 349.

49 Cavanaugh, Migrant, Tourist, Pilgrim, Monk, hier: 352.

50 Vgl. Mark MacDonald, Walking in Beauty. The Sacred Walk, in: Susan Durber/Fernando Enns (Hg.), Walking Together. Theological Reflections on the Ecumenical Pilgrimage of Justice and Peace, Genf 2018, 3–7.

Entwicklung einer ökumenischen *theology of companionship* könnte helfen, das Ethos, aber auch die Verantwortung und Sendung derjenigen, die im Leben der je Anderen pilgern, Ausdruck zu verleihen und Orientierung zu bieten.

»Brannte nicht unser Herz in uns …?«, fragen die Jünger auf dem Weg nach Emmaus (Lk 24,32), als sie erkannten, dass es der auferstandene Christus ist, der mit ihnen geht und das Brot auf dem Weg teilt – ein *companiero* wurde.

(Dr. Fernando Enns hat eine Stiftungsprofessur »Theologie der Friedenskirchen« inne am Fachbereich Evangelischen Theologie der Universität Hamburg und ist Professor für [Friedens-]Theologie und Ethik an der Fakultät für Religion und Theologie der Vrije Universiteit Amsterdam [VU] in den Niederlanden.)

ABSTRACT:

Since the Pilgrimage of Justice and Peace was launched at the 10th Assembly of the World Council of Churches in Busan, South Korea, it has become the new programmatic horizon for the life of the global ecumenical community. As this pilgrimage is conceived as a transformative journey in eschatological anticipation of God's kingdom, it seeks to explore more deeply the spiritual dimension of sharing in God's just peace, following three dimensions of a spiritual journey: »celebrating the gifts«, »touching the wounds« and »transforming injustices«. This article draws on various experiences of the WCC-Reference Group on this pilgrimage to local communities in different contexts in order to ask for impulses for the future of the ecumenical movement. Here, four urgent themes have emerged: truth and trauma, land and displacement, gender justice, and racism. These are concretized illustrations of global cross-cutting issues, such as the prevalence of economic and/or ecological violence and injustice. Reflecting on the themes theologically (Christologically in particular), a broadening perspective comes in sight: from advocacy and accompaniment to companionship. The kenotic movement of a pilgrimage leads to the recognition of the need to walk with others – in order to sanctify spaces, in which communion with God may be experienced. The primary goal is not to establish a systematic »coherence« as is characteristic of Western-influenced theological thinking, but to focus more on the narratives of transformative efforts within the ecumenical movement in general, which is gradually becoming aware of the need for its own decolonization.

Interkulturelle Theologie/World Christianity – ein paar Gedankenschnipsel[1]

Ulrich Dehn

Die im Titel gegebenen Terminologien beinhalten je für sich eine erhebliche Diskussionsnotwendigkeit. Angefangen von der Konzept-Bestimmung des Terminus durch die Deutsche Gesellschaft für Missionswissenschaft (DGMW) und die (damals noch so genannte) Fachgruppe Religionswissenschaft und Missionswissenschaft[2] der Wissenschaftlichen Gesellschaft für Theologie (WGTh) über die unterschiedlich gelagerten Einführungen von Klaus Hock, Henning Wrogemann, Volker Küster und Ulrich Dehn[3] bis hin zu diversen Aufsatzveröffentlichungen zur Konzeptionalisierung (oder inhaltlichen Fassung) des Fachs Interkulturelle Theologie[4] hat sich eine kreative hermeneutische Vielfalt offenbart, die vermutlich weiterhin zunehmen wird. Nicht viel einfacher sieht es mit dem Terminus World Christianity aus, der ähnlich wie Interkulturelle Theologie nicht unmittelbar selbsterklärend ist, sondern als Chiffre für ein Fach steht, im englischsprachigen Bereich aber deutlich geläufiger ist als Interkulturelle Theologie.

1 Dieser Text war zu Teilen Grundlage eines Kurzvortrags, den ich auf einer Fachtagung zur Interkulturellen Theologie im Dezember 2015 in Frankfurt a. M. gehalten, und eines Votums, das ich auf dem Symposium am 7./8.2.2020 an der Missionsakademie aus Anlass meiner Emeritierung vorgetragen habe.

2 Missionswissenschaft als Interkulturelle Theologie und ihr Verhältnis zur Religionswissenschaft, in: Zeitschrift für Mission/ZMiss 31/4 (2005), 376–382.

3 Klaus Hock, Einführung in die Interkulturelle Theologie, Darmstadt 2011; Henning Wrogemann, Lehrbuch Interkulturelle Theologie/Missionswissenschaft, 3 Bände, Gütersloh 2012–2015; Volker Küster, Einführung in die Interkulturelle Theologie, Göttingen 2011; Ulrich Dehn, Weltweites Christentum und ökumenische Bewegung, Berlin 2013; in ähnlicher Absicht: Karl-Heinz Dejung/Gert Rüppell, Ökumenische Gemeinschaft im Wandel der Zeiten, Berlin 2016.

4 Vgl. insbesondere das Heft 2–3, Jg. 40 (2014) der Zeitschrift für Interkulturelle Theologie/ZMiss mit Beiträgen von Franz Gmainer-Pranzl, Reinhold Bernhardt, Madipoane Masenya, Josef Estermann, Atola Longkumer, Frans Wijsen und Andreas Feldtkeller.

1. Internationale Dimension

Mein Versuch, während einer Vortragsreise nach Korea im Oktober 2015 einer Gruppe von Theologiestudierenden an der Hanshin-Universität in Osan und Seoul ein Konzept von Interkultureller Theologie als neuer Bezeichnung einer theologischen Disziplin zu verdeutlichen, verlief in einer anderen Richtung als vermutet. Es wurde als Bezeichnung eines theologischen Programms bzw. Konzeptes verstanden, das Problem des Synkretismus wurde benannt, die Interaktion von Theologie mit zwei oder mehr Kulturen wurde nicht als deskriptives Programm der Wahrnehmung, sondern als normativ theologisches Projekt der Schaffung einer bestimmten Art von (interkultureller) »Theologie« verstanden.

Die englischsprachige Publikation des gemeinsamen Statements der DGMW/WGTh in Mission Studies Heft 1/2008[5] war begleitet von drei kritischen Kommentaren. Der japanische Theologe Ken Christoph Miyamoto moniert, dass die Kommunikation des Evangeliums sich nicht notwendigerweise zwischen Menschen unterschiedlicher Kulturen abspiele und insofern die »Interkulturalität« kein charakteristisches Merkmal sein müsse. Ferner befürchtet er, dass über der Betonung des kulturellen Aspektes sozio-politische und ökonomische Aspekte aus dem Blick geraten könnten. Ähnliches befürchtet er für das Thema des Gottesdienstes, der ihm eine zu geringe Rolle in der Interkulturellen Theologie spiele.[6] Die neuseeländische katholische Theologin Susan Smith argwöhnt, ob evtl. die kulturell plurale Situation in Deutschland aufgrund der türkischen oder osteuropäischen Migrationscommunity, insbesondere die Begegnung mit dem Islam, der Hintergrund des deutschen Statements sei, und ob nicht, in Anbetracht der religiösen Pluralität auch in Neuseeland, eher der Terminus Interreligiöse Theologie gerechtfertigt wäre.[7] Francis Anekwe Oborji, afrikanischer, jetzt in Rom tätiger katholischer Theologe, sieht die Notwendigkeit, die Methodenvielfalt des Faches Mission Studies in Anbetracht der kulturellen und religiösen Pluralität zu erweitern, hält dies aber unter Beibehaltung des bisherigen Labels für möglich. Auch bezweifelt er, dass das Problem des Superioritätsanspruchs, den

5 Mission Studies as Intercultural Theology and its Relation to Religious Studies, in: Mission Studies Vol. 25 (2008), 103–108.

6 Vgl. A Response to »Mission Studies as Intercultural Theology and Its Relationship to Religious Studies«, in: Mission Studies Vol. 25 (2008), 109f.

7 Vgl. A Response to Re-naming Mission as »Intercultural Theology« and its Relationship to Religious Studies, in: Mission Studies Vol. 25 (2008), 111f.

südliche Theolog:innen und Missiolog:innen von der nordatlantischen Theologie spüren, durch diese Umbenennung in Interkulturelle Theologie gelöst werden kann.[8]

Nachdem die Umbenennung in Interkulturelle Theologie u. a. mit dem Anspruch verbunden war, die Situationen zu berücksichtigen, in denen das Christentum sich in den südlichen Kontinenten in vielfältiger Weise befindet, muten die Vermutungen von S. Smith geradezu ironisch an, zeigen jedoch auch, dass die Umbenennung nicht ein Aufschließen an internationale Diskurse bedeutet, sondern vielmehr umgekehrt eine ohnehin schon gefühlte Kluft vergrößern könnte, sofern nicht die Kommunikationsanstrengungen zur Plausibilisierung der Umbenennung verstärkt werden.

2. Warum Kultur, und welcher Kulturbegriff und welche Kulturwahrnehmung spielen eine Rolle?

Die Rezeptionen haben gezeigt, dass selten der Terminus selbst als *Chiffre* für eine bestimmte neue Orientierung verstanden, sondern häufiger auf der Grundlage seiner tatsächlichen Wortbedeutungen interpretiert wird: Theologie in der Begegnung mit Kulturen, mit einer bestimmten Kultur, Theologie zwischen zwei Kulturen, Interkulturelle Theologie als synkretistisches Phänomen. In diesem Zusammenhang ist beim Insistieren auf dem Charakter als Disziplinenbezeichnung zu beachten, dass Offenheit gegenüber jeglicher Art von Kulturkonzept notwendig ist.[9] Es ist auch bei der deutschsprachigen Kritik an der Umbenennung korrekter Weise darauf hingewiesen worden, dass der entweder ungeklärte und offene oder historisch belastete Terminus der Mission gegen den in vielen Hinsichten historisch ebenso belasteten der Kultur ausgetauscht wurde.[10]

8 Vgl. Missiology in its Relation to Intercultural Theology and Religious Studies, in: Mission Studies Vol. 25 (2008), 113f.

9 Dass es ein kreatives »Doppelverständnis« von theologischem Konzept und Disziplinenbezeichnung bei grundsätzlicher Befürwortung der Umbenennung geben kann, zeigt der inspirierende Aufsatz von Heike Walz, Kritik der europäischen Vernunft? Herausforderungen für die Interkulturelle Theologie aus Lateinamerika und Afrika, in: Zeitschrift für Interkulturelle Theologie/ZMiss 41/2–3 (2015), 261–283.

10 Vgl. Giancarlo Collet/Ludger Weckel, Auf dem Weg zu einer solidarischen Missionswissenschaft, in: Mariano Delgado/Michael Sievernich (Hg.), Mission und Prophetie in Zeiten der Interkulturalität, St. Ottilien 2011, 378–399, hier: 390. Sie wenden dies gegen Robert Schreiter ein, der ebenfalls

Hinzu kommt: Das Wort »Kultur« ist keineswegs ein Alleinstellungsmerkmal des bezeichneten Fachs. Nachdem die Ausdrücke Missionswissenschaft und Ökumenewissenschaft ohne Adjektive auskamen und eine unmissverständliche Fächerbezeichnung darstellten, ist jetzt ein entgrenzender Terminus entstanden: Auch alle anderen Fächer der Theologie können für sich beanspruchen, Kultur zu berücksichtigen, und die De-Finition, die damit verbunden ist und insbesondere die Systematische Theologie berührt, hat bereits fruchtbare und andere Ergebnisse gezeitigt. Der Terminus Interkulturell ist in seiner Gebrauchsgeschichte in einer Weise belegt, dass er auch als Chiffre für Kulturverständnisse gelten kann, die heute mit »transkulturell« (Wolfgang Welsch) oder dem eher aus der Kommunikationswissenschaft im englischsprachigen Bereich stammenden »crosscultural« bezeichnet werden, d. h. jenseits von kulturellem Substanzialismus und monolithischem Essenzialismus, vor dem auch das Denken von Clifford Geertz nicht gefeit war,[11] die Fluidität und gegenseitige Durchdringung kultureller Elemente aufnehmen kann, die die gegenwärtige Diskussion prägen. Auch die schon 1988 von dem japanischen Theologen und Religionsphilosophen Yagi Seiichi vorgeschlagene »Front-Struktur«, von ihm als Kontaktstelle zwischen Buddhismus und Christentum gemeint, aber auch auf ein allgemeines Verständnis der Interaktion von Religionen und Kulturen anwendbar, ist als ein auf Fluidität und gegenseitige Durchdringungsfähigkeit von Kulturen und Religionen angelegtes Konzept verstehbar.[12] Nicht unbedingt gemeint ist die Begegnung zwischen zwei Entitäten, z. B. des Christentums mit je einer anderen Religion, zumal nicht in dieser Art von Formulierung, da damit bereits vorausgesetzt würde, dass Christentum als feststehende Größe einer anderen ebenso feststehenden Größe in Gestalt einer anderen Religion »begegnet«, was allenfalls in theologischen Entwürfen, die eine solche Begegnung zu bestimmten Themen inszenieren, der Fall sein kann. Grundsätzlich bildet die Beschäftigung mit Ausdrucksformen des Christlichen bereits

für die Umbenennung des Fachs plädiert, s. Ders., Verbreitung der Wahrheit oder interkulturelle Theologie, in: Interkulturelle Theologie/ZMiss 36/1 (2010), 13–31.

11 Vgl. Clifford Geertz, Dichte Beschreibung. Bemerkungen zu einer deutenden Theorie von Kultur, in: Ders., Dichte Beschreibung, Frankfurt a. M. 1983, 7–43; Karsten Kumoll, »From the Native's Point of View«? Kulturelle Globalisierung nach Clifford Geertz und Pierre Bourdieu, Bielefeld 2005.

12 Vgl. Seiichi Yagi, Die Front-Struktur als Brücke vom buddhistischen zum christlichen Denken (Ökumenische Existenz heute 3), München 1988.

seine stets im Fluss befindliche Konstitution im Feld diverser Kulturen und anderer religiöser Elemente und die vielfältigen damit verbundenen Interaktionen ab.

3. Reichweite des Fachs

Das in Frage stehende Fach ist im Wesentlichen im Bereich der alten Bezeichnungen Ökumene- und Missionswissenschaft mit interdisziplinären Berührungsflächen hin zur Religionswissenschaft zu verstehen. Die Interdisziplinarität schließt ein, dass die Wahrnehmung und Analyse von theologischen Diskursen in Kooperation mit Ethnologie, Kulturanthropologie, Kulturtheorie, Religionswissenschaft im engsten Sinne zu geschehen hat, um die Dynamik theologischer Prozesse in diversen Kontexten zu verstehen. Wahrnehmungskontexte sind erstrangig die Länder der südlichen Kontinente, die traditionell von anderen Fächern der Theologie nicht berücksichtigt werden. Dies schließt aber nicht aus, dass ähnlich wie im Forschungsfeld der Europäischen Religionsgeschichte zu bestimmten Diskursen auch Kontexte der »westlichen/nördlichen Welt« einbezogen werden. Da der geographische »Zuständigkeitsbereich« des Faches immer wieder mit wechselnden Chiffren belegt wird, sei eine kurze Bemerkung dazu gestattet. Nachdem bis vor einigen Jahrzehnten die Bezeichnung »Dritte Welt«[13] üblich war und sich zugleich weitgehend mit dem Thema »Entwicklungsländer« deckte, hat sich nach der Auflösung der ideologischen Blöcke, die den Hintergrund für diese Einteilung bildeten, eine Vielzahl von neuen Bezeichnungen und Neologismen heraus-

13 Der Begriff *Tiers Monde*, der dem Terminus »Dritte Welt« zugrundeliegt, wurde von dem französischen Autor Alfred Sauvy geprägt, der diesen in seinem Artikel *Trois monde, une planète* im L'Observateur vom 14.8.1952 vorschlug. *Tiers* heißt nicht einfach Dritte als Ordnungszahl (das wäre *troisième*), sondern in Anlehnung an den *Tiers État* das Hinzugekommene, Außenstehende, Ignorierte. Diese Bezeichnung machten sich 1955 die an der Bandung-Konferenz teilnehmenden Staaten aus Asien und Afrika zu eigen, und seit 1961 war sie mit der Bewegung der Blockfreien Staaten verknüpft. Der Begriff hat nur mittelbar etwas mit der Gegenüberstellung zur »ersten« und »zweiten« Welt (kapitalistischer und sozialistischer Block) zu tun und ist insofern auch nicht unbedingt mit der angeblichen Auflösung der Blöcke zu Beginn der 1990er Jahre obsolet geworden, wird aber meist nur noch in geprägten Wendungen oder Organisationsnamen benutzt (etwa der 1976 gegründeten Ecumenical Association of Third World Theologians [EATWOT]). Vgl. auch Daniel Cyranka, Epistemische Grenzverschiebungen in Religionswissenschaft und Interkultureller Theologie, in: Klaus Hock (Hg.), Wissen um Religion: Erkenntnis – Interesse. Epistemologie und Episteme in Religionswissenschaft und Interkultureller Theologie, Leipzig 2020, 381–398, bes. 383–385.

gestellt, die meist eher wohlwollend und politisch freundlich als logisch und aussagekräftig waren und sind, so etwa »Zweidrittelwelt«, »Majority World« oder »globaler Süden« gegenüber dem »globalen Norden« etc. Erstens wird hier nicht beachtet, dass die Heterogenität der hier bezeichneten Welt viel zu groß ist, um sinnvollerweise einen zusammenfassenden Begriff zu verwenden, zweitens und damit verbunden das Problem des Essenzialismus, der hier selbst den Fachvertreter:innen unterläuft, die diesen an anderen Stellen bekämpfen würden. Auch die von mir selbst oft genutzte Wendung »südliche Kontinente«[14] unterstellt eine essenzialisierbare Gemeinsamkeit nur aufgrund der geographischen Zuordnung, ebenso wie dies bei der Basler Lehrstuhlbezeichnung »Aussereuropäisches Christentum« abgeschwächt assoziiert werden kann (auch wenn hier vermutlich nur eine Abgrenzung zu den anderen theologischen Disziplinen gemeint ist). Sinnvoll wäre es, tatsächlich jeweils die im Diskurs gemeinten konkreten Regionen oder Länder zu benennen und auf Containerbezeichnungen zu verzichten. Hinzu kommt, dass dank der kommunikativen und gedanklichen Globalisierung längst Denkerinnen und Denker aus allen geographischen Bereichen in gleicher Weise an Diskursen teilnehmen und sich abgesehen von ihrer je eigenen Kontextualität nicht mehr in eine große Frontlinie Süden-Norden einteilen lassen.

Die Reichweite dessen, was mit Interkultureller Theologie bezeichnet werden soll, ist letztlich nur narrativ anhand von Schlaglichtern erfassbar, wie implizit bereits an dem dreibändigen Werk von Walter Hollenweger[15] erkennbar wird. Die Orientierung des Fachs auf den neuen Begriff hat zu einer größeren Bereitschaft zur interdisziplinären Auffächerung und Themenanreicherung geführt, zugleich auch zu einer wissenschaftlichen Milieubildung der einen, die weiterhin die traditionellen Felder der Missionswissenschaft wie Missionsgeschichte und Missionstheologie (und ihre Geschichte) zu behandeln für wichtig halten, und der anderen, die überwiegend diskursorientiert und häufig auf der Basis postkolonialer Theoriebildung und poststrukturalistischen Denkens arbeiten, wobei hier die Versuchung nicht fern liegt, in Teichen zu fischen, in denen sich z. B. Soziologie, Philosophie und Kulturanthropologie professioneller bewegen.

14 Dehn, Weltweites Christentum.

15 Vgl. Walter Hollenweger, Interkulturelle Theologie I: Erfahrungen der Leibhaftigkeit, München 1979; Interkulturelle Theologie II: Umgang mit Mythen, München 1982; Interkulturelle Theologie III: Geist und Materie, München 1988.

4. Interkulturelle Theologie als Methodenkonglomerat

Neben der interdisziplinären Öffnung ist eine Verschränkung mit theologischen Feldern gemeint, die auch interreligiösen Dialog, Theologie der Religionen und andere Schnittmengen hin zum »anderen« Verständnis der Interkulturellen Theologie beinhalten kann. Interkulturelle Theologie als die Wahrnehmungswissenschaft vom weltweiten Christentum und seiner Geschichte in ihren interreligiösen und interkulturellen Vernetzungen ist insofern ein Methodenkonglomerat und eine Disziplinenbezeichnung, dies auch im Blick auf die innertheologische Zusammenarbeit mit den historischen Disziplinen und mit der Systematischen Theologie/Fundamentaltheologie, zumal wenn es um Gebiete geht, in denen eindeutige Forschungsvorsprünge vorhanden sind: kontextuelle Klärungen von Bibelstellen in den exegetischen Fächern, Ritual- und Performanzforschung in der Praktischen Theologie, wissenschaftstheoretische Fragestellungen und religionstheologische Fragestellungen in der Systematischen Theologie und in der Fundamentaltheologie sowie die Debatte über Interkulturelle Theologie als deskriptiv-analytische Wahrnehmungswissenschaft oder als normativ beurteilende Disziplin. Dies führt zu einer thematischen Auffächerung des Fachs in die Behandlung der Ausbreitungsgeschichte des Christentums (»polyzentrische Strukturen der Christentumsgeschichte«)[16], der damit verbundenen oder nachträglich konstruierten missionstheologischen Konzepte (traditionell: Missionswissenschaft), des Primärmaterials der theologischen Entwürfe in südlichen Kontinenten sowie der postkolonialen Theologien und Theorien, Kulturtheorien, die in der Wahrnehmung weltweiten Christentums hilfreich sein können, und anderer Themen, die sich im Zusammenhang des ökumenischen Horizonts (einschließlich des Ökumenischen Rates der Kirchen und anderer internationaler Organisationen) des Christentums ergeben. In diesem Sinne ist auch das Fach Missionswissenschaft in seiner historischen Dimension in diesem Fach aufgehoben.

Insgesamt halte ich die Umbenennung des Fachs Missionswissenschaft in Interkulturelle Theologie für sinnvoll, ebenso wie ich die gleichlautende Umbenennung der Zeitschrift für Mission 2008 mitgetragen habe, jedoch wird sich zeigen müssen, ob die unübersehbaren disziplinenpolitischen Vorteile dieser Um-

16 Vgl. dazu den programmatischen Band Klaus Koschorke/Adrian Hermann (Hg.), Polyzentrische Strukturen in der Geschichte des Weltchristentums/Polycentric Structures in the History of World Christianity, Wiesbaden 2014.

benennung (Akzeptanz des Fachs, Umbenennung der meisten einschlägigen Professuren und der Fachgruppe in der WGTh etc.) die inhaltlichen Ambivalenzen aufwiegen.

ABSTRACT

In this short paper I try to rethink the term Intercultural Theology once again after it has been introduced around 15 years ago to replace/update the term missiology/mission studies. The paper reconsiders some international reactions to the new term and points out the ambiguities which come along with »culture« not less than with »mission«. Moreover, »third world« has been replaced by new terminologies like global south, two thirds world, majority world etc. and by trying to be politically correct introduced a new essentialism or perpetuated the old one. Finally it is argued that in talking about Intercultural Theology the multi-disciplinarity of the field is stressed which opens new doors to cooperations across the scholarly world and may generate a strengthened reputation.

The Anti »Love Jihad« Laws in India: An attempt towards the Saffronization of Women

John V. Mathew

Introduction

In a context where the Indian polity is deeply entrenched in an economic crisis and extremely polarized in all its democratic institutions, Hindutva ideology espoused by the current political regime has entered into every corridor of the country's democratic institution. Its goal of conversion of culture into religion has inevitably led to the conversion of religion into politics. The religious nationalist ideology as adhered by the present regime exercises the power of culture to dominate and homogenize traditions and life of the citizens of our nation into a majoritarian Hindu world view.

India as a nation, presently is at a juncture where the state not only tells us who we can fall in love with and with whom we can't, it also dictates our individual and community's food habits, in terms of which meat we can eat and by eating of which food we can land up in jail. Presently, we see the use of draconian anti-sedition laws for political persecution and vendetta. Indian state laws such as the *The Unlawful Activities (Prevention) Act, 1967* (UAPA),[1] *The National Security Act* (NSA),[2] section 124A of *The Indian Penal Code* (IPC)[3] are used to target

1 This law was enacted to empower Indian central agencies and states to deal with terrorist activities.

2 This act was enacted in 1980 to empower the Indian Central Government and State Governments to detain a person so as to prevent him/her from acting in any manner prejudicial to the defence of India, the relations of India with foreign powers, or the security of India and public order.

3 It is the official criminal code of India and covers all areas of criminal laws. Section 124 A of this Penal Code deals with sedition.

dissenters by law enforcement agencies who are in complicity with the present central government. Sedition charges are used to criminalize and quieten anyone who criticizes the executive. The draconian anti-sedition laws such as UAPA, can land someone in jail without even a ›credible‹ reason and we see examples such as social activists Fr. Stan Swamy[4] being put in jail in October 2020 and who died while the case was being heard on 5th July 2021. All these incidents have put India under the category of ›partly free‹ country by the Freedom House in their ›*Annual Freedom in the World Report*‹ on people's access to political rights and civil liberties.[5]

The anti ›love jihad‹[6] Ordinance being promulgated in the Indian state of Uttar Pradesh[7] in 2020 (and recently a similar bill was passed in the state of Madhya Pradesh)[8] and also being planned to be implemented in other Bharatiya Janata Party (BJP)[9] ruled states is a glaring example of the attempt by the Hindutva brigade ruled states to reinstate and perpetuate Brahminical[10] patriarchal dominance in our nation through the control of women's agency and freedom of will. This is achieved by creating an ›imaginative enemy‹ in the personhood of Muslim men, through a process of cultural imagination of a ›masculine Hindu‹ who is potent enough to protect his religion and culture. This is primarily achieved by whipping up religious emotions among the Hindus in the form of a ›religious and cultural reminiscence‹ of a bygone glorious Hindu past. The Rashtriya Swayamsevak Sangh (RSS)[11] recently resolved to extend its full support to those states which have enacted the ›love jihad‹ laws.[12]

This article argues that the current issue of anti ›love jihad‹ legislation promulgated in the BJP ruled state of Uttar Pradesh, intersects with the way Hindutva

4 Father Stan Lourduswamy, who is also known as Stan Swamy, is a Roman catholic priest of the Jesuit Order. He is an activist for the tribal community in central Indian state of Jharkhand.
5 https://freedomhouse.org/countries/freedom-world/scores/ (21.3.2021).
6 ›Love Jihad‹ is an allegation propounded by the Hindutva movement to target members of the Muslim community in India, especially men who are involved in interfaith marriages.
7 The Ordinance will become a law once the governor gives the assent.
8 The bill known as the ›Madhya Pradesh Freedom of Religion Bill, 2021‹ was passed on 8.3.2021 by the Madhya Pradesh state Assembly.
9 The current ruling political party of the Republic of India.
10 The upper caste Brahmin ideology of religious and social supremacy and domination perpetuated through the caste system.
11 RSS is a right-wing Hindu nationalist organization which is the parent organization of the Sangh Parivar; the umbrella organization which embraces the Hindutva ideology.
12 https://timesofindia.indiatimes.com/india/rss-to-back-anti-love-jihad-laws-looks-to-repackage-narrative-of-bharat/articleshow/81606563.cms/ (21.3.2021).

ideology views the Muslim community and the orthodox Brahminical Hindu understanding of women. Brahminical male Hinduism created and legitimized the norms for family and social life especially in relation to Hindu women. This intersection has in a sense led to the *Saffronization*[13] *of Hindu women.*

In this article we shall make a study of the Orthodox Brahminical Hindu view of women and the approach of Hindutva ideology towards other faiths especially Islam. We begin with a brief analysis of the anti ›love jihad‹ Ordinance promulgated in the BJP ruled state of Uttar Pradesh and other states.

The anti ›Love Jihad‹ Ordinance

The Uttar Pradesh BJP government recently passed the ›love jihad‹ Ordinance (or in its legal parlance, *The Uttar Pradesh Prohibition of Unlawful Religious Conversion Ordinance, 2020*) which primarily aims to stop Muslim men from marrying Hindu women after converting them to the Islamic faith. Other Indian states such as Karnataka, where the Hindu right-wing nationalist BJP party is ruling, is also mulling to introduce a similar law.

›Love Jihad‹ is a political conspiracy to target and demonize the Muslim minorities. The Ordinance passed is a means to disrupt the multiple inter-religious marriages and relationships that exist in our nation. These new laws being planned and already implemented by the BJP ruled states on ›love jihad‹, attempt to portray the marriage of Muslims with partners of other religions especially with Hindu women as ›*jihad*‹ or holy war.[14] These laws alter the relationship between citizens and the state as the state intrudes into the lives of its citizens. It is similar to the ›Talibanization‹ of Muslim dominated countries wherein quasi-religious and political entities consider their religious moral responsibility to police ›love‹ between interfaith couples. This ›Talibanization‹ of society has happened in those countries where religion is integrated into their constitution.

13 It refers to the politics of the right-wing Hindu nationalist who espouse the Hindutva ideology. As Saffron is the color associated with Hindu religion, the political and cultural ideology adopted by Hindutva nationalist is thus termed as *Saffronization*.

14 Swaminathan S. Anklesaria Aiyar, Apex Court needs to strike down ›love jihad‹ laws, in: The Times of India Newspaper (6.12.2020), 14.

Robin David points out that »laws based on love jihad conspiracies may end up legally persecuting many interfaith couples«.[15] The so-called moral policing by the BJP ruled state governments will get a legal binding and support. Swaminathan Aiyar has argued that a secular state cannot let a government official decide which religion a citizen can subscribe to.[16] The Constitution of our nation guarantees freedom to its citizens in terms of individual rights. But as Aiyar points out »group rights are politics«. Politicians often concede to rights demanded by religious or caste groups for their vote bank and political mileage. Thus »individual rights do not have the same political clout«.

New laws being planned by the BJP ruled state governments echo the language of the *Himachal Pradesh Freedom of Religion Act, 2019.* Section 7 of the Himachal Pradesh state Act requires an individual who wishes to convert to another religion, submit to the District Magistrate, a declaration of intention to convert freely and without coercion from one religion to another. It solely outlaws conversion for marriage. The Act further requires the priest or the religious figure presiding over the conversion to give a month's notice to the District Magistrate.

The use of inducements or force as a means of religious conversion has been a crime for decades. Often the courts have refused convictions because the word ›inducement‹ is being vaguely defined. The Himachal Pradesh state law thus defined it in detail as »any temptation in the form of any gift or gratification or material benefit, either in cash or kind or employment, free education in reputed schools run by any religious body, easy money, better lifestyle, divine pleasure or otherwise«. This definition can be used to jail anyone. However, one can argue that every individual who is converted believes that he/she is moving to a »superior divine order«. Hence, as Swaminathan Aiyar argues, how can the promise of »divine pleasure« be called illegal inducement?[17] Furthermore, when the Indian Constitution[18] entitles the minority communities such as the Christians and Muslims to give priority to their community members in admission to their schools or educational institutions, how can the new law make this criminal. Most of all, the new law makes inducement a cognizable, non-bailable offence. The onus is not on the police or any state agency to prove the crime but on the defendants to prove their innocence. This in essence facilitates the »most blatant misuse of

15 Robin David, India Joins the Love Police, in: The Times of India Newspaper (21.12.2020), 15.
16 Aiyar, Apex Court, 14.
17 Aiyar, Apex Court, 14.
18 Article 29 and 30 of the Indian Constitution.

law«.[19] The Himachal Pradesh state Act also makes the offence as non-bailable and cognizable and that the police can search or arrest an individual without a warrant from the Court.

The *Uttar Pradesh Prohibition of Unlawful Religious Conversion Ordinance* passed in 2020, prohibits conversion for marriage even if an individual has testified to have done willfully, except when prior sanction has been obtained. Section 5 of the Himachal Pradesh state Act and Section 3 of the Uttar Pradesh Ordinance declare that »marriages for the sole purpose of conversion« will be null and void. The Uttar Pradesh state Ordinance goes even further than the Himachal Pradesh state Act by shifting the burden of proof regarding conversion from the converted to his/her partner. This thereby legitimizes the intrusion of the state in the choice of whom an individual wishes to choose as a life partner. Even though there is the provision of the *Special Marriage Act*, 1954, wherein the interfaith couples could get married, yet there are practical issues in relation to it.[20]

The Uttar Pradesh state Ordinance[21] and the Himachal Pradesh state legislation assume that women have no agency, that women are incompetent, have lower mental capacity and are incapable of understanding what they are doing. These laws are ingrained in fear. It perpetuates the wrong idea of Muslim men as sexual predators. This is in a sense, the continuation of the Brahminical patriarchal[22] understanding of women in Hinduism. Furthermore, in the light of these legislations, the alleged ›love jihad‹ is taken as a symbol of a larger humiliation and victimization of Hinduism by Islam.

19 Aiyar, Apex Court, 14.

20 In India, two individuals belonging to different religious traditions can marry under the ›Special Marriage Act‹ (Special Marriage Act, No. 43 of 1954). Under this Act, an interfaith couple can marry as the Act provides for a »special form of marriage« – a civil marriage conducted by a registrar appointed by the state that is available to all persons in India, irrespective of the religion, caste, or faith to which either party belongs (Special Marriage Act, No. 43 of 1954, section 1(2). However, there are certain procedural roadblocks, like giving a 30-day written notice to the marriage registrar and putting up the notice at a public place. There have also been numerous instances of the interfaith couples being subjected to harassment by the local officials during the registration process, and also public harassment by religious groups objecting to interreligious marriages. The right-wing groups peddle fake news, and we have vigilante groups who intimidate interfaith couples and also stop interfaith marriages.

21 There are certain problems which are inherent in the Uttar Pradesh Ordinance. The Supreme Court ruling in the Hadiya case, in unequivocal voice asserted that the Right to Marriage is a fundamental right within the ambit of Article 21 of the Indian Constitution. The court ruling also asserted that the right to convert is part of the fundamental Right of Choice.

22 Brahminical patriarchy perpetuates both the evils of the caste system and patriarchy in the Indian social structure.

At this juncture, it would be pertinent to make a brief historical study of Hindu Brahminical understanding of women, followed by how Hindutva ideology views other religions especially Islam.

Women in Brahminical Hinduism

Hinduism, as a way of life has been governed by its earliest scriptures like Vedas, Upanishads, Smritis and Puranas, and hence their cultural practices, beliefs and attitudes are influenced directly or indirectly by these scriptures.[23] Hindu scriptures have on the whole maintained an ambivalent discordant view on women.[24] Ancient Hindu scriptures like the Vedas and Upanishads show profound respect for women and the feminine principle. We begin from the Rigvedic period (1500 BCE). During this period, there was considerable complementarity between men and women. We find that even the gods acknowledge the importance of a woman's role as wife and mother. The gods would receive offerings only in those homes where a wife was present as she was considered to be »half the ritual«.[25] We also find several female *rishis*[26] such as Lopamudra who composed Vedic hymns.[27] But by the tenth book of the Rigveda, we see the establishment of a hierarchy. Rigveda 10.90 describes the caste system and Rigveda 10.85, which is a wedding hymn, states that preference was to be given to sons, for a woman was to be the mother of males.

We see that ritual specialization took place during the middle and late Vedic periods (1200–400 BCE). Performance of rituals became the preserve of Brahmin male priests.[28] Furthermore the bifurcation of rituals into public and private spheres confined the upper caste's women's ritual activity to the domestic sphere. Thus most girls were taught only the basic rituals and *mantras*[29] that

23 Hari Priya Pathak, Hinduism and Women Religious Beliefs and Practices, in: Research Association for Interdisciplinary Studies (June 2019), 228–235, here: 228.
24 See for a detailed study of this anomaly, Anantanand Rambachan, A Hindu Perspective, https://www.sunypress.edu/pdf/60256.pdf/ (13.3.2021).
25 Satapatha Brahmana 1.3.1.12.
26 Hindu sage. For a study of Hindu female gurus, Karen Pechilis (ed.), The Graceful Guru: Hindu Female Gurus in India and the United States, New York 2004.
27 Rigveda 1.179; 5.28; 8.91; 10.39–40.
28 Katherine K. Young, Women and Hinduism, in: Arvind Sharma (ed.), Women in Indian Religions, New Delhi 2002, 3–37, here: 6.
29 Religious invocation or incantation uttered during the Hindu rituals.

were needed for domestic worship and those which were needed for their roles in the public (*srauta*) rituals. But an exception to this is the case of some women, the *brahmavadinis*[30], who underwent the *upanayana*[31] rituals and the subsequent Vedic study.[32] In the Vedic literature, we also come across few women who are known to be intellectually inquisitive. For example, we see the figure of Gargi in the Upanishads[33], who challenged Yajnavalkya in a philosophical debate at a great sacrifice. We also come across Maitreyi, who is called a *brahmavadini* in Brhadaranyaka Upanishad 4.5.15. We can thus argue that women in some circles formally studied the Vedas.

Over a period of time, marriage was becoming the sole identity marker for a woman. Katherine Young points out that, for other women especially the *sadyovadhus*,[34] only the *upanayana* ritual was performed and only at the time of marriage as well.[35] During the *srauta* rituals that are public rituals, the wife had some mandatory *mantras* and acts (involving the preparation of food, cleaning the ritual space). She was seated by the householder's fire (*garhapatya*).[36] Hence »the link of the wife to the symbolism of the domestic fire« asserts that women's space is being limited to the realm of the house.[37] Women's involvement in public rituals was considered as potentially powerful due to women's power of fertility. This was due to the reason that the wife infused her power of sexuality and fertility into the ritual in order to provide energy for progeny, cattle, crops and rain.[38] Hence we see an ambiguity in the role of the women during the Vedic rituals. We find both the »marginality of female word and gesture in the rituals« as well as the importance of women's fertility/fecundity power on the effectiveness of the ritual.[39] The concept of *Stridhan* or later known as dowry also came into practice by the later Vedic Period wherein money or other gifts like ornaments were given

30 The women ascetics.
31 Also known as the ›twice-born‹ ritual, which takes place at the beginning of the Vedic studies undertaken by the Upper three castes members.
32 Young, Women and Hinduism, 7.
33 The last section of the Vedas constitutes the religious and philosophical treatises.
34 Woman who got married immediately after her sacred thread ceremony.
35 Hari Priya Pathak, Hinduism and Women Religious Beliefs, 229; Young, Women and Hinduism, 7.
36 I. e. one of the three fires on the Vedic altar.
37 Young, Women and Hinduism, 7.
38 Stephanie W. Jamison, Sacrificed Wife/Sacrificer's Wife: Women, Ritual and Hospitality in Ancient India, New York 1996, 53–55.
39 Young, Women and Hinduism, 8.

to a woman during her marriage.[40] Young points out that as the categories of pure and impure became more crucial in the Brahmanas,[41] »the spatial confinement and sub-ordination of elite women increased«.[42] Their subordination was exerted in terms of non-entry into the assembly, eating food after their husband had eaten, no right to inheritance and segregation during the time of menstruation.[43]

During the classical period of Hinduism (400 BCE–400 CE), Vedic religion was in a decline. There was a decreasing status in the position and portrayal of upper caste women. Their role changed considerably during the Vedic ritual which can be gauged by the fact that whereas once their womb was understood as the fertile field, but now it had become a »vessel for the male seed«.[44] Furthermore, in the earlier period, women's fertility was emphasized but now emphasis was given to their impurity. The whole concept of purity/pollution was now applied to the control over women's body. Women were married before puberty, so that there can be control over women to ensure that their purity grew.[45] During this period there was a stark preference for sons as it was a belief that a man could attain heaven only if his son had performed his cremation.[46] Furthermore, due to the fact of lack of education among upper caste women, the texts began to call them *avidya* (without knowledge). Women were now linked to the Sudras (the lower castes). Women were now gradually restricted in their religious public participation, and their role within the domestic sphere became more rigid.[47]

An anomaly occurred during this classical period. Brahmanism considered itself as the highest caste in lieu of their superior learning, but yet »Brahmin women were likened to Sudras and were inferior by lack of learning«.[48] One of the means which was employed to resolve this contradiction was that »the high status of Brahmin women was defined instead by their purity and chastity«.[49] In this

40 Hari Priya Pathak, Hinduism and Women Religious Beliefs, 230.
41 A collection of explanations of rituals attached to the samhita portion of the Vedas.
42 Young, Women and Hinduism, 8.
43 Sakuntala Rao Shastri, Women in the Vedic Age, Bombay 1969, 74–85.
44 Young, Women and Hinduism, 9.
45 Young, Women and Hinduism, 9.
46 Hari Priya Pathak, Hinduism and Women Religious Beliefs, 231.
47 Leona M. Anderson, Women in Hindu Traditions, in: id. (ed.), Women and Religious Traditions, Oxford 2004, 1–44, here: 9.
48 Young, Women and Hinduism, 10; Anantanand Rambachan, A Hindu Perspective, 24.
49 Young, Women and Hinduism, 10

context of Brahmin men's status being defined by the purity and chastity of their women folk, this meant that Brahmins wanted to control women's sexuality.[50]

There was a gradual decline in the status of Hindu women by the time of Manu, the Hindu law giver (100 BCE–200 CE). Manu in his Manusmriti, equated the ritual of marriage with the ritual of *upanayana* for men. A woman's service to her husband was equated with a male student's service to his teacher and her household duties and tasks with the *srauta* (public) rituals performed by a man. Manu further asserted that sacrifices, vows, fasts must not be performed by a woman apart from her husband.[51] Manu also undermined the independence of women by asserting in an often quoted verse that a girl, a young woman, or even an old woman must not do anything independently, even in their own homes.[52] In 9.3 of Manusmriti he prescribes that »Her father protects (her) in childhood, her husband protects (her) in youth, and her sons protect (her) in old age; a woman is never fit for independence«. Further, in 5.154, Manu states that, »though destitute of virtue, or seeking pleasure elsewhere, or devoid of good qualities, a husband must be constantly worshipped as a god by a faithful wife«. Women's agency and individuality were thus denied by Manu.

During the late classical age of Hinduism, Goddesses and the epic heroines became a model for the human wives. From this period onwards, two popular and important divine models of the good wife have been Sita and Sati-Parvati. These wife-goddesses represented an ›ascetic sexuality‹, that is a sexuality controlled by their husbands. This was parallel to the control of the upper caste human wives by their husbands.[53] The life cycle of the wife of an upper caste or a ›twice born‹ man was epitomized in the idea that for a woman, her husband was her god, especially through the way Sita was portrayed in Valmiki's Ramayana as a *pati-vrata* or a faithful-dutiful wife.

These ideals of a married woman still prevail in our modern Indian society and are being re-instated by the Hindutva ideology. The word *pati* in fact meant husband or god. In the present-day context of ›love jihad‹ and the ideological/religious battle between the Hindu gods and the Muslim god, it is logically for us to question how a Hindu wife or a converted Hindu woman could call her Muslim husband as a *pati* or god/lord. Hence one can argue when the Hindu Brahminical

50 Young, Women and Hinduism, 10.
51 Manusmriti 5.155.
52 Manusmriti 5.147–148.
53 Young, Women and Hinduism, 12, end note 17.

texts prescribe that a Hindu woman must worship her husband as a god, how then can she worship her Muslim husband?

There is also an inherent fear in the minds of those who adhere to the Hindutva ideology, that if Hindu women marry Muslim men and are converted to Islam, then there will be less women to be married off to Hindu men, which in fact would affect the attainment of *dharma*,[54] *artha*[55] and *kama*,[56] the three *purusarthas*[57] of Hinduism. As the married wife whose husband is alive is the ideal carrier and bestower of auspiciousness in Hinduism, she alone participates with her husband in the activities to achieve the goals of *dharma*, *artha* and *kama*.[58] There is also this inherent fear of losing the economic and financial position of the Hindu family as according to Manu 5.150, a rightful duty of the wife was to help fulfill a man's quest for prosperity (*artha*). She is exhorted to be thrifty, manage a man's worldly possessions and be economical in expenditure.

During the medieval period, child marriage, *purdah*, restrictions on women's education and free movement were reinforced and became part of Hindu society, primarily due to the fear of abduction and molestation by Muslim invaders. At present we see a similar inherent fear among the Brahminical orthodox Hindus about this historical past being repeated again through the alleged ›love jihad‹. Hence we also need to read the anti ›love jihad‹ laws in the light of this ›collective fear‹ that many Hindus have.

However, we note a divergence or a counter movement with regard to the status of women during the medieval bhakti[59] period among the bhakti sects. The bhakti sects had themes of universalism, and their teachings were open to women and all castes. They made women and sudras[60] the exemplars of humble devotion and service to God. There were a number of women saints who defiled the marital system by refusing to marry or leaving their husbands altogether, such as Karikkal Ammaiyar, Andal, Mahadevi and Mirabai. Most of these medieval female saints were religious poets. Similarly, in the contemporary context of In-

54 The religious goal of human life of a Hindu person.
55 The economic goal of human life of a Hindu person.
56 The emotional and aesthetic goal of human life of a Hindu person.
57 The four goals/aims of human life for a Hindu person.
58 Vasudha Narayanan, Hindu Perceptions of Auspiciousness and Sexuality, in: Jeanne Becher (ed.), Women, Religion and Sexuality, Geneva 1990, 64–92, here: 66.
59 The Hindu devotional movement which took place during the medieval period.
60 The ›low caste‹ community in the Hindu caste system.

dia, we find a number of female gurus who have taken up religious leadership and have started a number of organizations.[61]

During the pre-independence period of Indian history, we see that one of the ways the British Raj legitimized its political rule over India was by the critique of Hindu womanhood. We also note that during this period, the Christian missionaries had proselytized by attacking Hinduism's treatment of women. This in turn led to the initiation of reforms with respect to the status and position of women by Brahmin men such as R. G. Ranade, Raja Rammohan Roy, Dayananda Saraswati and K. C. Sen. They criticized the upper caste practices such as child marriage, polygamy, domestic confinement, seclusion, lack of education, treatment of widows and *Sati*.[62]

In the present-day context of India, we see that Muslims are being used as a social and religious ›reason‹ to achieve nationalistic unity in Hindu terms. The critiques of Hindutva ideology have asserted that this attempt functions »as a displacement of Hindu women's own anger against Hindu men on to Muslim men«.[63] This in turn changes the perpetrator of crimes against Hindu women from Hindu men to Muslim men. Hence the anti ›love jihad‹ laws are in a way an attempt by the Hindutva brigade to shift the blame of their crime against Hindu women onto the Muslim men.

We note that orthodox Hinduism debars a woman from ritual roles and leadership in religious matters because of the belief that women become polluted during their biological life cycles, namely menstruation and childbirth.[64] Furthermore, the process of *Sanskritization*[65] has led even the non-Brahminical traditions to imbibe orthodox Brahminical views and practices regarding women as they aspire to ascend the ladder of caste hierarchy by adopting values of the Brahminical caste society.

Even though there are certain roles given to women in the Hindutva organizations like the RSS, yet we see that women in these movements base their

61 See for a detailed study on contemporary female gurus, Marie-Thérèse Charpentier, Indian Female Gurus in Contemporary Hinduism, Finland 2010.
62 The practice of self-immolation by the Hindu widow in the funeral pyre of her deceased husband.
63 Young, Women and Hinduism, 25.
64 Vasudha Narayanan, Hindu Perceptions of Auspiciousness and Sexuality, 85–88.
65 A term coined by M. N. Srinivas. It refers to the mechanism by which caste or tribes placed lower in the caste hierarchy seek upward mobility by adopting/emulating the rituals and practices of the upper castes.

participation on supporting women's traditional roles in family and homes.[66] In the RSS and BJP literature, we find replete with images of mother and consort goddesses like Sita and Savitri which invokes the idea of a Hindu women who is chaste, devout, pure and obedient to her family needs.[67]

The construction of masculinity and the militant idea of a male warrior in the narratives of Hindutva ideology has played a key role in limiting women's individuality and public as well as political participation.[68] The Hindutva organizations have maintained the *status quo* with respect to the orthodox Brahminical view of women,[69] which we had earlier studied.

We see a paradox in the Hindu society with respect to the status of women. On the one hand women are worshipped as Goddesses like Shakti especially during the Durga pooja festival, but on the other hand the Hindu Brahminical society considers women as the weaker sex, emotionally, intellectually, as well as physically.

At this juncture, it would be apt for us to briefly analyse Hindutva ideology and their understanding of people of other religions especially Islam from the writings of the two important ideologues of Hindutva, namely V. D. Savarkar and M. S. Golwalkar.

Hindutva Ideology: A Brief Study

The rise of the Hindutva movement is one of the most important phenomena of the 21st century in India. From the time the BJP government under Narendra Modi came to power at the centre in 2014, the Hindutva forces have increased the intensity of their activities in order to fulfill their agenda of achieving a Hindu

66 Catherine A. Robinson, Tradition and Liberation: The Hindu Tradition in the Indian Women's Movement, New York 1999, 188–189.
67 Leona M. Anderson, Women in Hindu Traditions, 32.
68 Sikata Banerjee, Gender and Nationalism: The Masculinization of Hinduism and Female Political Participation in India, in: Women's Studies International Forum 26/2 (2003), 167–179; Tanika Sarkar/Urvashi Butalia, Women and the Hindu right, New Delhi 1995.
69 For a detailed study on this issue refer to, Tanika Sarkar, Heroic Women, Mother Goddesses: Family and Organization in Hindutva Politics, in: Christophe Jaffrelot (ed.), The Sangh Parivar: A Reader, New Delhi 2005, 148–177.

nationhood. After the demolition of the Babri Masjid[70] at Ayodhya in 1992, Hindutva ideology has been able to gain its currency and popularity and has permeated every sphere of India's cultural and political life especially after 2014. Furthermore, after the BJP came to power for the third time in 2019, the Hindutva brigade has intensified its activities against the religious minorities through the enactment of the *Citizenship Amendment Act*, that led to increased cases of mob lynching, the ban on beef meat in BJP ruled states, the house arrest and the murder of various intellectuals who air their anti-government views. Furthermore, we see that Hindu majoritarian bias now pervades the entire Indian bureaucracy, security forces, parliamentary institutions, judiciary, prisons, academic institutions, media and cultural organizations, intelligence agencies and the police. Their activities have resulted in numerous instances of atrocities against the religious minorities. These acts of violence and ideological onslaught have attempted to destroy the very democratic, pluralist and secular fabric of Indian society.

Hindutva ideology[71] may be traced back to the Vedic era, where we see a combination of religion, culture and race. It was re-constituted during the British colonial period in the context of subjugation of the majority Hindus in their homeland especially by Muslim and British rulers (politically) and by Islam and Christianity (religiously) as masculine powerful Muslim/British versus complex plural effeminate Indians.[72] While Swami Vivekananda became the symbol of religious triumph over Christianity (post World Parliament of Religions, 1893), Dayananda Saraswati (the founder of Arya Samaj) and V. D. Savarkar infused the militant spirit into it. Vivekananda emphasized the spiritual strength of Hindu tradition, whereas Savarkar adopted a territorial integration within a cultural framework based on common territory (*Rashtra*), common birth (*Jati*) and common civilization (*Sanskriti*).[73]

However, we see that in the modern period Hindutva found a revival beginning in the 1990s.

70 The proponents of Hindutva ideology believe that the Babri Masjid was built by the Muslim Mu-ghal ruler Babur in 16th century C. E. at Ayodhya, by destroying an already existing temple which marked the birthplace of the Hindu god Ram.

71 For a detailed study on Hindutva ideology refer to Rodinmawia Ralte, Hindus and Hindutva: Hindu Tolerance, Hindutva Exclusivism, Emergence of Assertive Hinduism, Taiwan 2014.

72 Ashish Nandy, The Intimate Enemy: Loss and Recovery of Self under Colonialism, Delhi 1983.

73 Lise McKean, Divine Enterprise: Gurus and the Hindu Nationalist Movement, Chicago 1996, 71–96.

Four events which occurred in the 1990s marked this phenomenon.[74]

1. The demolition of the Babri Masjid in 1992, which dated back to the 16th century, to enable the building of a Ram temple.
2. During the post Mandal period, the Hindutva ideology got strengthened after fearing the assertion of the lower castes who were entitled to reservation in jobs and the educational sector.
3. Widespread anti-Christian and anti-Muslim communal violence in Orissa and Gujarat.
4. The subsequent rise of the Hindu Right to political power in 1996, 1998–2004, 2014 and since 2019.

Hindutva essentially means ›Hinduness‹. It is an attempt to showcase and enforce Hindu religious beliefs and practices, as a uniform homogenized social, religious, cultural and political way of life on the Indian masses. It aims to establish a Hindu pan-Indian political entity in the guise of Hindu *Rashtra* that is Hindu nation.[75] It is an ideology that drives Hindu nationalism[76] which seeks to establish a Hindu state in India. Their main goal is to establish the political, cultural and religious supremacy of Brahminical Hinduism and to create a single, collective identity for Indians under Hindutva. They equate India with Hindu society in order to create a Hindu nation. The purpose of the state then is to defend and establish Hindu religious tenets to purify culture, transform society according to its tenets, and eliminate all those groups who do not fit into their design.[77] It gave rise to a militant fascist Hindu *Rashtra* or Hindu nation movement which has over the decades found a large following among the middle class and upper caste Hindus in northern, western and central states of India. This movement has been communal as well as intolerant and in violent opposition towards other religions,

74 Chetan Bhatt, Hindu Nationalism: Origins, Ideologies and Modern Myths, Oxford 2001, 168–170; 179–206.
75 Prakash Louis, The Emerging Hindutva Force: The Ascent of Hindu Nationalism, New Delhi 2000, 3.
76 Hindu nationalism under the banner of Hindutva ideology has been present in India for the past several decades under Rashtriya Swayamsevak Sangh (RSS), a cultural organization espousing the Hindutva ideology. The RSS, Vishva Hindu Parishad (VHP), Bharatiya Janata Party (BJP) and Bajrang Dal along with few allied Hindu fanatic groups form part of the Sangh Parivar, the unified entity through which the Hindutva ideology and its knavish activities are carried out.
77 Dibyesh Anand, Hindu Nationalism in India and the Politics of Fear, New York 2011, 1–5.

especially Islam and Christianity. It is seen by many political commentators as an Indian face of authoritarian and fascist ideology.

Salient Features of Hindutva Ideology

The proponents of Hindutva ideology focus on the cultural, philosophical, racial and geographical unity of that population who is united by the bond of Hinduness. Their dominant discourse is to reestablish the past glory, unity and integrity of Hinduism. Prakash Louis has very succinctly pointed out three ways through which this is implemented.[78]

Firstly, Hindutva ideology is an attempt to »enforce the upper caste hegemony and monopoly« so that the Brahminical hegemony and dominance could be enforced on the social, cultural and political life of our nation. This aspect of Hindutva ideology is very important to us especially in relation to the continued marginalization of women in Hinduism. Secondly, it is a systematic attempt to scuttle the emerging self-assertion movements from those communities[79] who were suppressed and marginalized historically by the upper castes of the Indian nation. And thirdly, Hindutva ideology is an attempt to exert ownership and control over the material resources of the nation by the elite Brahminical community.

Hindutva ideology also attempts to maintain a »culture of dominance« or status quo over the social political spheres of our nation »under the garb of religious ideology« through the medium of religious symbols and slogans.[80] It is also referred to in terms of »upper caste Brahminic Nationalism«.[81] But we also need to be cautious that the term Brahminism refers not only to the people who comprise the Brahmin community but it also refers to the ideology of the Brahminic way of life[82] as exemplified by the elite Hindus.[83]

The Hindutva brigade through their political arm, the Bharatiya Janata Party, is based on parliamentary lines which gives them a democratic face to enter into

78 Prakash Louis, The Emerging Hindutva Force, 4–5.
79 The Indian subaltern communities such as the Dalits, Tribals, Backward castes and women.
80 Prakash Louis, The Emerging Hindutva Force, 5.
81 G. Aloysius, Nationalism without a Nation in India, Delhi 1997, 2.
82 G. Aloysius, Nationalism without a Nation in India, 2.
83 Elite Hindus here refers to the Upper Caste Hindus, namely the Brahmins, the Kshatriyas and the Vaisyas.

every stream of society. But in reality, they wish to enforce a Presidential form of governance wherein the characteristics of fascist regime are quite similar to that of Hindutva. There is nostalgia for a glorified, unified, mythical past which comes into force in the cultural and political life of the nation. Those individuals and communities who do not conform to these myths come under their attack.[84] The glorious myths of the past are whipped up to appeal to the emotions and thus mobilize the Hindu community into a collective action. The ›Other‹, that is the religious minorities are considered as source of all ills that the nation/ Hindu religion is facing and on whom aggression and violence is unleashed. The aim of Hindutva ideology has been to unite all Hindus in a Hindu state based on religious nationalism. They propagate a single Hindu history, religion and nation. This is carried out through the creation of the myth of »nationalization of the masses«[85] wherein the process of ›Othering‹ takes place and the ›Other‹ is projected as ›the enemy‹ who is the primary cause for all the ills that our nation faces.[86] In the present context of ›love jihad‹ the ›Others‹ are represented by the Muslim community members.

The Hindutva religious nationalist ideology represents as R. Sahayadhas asserts a »deliberate use of the dominant religion laced with an extremist mode of discourse in order to impose a corporalist, religious/cultural identity on all those who inhabit this land [...]«.[87] Anyone who does not accept Indian culture and its cultural elements as their own, is projected as being disloyal to the nation, India. Hence Hindutva and patriotism are being identified in the same spirit and logic. It is rooted in Brahminic Hinduism with an exclusion, aimed »to create a Hindu nation through assimilation or exclusion of minorities«.[88] In this context, the religious minorities, namely Muslims and Christians are viewed with suspicion, they are persecuted and their rightful place in the nationhood is thus denied.[89]

The middle-class Hindus were the major group who were largely influenced by this xenophobic discourse of Hindu nationalism. Their saffron ideology was able to penetrate into the mindset of the Hindu middle class as they had lost sense

84 Prakash Louis, The Emerging Hindutva Force, 16.
85 Prakash Louis, The Emerging Hindutva Force, viii.
86 Prakash Louis, The Emerging Hindutva Force, viii.
87 R. Sahayadhas, Hindu Nationalism and the Indian Church: Towards an Ecclesiology in Conversation with Martin Luther, New Delhi 2013, 5.
88 R. Sahayadhas, Hindu Nationalism and the Indian Church, 6–7.
89 R. Sahayadhas, Hindu Nationalism and the Indian Church, 6.

of their identity in the context of the changing social and political scenario.[90] Hence the Hindutva brigade was able to mobilize this Hindu middle-class unit as a formidable force for defending the identity of the ›Hindu nation‹.

Hindutva understanding of other religions especially Islam

We find a clear picture of Hindutva understanding of other religions, especially Islam, in the writings of V. D. Savarkar[91] and M. S. Golwalkar. Savarkar is credited with being the first systematic thinker and ideologue to emphasize on the existence of multiple ›otherness‹ in the Indian polity.[92] He is also credited with presenting the first systematic exposition on the Hindutva ideology in his book, *Hindutva: Who is a Hindu?*

Savarkar's major contribution towards Hindutva ideology is his conceptualization of Hindu Nationhood based on the definition of ›Who is a Hindu‹. He conceptualized his concept of Hindutva in a Sanskrit couplet of which the key words used were ›*Pitrabhu*‹ (fatherland) and ›*Punyabhu*‹ (holyland). He used the word Hindutva to explain Hinduism in terms of an ethnic, cultural and political identity that forms an ›Akhand Bharat‹ (i.e. an undivided India). In Savarkar's idea of Hindutva, India belongs to Hindus alone, and Hindutva national identity rests on three pillars of geographical unity, racial features and a common culture.

In *Hindutva: Who is a Hindu?* Savarkar presented three cardinal elements or requisites of Hindutva[93] or Hinduness.

1. Hindus refers to those who are citizens of Hindustan or Hindu land, which refers to common citizenship.
2. It also refers to those who form one *jati* (Aryan race), that is those who are united by a common blood coming from the Vedic Fathers, the *Sindhus*. They belong to the Aryan race and for him, throughout the world, there is only one Aryan race.

90 Prakash Louis, The Emerging Hindutva Force, 6.
91 For a detailed study of Savarkar's understanding of Islam, Amalendu Misra, Savarkar and the Discourse on Islam in Pre-Independent India, Journal of Asian History 33/2 (1999), 142–184.
92 Amalendu Misra, Savarkar and the Discourse, 143.
93 V. D. Savarkar, Hindutva: Who is a Hindu, Bombay 1923/[5]1969, 84–92.

3. It also refers to those who pay a common homage to the Hindu *sanskriti*, that is the Hindu culture and to Sanskrit language which is the chosen means and expression of Hindu culture.

For Savarkar, the Muslims and Christians in India qualify under the first two points whether they were forcibly converted or not. He argues that »[…] their original Hindu blood is thus almost unaffected by an alien adulteration«,[94] yet they cannot be called Hindus because the third important element which is the cultural bond is absent for them.[95]

Savarkar includes the first and second characteristics in the term *Pitrabhu* (fatherland) and the third one in the term *Punyabhu* (holyland).[96] For him, a Hindu is one who looks about the land of the *Sindhu*, i. e. India as the land of their forefathers, as their fatherland (*Pitrabhu*). Furthermore, a Hindu is one who inherits the blood of that race which came to be known as Hindu people, and who claims as his/her own culture, the culture of that race which is »expressed chiefly in their common classical language Sanskrit and represented by a common history, a common literature, art and architecture, law and jurisprudence, rites and rituals […]« and above all one who addresses this land of India (*Sindhusthan*) as their holy land (*Punyabhu*).[97]

So for Savarkar, the three essentials of Hindutva are a) a common nation (*Rashtra*) b) a common race (*Jati*) and c) a common civilization (*Sanskriti*).[98] Savarkar also asserts that these essentials of Hindutva are the ideal essentials of nationality[99] and »the Hindus are about the only people who are blessed with these ideal conditions, that are at the same time incentive to national solidarity, cohesion and greatness«.[100]

In Savarkar's writings we also note that he argued Muslims could not be part of a united India as the Muslims would be called upon by their religion to convert or completely remove the non-Muslims in their notion of a nation.[101] He was of the view that the attitude of the Hindus towards the Muslims should be »distrust

94 Savarkar, Hindutva, 91.
95 Savarkar, Hindutva, 91–92.
96 Savarkar, Hindutva, 116.
97 Savarkar, Hindutva, 115–116.
98 Savarkar, Hindutva, 116.
99 Savarkar, Hindutva, 137.
100 Savarkar, Hindutva, 136.
101 Amalendu Misra, Savarkar and the Discourse, 170.

and watchfulness« in view of their anti-Hindu, anti-Indian and extra territorial designs.[102]

Savarkar's associate, Madhav Sadhashiv Golwalkar, further developed the concept of Hindutva in his book *We or Our Nationhood Defined*, first published in 1939.[103] He became the head of the RSS in 1940. He also brought out another book in 1966, named as *Bunch of Thoughts*[104] where his views on Hindutva are further elaborated. The three essentials of Hindutva expressed by Savarkar through the terms *Pitrabhu* (Fatherland) and *Punyabhu* (Holyland) were further expanded by Golwalkar in five different unities that characterized the Hindu nation, namely geographical (country), racial (race), religious (religion), cultural (culture) and linguistic (language).[105] Golwalkar was of the strong opinion that people of different races and cultures cannot be assimilated into one united whole.[106] For this he gave the example of Nazi Germany purging the Jews from its country.[107] He asserted that Hindu religion is the only religion to be called as worthy.[108] The Hindu race evolved a culture which is still the noblest in the world, despite its »degenerating contact« with the »debased civilizations« of Muslims and that of the Europeans.[109] For him, only those are nationalist patriots who aspire to glorify the Hindu race and nation next to their heart. Others who indulge in any activity which is detrimental to the Hindu nation are »traitors and enemies to the national cause«.[110]

Hence in Golwalkar's writings, we see that there is no room for diversity of religions and cultures. Those who are outside the five categories of Hinduism, »have no place in the national life, unless they abandon their differences [...] and completely merge themselves in the national race«.[111] As long as they maintain their racial, religious and cultural differences, they cannot but be only foreigners.[112] There is only one option left for the religious minorities in India, that they have to go through a complete naturalization process in all the five essentials or

102 Savarkar, Hindu Rashtravad, Rohtak 1945, 130.
103 M. S. Golwalkar, We or Our Nationhood Defined, Nagpur 1939/⁴1947.
104 Golwalkar, Bunch of Thoughts, Bangalore 1966.
105 Golwalkar, We or Our Nationhood Defined, 40.
106 Golwalkar, We or Our Nationhood Defined, 39–40.
107 Golwalkar, We or Our Nationhood Defined, 43.
108 Golwalkar, We or Our Nationhood Defined, 48.
109 Golwalkar, We or Our Nationhood Defined, 49.
110 Golwalkar, We or Our Nationhood Defined, 52.
111 Golwalkar, We or Our Nationhood Defined, 53.
112 Golwalkar, We or Our Nationhood Defined, 53.

else they cannot claim their rights as citizens of this country. Golwalkar asserts that there are only two options left to the foreign elements, i. e. non-Hindus, which is to either merge or assimilate themselves in the national race and adopt its culture or to live under the will of the national race that is Hindus.[113]

Thomas Hansen points out that the organizational mission of the *Sangh*[114] rests on its ability to actively define and defend Hindu nation against any extra territorial political and cultural threats, namely from the Muslims.[115] Savarkar in his writings had implicitly rebuked Hindu men not being manly enough to protect their women and hence their national honour.[116] Therefore Charu Gupta rightly asserts that »The politics of cultural virginity is inevitably shadowed by a myth of innocence, combined with a ranting of violation, invasion, seduction and rape«.[117]

In the Hindutva ideology »the nation is imagined as a woman and national honor is located in women's bodies«.[118] The notion of ›love jihad‹ and the fear of the alleged conversion that takes place of the Hindu women into the Islamic faith is in fact ingrained on this premise of Savarkar's and Golwalkar's understanding of non-Hindus and Hindu nation. Muslim men are thus being demonized as ›the Other‹, the enemy of the Hindu nation, who dared to pollute Indian womanhood[119] and hence that of the nation.

Savarkar and Golwalkar wanted the realization of a Hindu *Rashtra* (nation) in India. For them India should be a Hindu state and non-Hindus living here have no place in India unless they accommodate themselves with the Hindutva ideology. In the light of this, Nalunnakkal points out that »the sacredness of Mother India is today associated and almost exclusively identified with the inviolability of the ›Sanskritic‹ and Brahminic Hindu traditions«.[120] Any group or community which challenges the oppressive Brahminic ideologies and values are branded as anti-national and are thus targeted. Anyone who dares to challenge the Brahminic

113 Golwalkar, We or Our Nationhood Defined, 55–56.
114 The name given to the family of organizations which espouses the Hindutva ideology.
115 Thomas Hansen Bloom, The Saffron Wave: Democracy and Hindu Nationalism in Modern India, Princeton, NJ 1999, 78.
116 Sikata Banerjee, Gender and Nationalism, 175.
117 Charu Gupta, Hindu Women, Muslim Men: Love Jihad and Conversions, in: Economic and Political Weekly XLIV/51 (December 19, 2009), 15.
118 Sikata Banerjee, Gender and Nationalism, 178.
119 Charu Gupta, Hindu Women, Muslim Men, 14.
120 George Mathew Nalunnakkal, Marginalization of Minorities: Christian Perspectives, in: E. C. John/Samson Prabhakar (eds.), Christian Identity and Cultural Nationalism: Challenges and Opportunities, Bangalore 2006, 37–49, here: 48.

Hindutva ideology, be it in the form of identity politics against the caste system or people's movements for justice and human dignity, will face threat and even persecution.

Hence the Hindutva ideology has exhibited comfort and compliance with the existing social norms especially in relation to the traditional patriarchal Brahminical understanding of womanhood.

Conclusion

In the light of the above study, one can argue that Hindutva is a regressive identity politics, a politics that asserts the upper caste identity of patriarchal Hindu Brahminical society. The fascist agenda of cultural nationalism ushered in by the Hindutva ideology »with its ingredients of religious bigotry, ethnic cleansing and cultural genocide is being carried out by injecting a ›hate ideology‹ into the minds of people«.[121] Thus Hindutva is a »classical example of an identity politics where certain dominant identities are re-asserted by hating and annihilating marginal identities«,[122] especially the Muslim community in India. It is in this context of homogenized Hindu religious identity as asserted by the Hindutvavadis[123], that we need to analyse the anti ›love jihad‹ laws being promulgated in the BJP ruled states in India. These laws reinforce the Brahminical subordination of Hindu women and their agency to decide their choice of a life partner, and is an attempt towards the *Saffronization of women in India.*

In this context, we need to reaffirm and reinstate the position of women during the Upanishadic period and in the medieval Bhakti movement when women were given equal opportunity and dignity in terms of acquiring religious knowledge and divine experience. We can then circumvent the traditional Brahminical norms of womanhood as seen in the anti ›love jihad‹ laws.

(Dr. John V. Mathew is Professor at United Theological College, Bangalore, in the department of Religion, Culture and Society.)

121 Nalunnakkal, Marginalization of Minorities, 43.
122 Nalunnakkal, Marginalization of Minorities, 43.
123 A term referring to the followers of the Hindutva ideology.

ABSTRACT

Die Gesetze gegen den »Liebes-Dschihad«, die in den von der Bharatiya Janata Party (BJP) regierten Bundesstaaten Indiens seit 2020 erlassen werden, sind ein eklatantes Beispiel für den Versuch des derzeitigen politischen Regimes, muslimische Männer ins Visier zu nehmen und die brahmanische Kontrolle über hinduistische Frauen aufrechtzuerhalten. Die Gesetze wurden erlassen, um interreligiöse Ehen und Beziehungen in Indien zu kriminalisieren, und sie haben dazu geführt, dass der Staat in die persönliche Freiheit des Einzelnen eindringt. Einerseits werden die Potenz und Fruchtbarkeit der Frau als entscheidend für die Wirksamkeit religiöser Rituale angesehen. Andererseits werden Frauen weiterhin zur Unterordnung und räumlichen Eingrenzung gezwungen, vor allem aufgrund des patriarchalischen brahmanischen Konzepts von Reinheit und Verunreinigung, das der Kontrolle über den Körper der Frau dient.

Der Artikel argumentiert, dass diese Gesetze Teil eines Versuchs des brahmanischen Hinduismus sind, die religiöse und kulturelle Hegemonie über das indische Gemeinwesen durchzusetzen. Durch das Medium der drakonischen Anti-Minderheiten-Gesetze, die marginale Identitäten auslöschen und die Persönlichkeit der Hindu-Frauen beschneiden, wird von der Hindutva-Bewegung ein Versuch zur *Safranisierung* der Frauen in Indien unternommen.

Nathan Söderblom als Kommunikator: Genie und Grenze

Jobst Reller

I. Einführung

Die Bedeutung des schwedischen Erzbischofs Nathan Söderblom (1866–1931) bedarf an sich keiner Erwähnung. Das 100-jährige Jubiläum der Weltkirchenkonferenz »Life and Work« in Stockholm 1925–2025 oder der Friedensnobelpreis 1930 dürften ausreichen, um eine Erinnerung an ihn zu rechtfertigen. Geboren in Trönö in Nordschweden war Söderblom nach dem Studium in Uppsala 1883–1892 und der Ordination 1893 zunächst Krankenhauspfarrer in Uppsala, dann Pastor der schwedischen Kolonie in Paris bzw. Seemannspastor in Calais, Dunkerque und Boulogne von 1894 bis 1901. Die religionswissenschaftliche Promotion über den Mazdaismus verschaffte ihm 1901 eine Professur für »theologische Pränotionen und theologische Enzyklopädie« an der Universität Uppsala, 1912–1914 eine Professur für Religionswissenschaft an der theologischen Fakultät in Leipzig. 1914 wurde er überraschend zum Erzbischof von Uppsala ernannt. Dass ein derart totaler Lebenseinsatz oft auf mehreren Bühnen gleichzeitig an Söderbloms Gesundheit zehrte und er mit 65 Jahren an Herzversagen starb, verwundert nicht.

Bekannt ist Söderbloms Einsatz für die ökumenische Bewegung, die 1925 zur Zweigkonferenz »Life and Work« in Stockholm führte. Es ist spannend, anhand seines Briefwechsels von 1914 bis 1925 nachzuvollziehen, wie ihn seine Sensibilität für Not und sein Verantwortungsgefühl für das christliche Zeugnis von der erfolglosen Bemühung um einen Friedensappell aller christlichen Kirchen in Europa 1914 an weiterführten: über den Einsatz für Kriegsgefangene und verfolgte Armenier, einen Neuanfang ermöglichenden Friedensvertrag 1919 bis zur

Konferenz 1925.[1] Söderblom war von seiner pietistischen Herkunft her mit Missionsengagement aufgewachsen. Er verfolgte während seines Studiums als Redakteur des Mitteilungsblatts des als Studienzirkel fungierenden Studentenmissionsvereins in Uppsala (1888–1892) die damalige missionswissenschaftliche Debatte sehr genau. Söderblom verdankte der Mission viel: als wesentliches Lebensthema die Religionsgeschichte, ebenso die Delegation zur Studentenmissionskonferenz in Northfield/USA 1890 und dort die Bekanntschaft mit John Raleigh Mott (1865–1955). Die Weltmissionskonferenz von Edinburgh 1910 inspirierte und ermutigte ihn zur Konferenz »Life and Work« 1925. Als Erzbischof ließ er sich die persönliche Leitung der Mission der schwedischen Kirche nicht nehmen.[2]

In jüngster Zeit ist durch die verdienstvolle Editionstätigkeit Dietz Langes[3] auch Söderbloms Bedeutung als Religionswissenschaftler und systematischer Theologe wieder ins Licht getreten. Söderblom bejahte in der Auseinandersetzung mit der beginnenden Arbeiterbewegung früh einen Pluralismus der Weltanschauungen und rief zum engagierten »Wettbewerb« (schwed. *tävlan*) der verschiedenen Akteure und Anbieter einerseits bzw. zur angstfreien Zusammenarbeit (schwed. *samarbete*) andererseits auf. Dietz Lange urteilt:[4] Das »Begriffspaar Wettstreit (*tävlan*) und Kooperation (*samarbete*) [...] impliziert die innere Spannung von eigenem Wahrheitsanspruch und Toleranz. Diese Doppelbestimmung hat in den heute weit stärker pluralisierten Gesellschaften der westlichen Welt an Aktualität eher noch gewonnen. [...] sie setzt die Fähigkeit der Unterscheidung zwischen dem Wesentlichen, für das es sich zu streiten lohnt, und dem weniger Wesentlichen (wenn auch nicht Überflüssigen) voraus, über das man im Interesse eines friedlichen Zusammenlebens und der praktischen Zusammenarbeit zur Behebung konkreter Not hinwegsehen kann. Söderblom hat diese Unterscheidung

1 Dietz Lange, Nathan Söderblom. Brev – Lettres – Briefe – Letters. A selection from his correspondence, Göttingen 2006, 144ff passim.

2 Gunnar Dahlquist, Ärkebiskop Söderblom och missionen, in: Nils Karlström (Hg.), Nathan Söderblom in Memoriam, Stockholm 1931, 235–272, hier 237, 240f, 271.

3 Dietz Lange (Hg.), Nathan Söderblom. Ausgewählte Werke, Göttingen 2011ff; Bd. 1: Offenbarung und Religionen, 2011; Bd. 2: Christliche Frömmigkeit und Konfessionen, 2012; Bd. 3: Jesus in Geschichte und Gegenwart, 2014; Bd. 4: Der Prophet Martin Luther, 2015. Vgl. auch Ders., Brev – Lettres – Briefe – Letters.

4 Dietz Lange, Nathan Söderblom und seine Zeit, Göttingen 2011, 109, 156, 302f, 312f, 315, 323, 478f, 458. Der Begriff »Wettstreit« taucht erstmals in einer Rezension zum darwinistischen Buch von Benjamin Kidd, Social Evolution, London 1894, auf, worauf Bengt Sundkler hingewiesen hat (ebd., 109).

als die von elementarer Gottesbeziehung einerseits und lehrmäßigem und institutionellem Ausdruck andererseits verstanden.« Auch auf dem Feld der Mission ließe sich diese Differenzierung in der offenen Begegnung und im Dialog mit anderen Religionen, aber ebenso für das Miteinander der Konfessionen in der Ökumene verwenden. Der Gedankenschritt zu einem »Wettstreit der Liebe« im Sinne der Ringparabel Gotthold Ephraim Lessings (1729–1781) im Drama »Nathan der Weise« ist nicht weit.[5]

Sowohl der Bedeutung Söderbloms für die Mission als auch Impulsen für Dialog unter den Bedingungen pluralistischer Gesellschaft systematisch-theologisch nachzugehen, wäre lohnend. Dieser Aufsatz soll sich jedoch der Person Söderbloms selbst zuwenden und das Augenmerk auf einen in schwedischen Biographien[6] früh betonten Charakterzug richten, der für Söderbloms Wirken in Kirche, Mission und Ökumene unmittelbare Bedeutung gehabt haben dürfte: seine Fähigkeit zum gewinnenden Erstkontakt und zur Einigung.

II. Würdigung durch Familie und Freunde

Der Religionswissenschaftler und spätere Bischof von Linköping, Tor Andrae (1885–1947), schrieb 1931 noch im Todesjahr Söderbloms in einer ersten Biographie:[7] »Es wird lange dauern, bis eine wirkliche Darstellung von Nathan Söderbloms Leben geschrieben werden kann. [...] Wir stehen alle unter dem Eindruck seiner Persönlichkeit, und die großen Züge seines Werkes leben in unserer Erinnerung.« Er habe es in einzigartiger Weise verstanden, positive und gewinnende Grundansätze »ungekünstelt« und »natürlich« zur Geltung zu bringen, etwa das Erbe aus der Erweckungsbewegung aus seinem Elternhaus in offener Weise in eigenes theologisches und kirchliches Handeln einzubringen.[8] Belege für dieses Empfinden seien Legion: »das aller Eigentümlichste und Bezwingend-

5 Jobst Reller, Mission and Evangelism. Um Gottes willen der Welt zuliebe. Tagung in der evangelischen Akademie in Meißen 6.–8. Mai 2011. Tagungsrückblick, in: EMW Lernprozesse für unsere Mission. Gemeinsames Erbe – gemeinsames Zeugnis, hg. v. Ulrich Schöntube u. a., Hamburg 2011, 94–96 These 10.

6 Tor Andrae, Nathan Söderblom, Uppsala 1931, 82, 157, 162, 198, 238, 296, 300, 322.

7 Andrae, Nathan Söderblom, 11.

8 Bengt Jonzon, Ärkebiskop Söderblom i församlingarna, in: Karlström, Nathan Söderblom, 139–196, hier 194: »Wer wiegt, was dieser persönliche Zugriff auf Menschen und Verhältnisse bedeutet?«

ste an ihm war seine strahlende, spielende, sprudelnde frische Güte, seine freie, menschliche Herzlichkeit«.[9] Söderbloms Frau Anna (1870–1955) bezeichnete ihren Mann im Dreigestirn des theologischen Diskussionskränzchens seiner Studienzeit »Frei aus dem Herzen« als »Synthese«, während der biblische Exeget und Pionier der historisch-kritischen Bibelauslegung in Schweden, Samuel Andreas Fries (1867–1914), die »These« und der Kirchenhistoriker Nils Johan Göransson (1863–1940) die »Antithese« bildeten.[10] Im Lebenslauf der Familie im Erinnerungsbuch ist von »seiner einigenden Persönlichkeit« die Rede.[11]

Söderblom hatte ein gutes Gespür für Situationen und Stimmungen bei Auftritten vor Volksmengen, für die Chancen neuer Medien – etwa, als er anlässlich einer Reise durch die USA 1923 spontan im Radio das Erweckungslied von den »99 Erretteten« von Ira D. Sankey (1840–1908) anstimmte.[12] Er war ein geborener öffentlicher Kommunikator.[13] Innerkirchlich werden in Schweden auch sein Einsatz für die Erzdiözese Uppsala erinnert, Impulse, die er anlässlich von unermüdlicher Visitationstätigkeit setzte.[14] Eine aus heutiger Sicht Schmunzeln hervorrufende Bemerkung über zu kurze Röcke bei der Visitation im Stockholmer Vorort Vaxholm 1926, die alle Zeitungen auf den Plan rief, zeigt die offene Volkstümlichkeit,[15] die keinen Bereich des Lebens aussparen musste. Söderbloms Rat war aus damaliger Sicht jedenfalls unkonventionell: »Sollte nicht sowohl der Hygiene als auch dem Anstand und praktischen Nutzen besser Genüge getan werden, indem man ehrenwerterweise vom System Rock zum System Hosen überginge?«[16]

9 Emil Liedgren, En kristen mäniskas frihet. Personliga minnen och intrck från ett trettioårigt lärjungaskap hos Nathan Söderblom, in: Karlström, Nathan Söderblom, 348–390, hier 348.
10 S. A. Fries, Vår Kärlekshistoria, hg. v. Tor Andrae/Martin Fries, Stockholm 1945, XXI.
11 [Familie?] S[öderblom], Nathan Söderblom in: Karlström, Nathan Söderblom, 7–24, hier 20.
12 Jonas Jonsson, Jag är bara Nathan Söderblom satt till tjänst. En biografi, Stockholm 2014, 56, 369 (engl. Grand Rapids, Michigan 2016).
13 Jonsson, Jag är bara Nathan Söderblom, 222: »ein Genie des Schaffens von Kommunikation« (Bengt Sundkler).
14 Jonzon, Ärkebiskop Söderblom, 141–143.
15 Vgl. Lange, Nathan Söderblom und seine Zeit, 281ff.
16 Jonzon, Ärkebiskop Söderblom, 165f.

III. Externe Stimmen über Nathan Söderblom

Eine positive Würdigung Söderbloms durch den inneren Kreis der Familie und die mit ihm Zusammenarbeitenden mag nicht unbedingt erstaunen, höchstens ihre Intensität und Einigkeit. Überraschender sind Stimmen von außen, die im Folgenden dargestellt werden:

a) der Karikaturist und Satiriker Albert Engström, der zeitweilig beim Münchner Simplicissimus mitarbeitete, ein bitterer Kirchenkritiker und Kollege in der Schwedischen Akademie,
b) die Kollegin in der Schwedischen Akademie Selma Lagerlöf,
c) Kronprinz Gustav VI. Adolf und die königliche Familie.

a) Albert Engström (1869–1940)

Albert Engström war der Sohn eines Bahnhofsvorstehers in der Nähe von Kalmar in der schwedischen Landschaft Småland. Seine Mutter war Pastorentochter, der Vater Pastorensohn. Beide hegten sicher die Hoffnung, dass ihr Sohn in die Fußstapfen ihrer Väter treten würde. Für diesen verband sich allerdings mit kirchlichem Christentum in erster Linie Heuchelei und keiner modernen Kritik Stand haltende, modernem Leben ferne, irrationale katechetische Religionslehre. Die sogenannten »Leser« von Postillen, die Erweckten und ihre Prediger und Kolporteure, die Faulheit der Pfarrer der Staatskirche,[17] waren die besondere Zielscheibe seines Spotts. Einzig Nathan Söderblom, sein Kollege aus der Schwedischen Akademie (Stuhl 16 1921), zu der Engström seit 1922 (Stuhl 18) gehörte, erwarb sich Respekt. Dieser wiederum warb um Verständnis für Engström, der von seiner Herkunft her »klerikal belastet« sei. 1933, nach Söderbloms Tod, setzte sich Engström in einem langen Text unter diesem Titel mit Söderblom auseinander. Engström mochte dem Urteil nicht zustimmen, verwies vielmehr auf seine von Kindesbeinen an dominante (im Stile der Zeit positivistisch verstandene) rationale Begabung.[18]

17 Nathan Söderblom, Christliche Frömmigkeit und Konfessionen (Ausgew. Werke 2), hg. v. Dietz Lange, Göttingen 2012, 39.

18 Albert Engström, Klerikal belastning, in: Ders., Mot aftonglöden, Stockholm 1965, 23–39, hier 23, ursprünglich in: »Vintergatan« 1933.

Ein hoch geschätzter Kamerad Engströms aus der Studienzeit an der Kunstakademie Valand in Göteborg, Otto Holmström (1866–1915), war für ihn das lebendige Beispiel vollkommenen und unbesorgten »künstlerischen Leichtsinns«. Holmström kam nicht auf einen grünen Zweig im bürgerlichen Sinn. Söderblom »habe ihm geholfen und wirklich Arbeit hineingesteckt, um ihn auf die rechte Spur zu bringen, aber Otto musste sein Leben leben, ohne dass jemand eigentlich auf ihn einwirken konnte«.[19] Söderblom beauftragte ihn mit dem Malen eines Altarbildes für die schwedische Seemannskapelle in Calais und überwachte die Arbeit bis zum Schluss. Ohne Söderbloms Hilfe, oft mit fröhlichen Gaben aus dem eigenen Säckel, hätte Holmström in Paris kaum überlebt. Söderbloms »Gedenken wird immer noch von vielen Künstlern gepriesen, die er auf die Füße gebracht habe nach noch so ernsten und langen Entgleisungen«.[20] Engström erkannte also das um gefährdete Menschen bemühte soziale Engagement Söderbloms an, auch seine Zuwendung zu prekär lebenden bildenden Künstlern.

Von einer Reise mit einem norwegischen Frachter nach Südafrika 1936 berichtet Engström, wie es beim Mittagessen zu einem Gespräch über Pfarrer kam.[21] Als Engström anmerkte, dass »ein rechter Pfarrer im übrigen keine Pflicht für schwer« erachte wie z. B. Nathan Söderblom, da erhellte sich das Gesicht des Kapitäns Hellen Hjertstedt. Dieser wusste von einem beeindruckenden Erlebnis zu berichten, als Söderblom 1899 Seemannspastor in Calais war. Söderblom habe beim Kapitän erreicht, dass die Matrosen am Nachmittag des französischen Nationalfeiertags Arbeitsbefreiung bekommen hätten. 135 Seeleute hätten sich in der Kapelle getroffen und einen Imbiss erhalten. Söderblom gab ihnen eine historische Stadtführung und zeigte ihnen die nationalen Feierlichkeiten. Nach Kaffee und Kuchen fehlte auch eine kleine Andacht nicht. »Dann hielt er eine kleine Betstunde von 5 Minuten, nicht salbungsvoll, sondern fröhlich und gemütlich. Wir sangen »Ein feste Burg ist unser Gott«. […] Viele sagten: ›Einen solchen Seemannspfarrer hat es vorher nie gegeben und wird es niemals wieder

19 Albert Engström, Det konstnärliga lättsinnet, in: Ders., Adel, präster, smugglare, bönder, Stockholm 1965, 28–37, hier 33, ursprünglich in der satirischen Zeitschrift »Strix« in der Weihnachtsausgabe 1922; Andrae, Nathan Söderblom, 183.

20 Albert Engström, Konstnärsfolk, in: Ders., Läsebok för svenska folket, Stockholm 1950, 226–250, hier 245 (ursprünglich eine Büttenrede für Engströms eigene Verbindung an der Universität Uppsala, der »Östgötanation«). Der Name Holmström fehlt in der langen Reihe der mit Söderblom in Paris verbundenen Künstler aus Skandinavien (S., Nathan Söderblom, 12).

21 Albert Engström, Med kaaparen till Afrika, Stockholm 1950, 31–36 (ursprünglich 1937 erschienen). Das Gespräch muss am 23.4.1936 stattgefunden haben.

geben.‹« Solche Berichte lassen erkennen, wie Söderblom Menschen in seinen Bann ziehen konnte, indem er ungekünstelt auf sie zuging, sie ernst nahm,[22] in seiner fröhlichen Art konkrete Lösungen anbot. Vielleicht ist die Geschichte auch in der Art bezeichnend, dass der kommunikative Bogen bei der Einladung und der Gastlichkeit ansetzt und das Religiöse am Ende steht. Eine schlichte natürliche Menschlichkeit kommt zum Zuge.

Während andere auf dem Schiff reisende Missionare den Spott über ihre Unbildung und geistliche Aufdringlichkeit wach riefen, lernt Engström in Durban am 24.5.1936 einen von Söderblom ordinierten Missionar aus dem damaligen Südrhodesien kennen: Harald von Siccard (1900–1973). Nicht nur ihm zollt Engström Anerkennung, sondern auch der Mission, für die er ansonsten wenig Sympathie hat. Er vermerkt, wie Söderblom auch hier »unten« nach seinem Tode geachtet und geehrt wird.[23]

Im »Lesebuch für das schwedische Volk«, das Engström 1938 kurz vor seinem Tod herausgab, setzte er sich mit »Nathan Söderblom, dem Humoristen«[24] auseinander. Schon als Söderblom seine Lutherstudien unter dem Titel »Humor und Melancholie« (1919)[25] veröffentlicht hatte, hatte Engström diese positiv gewürdigt.[26] Er nahm Söderblom von Anfang an als »gebildet und kultiviert« wahr:[27] Dieser zeige einen »scharfen und klaren Schein eines wichtigen Bestandteils in seiner genialen und warmen Persönlichkeit. Ich bin überzeugt, dass er seinen Humor als einen guten und effektiven Ballast während seines ganzen wechselhaften Lebens mit seinen oft eigentümlichen und manchmal prekären Situationen empfand. Sein Blick auf das Dasein war ganz und gar optimistisch. Für ihn gab es immer Möglichkeiten. Mit welcher Zielstrebigkeit versuchte er nicht das Weinerliche, Schuldbelastete, sentimental Klebrige in vielen von seinen Amtsbrüdern von Kanzeln und im Umgang gezeigten Verständnis hoher Wahrheiten in eine helle, optimistische, frohe, volkstümliche Lebensanschauung umzudeu-

22 Andrae, Nathan Söderblom, 300.

23 Engström, Med kaaparen, 197. Vgl. 132, 146, 148, 151f u. ö.

24 Albert Engström, Läsebok för svenska folket, Stockholm 1950, 86–96 (Erstveröffentlichung 1938).

25 Übersetzung in: Nathan Söderblom, Der Prophet Martin Luther (Ausgew. Werke 4), hg. v. Dietz Lange, Göttingen 2015, 18–323.

26 »Nathan Söderbloms Lutherstudie ›Humor und Melancholie‹ ist ausgezeichnet. Aber es scheint mir so, als wenn er mehr Kenntnis von Luther vorausgesetzt hätte, als die meisten haben« (Albert Engström, Funderingar om Martin Luther, in: Ders., Min 12te bok, Stockholm 1950, 138–142, hier 138 (ursprünglich 1919 herausgegeben).

27 Albert Engström, Något om Frankrike just nu, in: Ders., Hemspånad och taggtråd, Stockholm 1950, 142–148, hier 144 (ursprünglich 1921 veröffentlicht).

ten!«[28] Söderblom sei oft durch seine Impulsivität und ständig arbeitende Phantasie[29] in kleine Konflikte gekommen, habe aber Kritik immer entschärfen können durch Zugeben seiner Fehler in »guten, frohen und pfiffigen Erwiderungen«. Als Söderblom, während des ökumenischen Treffens 1925 bis an die Grenze arbeitsmäßig belastet, Engström um Teilnahme an einem geselligen Mittagessen gebeten hatte und dies dann vergaß, obwohl er selbst Engström ermahnt hatte, das Treffen nicht zu vergessen, erwiderte er auf die leicht bittere Mahnung Engströms: Dieser möge verstehen, dass ihm in dem Augenblick eine lebenswichtige Frage im Gespräch mit zwei ökumenischen Vertretern gekommen sei, der er sich nicht hätte widmen können, wenn er erst telefoniert hätte. Engström fühlte sich entwaffnet angesichts dieser authentischen Entschuldigung.[30]

Neben Authentizität, Humor und Demut als kommunikativer Haltung trat auch die Fähigkeit, sich auf Situationen unmittelbar einzustellen oder auch neugierige Offenheit für das Andere und Fremde. In manchen Kreisen wurden die »volkstümlichen, direkt dem Herzen entsprungenen« Predigten, Reden im Alltag und Briefe Söderbloms verachtet. Alles an seinem Ort, sei seine Antwort gewesen. Söderblom habe sehr gerne mit Kindern gesprochen, habe es verstanden, nach einstimmendem Gespräch deren Scheu zu überwinden.

Als Engström von einer Reise nach Russland 1923 Söderblom eine ihn ästhetisch ansprechende Ikone mitbrachte, die ihn hoffentlich nicht konfessionell verärgere, antwortete dieser dankbar für ein durch Jahrhunderte währende Gebete geheiligtes Bild, das einen Ehrenplatz gegenüber von seinem Schreibtisch erhalten habe.[31] Söderblom sei eben wirklich ökumenisch gesinnt gewesen.

Auch wenn Söderblom selbst den Begriff der »großen Männer« als unsachgemäß abtat, weil es diese nicht gebe, möchte Engström ihn als dergleichen bezeichnen. So wie Luther zur Disputation mit Eck in Leipzig Mittsomer 1519 einen Blumenstrauß aufs Katheder mitgebracht habe, um ab und zu an dem Duft der Blumen sich zu erfreuen, so habe Söderblom mit seinem »frischen Zug von Humor« im Auditorium, in seiner Unmittelbarkeit, als Freudenbringer, Menschen mitgerissen. »Unsere Gedanken wurden leichter und freier. Denn ein Wind ech-

28 Engström, Läsebok för svenska folket, 87f.
29 Bischof Einar Billing (1871–1939) spricht im Vorwort zu Karlström, Nathan Söderblom, 3–6, von dem »impulsiven, rührigen Künstlertemperament, mit dem unberechenbaren, üblichen Regeln trotzenden Auftreten, dem schnellen, ja unglaublichen Eilen von Aufgabe zu Aufgabe«.
30 Engström, Läsebok för svenska folket, 88f. Vgl. auch 93f.
31 Ebd., 91f.

ter Menschlichkeit strömte uns entgegen. So war Nathan Söderblom.«[32] Und eben das war ja nach Söderblom selbst das innerste Anliegen echten Humors. Entscheidend für das Gelingen von Kommunikation mit dem Kritiker und Spötter Engström war wohl die Offenheit für die Gegenwart und moderne Bildung.

b) Selma Lagerlöf (1858–1940)

Selma Lagerlöf war ebenfalls Mitglied der Schwedischen Akademie. Ihre Zuneigung zu Söderblom dürfte ganz ähnlich motiviert sein wie bei Albert Engström. So kommt in einer Rede zum Ausdruck, die sie über »Einigkeit« bei der Konferenz für Life and Work 1925 hielt. Obwohl sie nach ihren Werken für eine »ziemlich gute Christin« gehalten werde, sei sie doch nach der Lektüre von Viktor Rydbergs »Lehre der Bibel von Christus« während ihres Studiums in Stockholm zu einem freidenkerischen »trockenen Verstandesglauben« gekommen. Ohne Sinn für das Übernatürliche und das Wunder sei sie jedoch als Schriftstellerin unproduktiv gewesen. Sie musste ihre Anschauung ändern, ohne je ihren Abscheu gegenüber Dogmen und Sektiererei zu verlieren: »Irgendeine Religion unter den vielen, die es gibt, habe ich nie gefunden, der ich mich anschließen kann, aber wo ich auf Glaube an Gott und Unsterblichkeit treffe, da denke ich, dass mir Leben zugeführt wird, das gibt mir Kraft zum Wachsen, hilft mir, während mich Unglaube auf eine Weise machtlos macht, das intuitive Leben tötet.«[33] Zu dieser neuen Einsicht kam sie nicht zuletzt durch Söderbloms Auffassung evangelischer Christenheit als »Religion der geistigen Freiheit«, bzw. des Glaubens als »Vertröstung auf Gott und Zuversicht« (Hbr 11,1).[34]

c) Kronprinz Gustav VI. Adolf (1882–1973) und die königliche Familie

Kronprinz Gustav VI. Adolf stand Erzbischof Söderblom schon von Amts wegen nahe. Von seiner Mutter Königin Viktoria (1862–1930), einer geborenen Prinzessin von Baden, streng traditionell im Geist der Erweckungsbewegung erzo-

32 Ebd., 95f.

33 Vgl. die Briefe bei Lange, Brev – Lettres – Briefe – Letters, 373f, 379, 384, 387, 392, 394, bzw. einen Brief an Henriette Coyet vom 27.4.1930 in: Anna-Karin Palm, En biografi över Selma Lagerlöf. »Jag vill sätta världen i rörelse«, Stockholm 2019, 602f.

34 Vgl. Nathan Söderblom, Humor och Melankoli och andra Lutherstudier, Stockholm ^{2}1983, 179, 246, 318, 330f, 336 (Ausgew. Werke Bd. 4, übers. v. D. Lange, passim).

gen, blieb Gustav Adolf zeitlebens Kirche und christlichem Glauben eng verbunden. Er dürfte aber in besonderer Weise davon angezogen worden sein, wie Söderblom das erweckliche Erbe im Blick auf die moderne Welt offen lebte. Auf die Frage einer Reporterin nach Gustav Adolfs Haltung gegenüber dem Tod, einer in Schweden um 1970 als äußerst intim empfundenen Frage, erwiderte die »Oberhofmeisterin« Astrid Rudebeck: »Ich glaube wohl, dass der König meint, dass es nicht damit zu Ende ist, dass wir dieses Leben hier verlassen haben. Soweit ich weiß, hat er eine Stütze in der Religion gefunden. Erzbischof Nathan Söderblom bedeutete viel für ihn.«[35] Als am 1.5.1920 Gustav Adolfs erste Frau, Kronprinzessin Margareta (1882–1920), geschwächt von der spanischen Grippe, während einer Schwangerschaft starb, soll Gustav Adolf, verwitweter Vater von fünf Kindern, verzweifelt in Stockholm von Kirche zu Kirche gelaufen sein. Nathan Söderblom, der auch die Beerdigung hielt, muss ihm in besonderer Weise zum Seelsorger geworden sein.

Als Gustav Adolf zum zweiten Mal heiratete, überschrieb er am 20.7.1923 einen Brief, in dem er für die »von Herzen kommenden Glückwünsche« dankte, mit »Mein lieber Söderblom«, den er angesichts von dessen Unwohlsein und Überanstrengung voller Mitgefühl dann doch nicht in die Hochzeit in England miteinband.[36] Söderblom litt Ende 1922 an einer akuten Herzschwäche, weil ihm im Sommer Sommerruhe gefehlt hatte.[37] Die große Kirchenversammlung 1925 unterstützte Gustav Adolf bei der Vorbereitung und Durchführung sowohl organisatorisch und finanziell als auch durch seine persönliche Präsenz.[38]

Entsprechend der schwedischen Sitte, der Konfirmation eine längere Konfirmandenfreizeit von mehreren Wochen vorausgehen zu lassen, wurden die Söhne des Kronprinzen, der früh verunglückte Thronfolger Gustav Adolf (1906–1947) und sein Bruder, der später als Designer berühmt gewordene Prinz Sigvard (1907–2002), im Sommer 1922 auf einer intimen Konfirmandenfreizeit durch Söderblom auf dem königlichen Schloss in Sofiero bei Hälsingborg unterrichtet. Söderblom opferte seinen Sommerurlaub (s. o.). Was der ältere Bruder über diesen Un-

35 Margit Fjellman, Gustaf VI Adolf. Närbilder av kungen, Stockhom 1973, 156.
36 Fjellman, Gustaf VI Adolf, 40f.
37 Lange, Brev – Lettres – Briefe – Letters, 306 (31.12.1922).
38 Jonsson, Jag är bara Nathan Söderblom, 264, 287, 321, 359, 361, 363, 381, 381, 383, 398, 437.

terricht erinnerte, bleibt angesichts seines frühen Todes verborgen. Respekt und Verbundenheit dürfen wohl angenommen werden.[39]

Sein jüngerer Bruder Sigvard stand wie große Teile seiner naturwissenschaftlich gebildeten Generation der Religion kritisch gegenüber. Er hat sich in seinen Memoiren ausführlich an die Begegnung mit Söderblom erinnert. Die Eheleute Söderblom waren als Freunde der Eltern oft in Sofiero zu Gast gewesen. Konfirmandenunterricht im Sommer bei herrlichstem Sommerwetter stand sicher unter erschwerten Bedingungen:[40] »Aber die Persönlichkeit des Erzbischofs siegte sogar über den Sommer. Er war eine faszinierende Gestalt: Klein von Wuchs, mit blonder Haartolle, die er für die damalige Zeit sehr lang trug. Seine Augen waren freundlich und warm und die Stimme mild. Er hatte ein einzigartiges Vermögen, die Probleme zu vereinfachen und alles leicht verständlich zu machen. Ich kann nicht behaupten, dass ich je an Religion interessiert war und es wohl auch damals nicht wurde, aber Söderblom machte die biblische Geschichte so lebendig, dass Jesu Leben und Tod mehr eine historische Erzählung als [scil. lebensferner] Religionsunterricht wurden. Ich wurde fasziniert und lauschte gespannt seinen Auslegungen und Texten. Seine Art, uns auf die Konfirmation vorzubereiten, war mustergültig. Seine große Persönlichkeit konnte nicht umhin, auf uns Eindruck zu machen. Vor allem vergaß man, obwohl er immer in schwarzen Kleidern gekleidet ging mit einem großen Goldkreuz auf der Brust, dass er Priester war. Er sprach einfach zu uns, als wären wir gleichaltrig, und wir bewunderten ihn.«

Söderblom nahm sich auch die Zeit, die Cousine 2. Grades, Prinzessin Astrid, die zugleich mit den Brüdern konfirmiert und später Königin von Belgien (1905–1935) werden sollte, im Sommerhaus ihrer Eltern Fridhem in Bråviken bei Stockholm gesondert zu unterrichten. Bei der Konfirmation am Gründonnerstag, dem 29.3.1923, in der Schlosskapelle in Stockholm fand zunächst die Prüfung statt, bei der auch der sozialdemokratische Ministerpräsident Hjalmar Branting (1860–1925) zugegen war. »Es war beeindruckend feierlich. Gewiss waren wir nervös, wie wir dort mit dem Rücken zur Gemeinde vor dem Altar standen. Edmund [der ältere Bruder Gustav Adolfs] sah barsch aus, Astrid weinte während der gesamten Zeremonie, und ich biss mir auf die Lippen und war ernst. Das ruhige Gesicht des Erzbischofs, das mitunter von einem aufmunternden Lächeln aufgehellt wurde,

39 Andrae, Nathan Söderblom, 324. Im Mai 1931 ist er mit Söderbloms ehemaligem Männerchor »Orpheus Knechte« (schwed. »Orphei drängar«) und seiner Schwester Ingrid (1910–2000), der späteren Königin von Dänemark, aus Anlass des »Valborgsmesseabends« zu Gast bei Söderblom.

40 Sigvard Bernadotte: Krona eller Klave, Stockholm 1975, 57–59.

half uns durch das Verhör, und wir kamen durch. Hat man im Übrigen je von irgendeinem Konfirmanden gehört, den man hätte durchfallen lassen?« Nach einem letzten Lied erfolgten Glückwünsche, dann Geschenke und schließlich am Nachmittag die Feier des Abendmahls. Hier ist Sigvard wieder ganz im kritischen Element. Leib und Blut eines Menschen zu trinken und zu essen, ist nichts anderes als abstoßend und unsinnig. Rein aus Konvention nimmt er teil, aber er schwört sich, es zum letzten Mal getan zu haben.

Die Erinnerung eines pubertären Prinzen daran, wie biblische Geschichten lebendig und einfach verständlich wurden, verbindet sich mit dem Eindruck einer großen, freundlich und von Herzen zugewandten Persönlichkeit, der man ehrlich Respekt bewahrt, auch wenn persönlich kein Interesse an vertieftem Glauben geweckt wird. Fragen zu Glaubenslehren zu beantworten, erscheint, so betrachtet, nicht als besondere Leistung, kann mechanisch abgearbeitet werden. Trotzdem bewahrte Sigvard, der nach einer bürgerlichen Heirat 1934 sein königliches Erbrecht verlieren sollte, die Einladung zu seiner Konfirmation bis zum Schreiben seiner Biographie auf.

Cousin Prinz Lennart (1909–2004), in Deutschland als Herr der Insel Mainau im Bodensee bekannt und wie Sigvard durch bürgerliche Heirat 1932 aus der königlichen Familie ausgeschlossen,[41] wuchs nach der Scheidung seiner Eltern Prinz Wilhelm (1884–1965) und Prinzessin Maria (1890–1958) 1914 bei seiner Großmutter Königin Viktoria auf, die bei ihm Mutterstelle vertrat. Er überschreibt in seinen Lebenserinnerungen ein ganzes Kapitel über den Bruch mit jeglicher Form von Glauben »Hinter Gottes Rücken«.[42]

Viktoria wählte im Winter 1924/5 als Konfirmator für Lennart Oberpfarrer Thure Lindström in Räpplinge, unweit ihrer Sommervilla Solliden auf der Insel Öland. Faktisch bot der Konfirmandenunterricht die Begegnung mit 34 Gleichaltrigen, davon 24 vom anderen, für Prinzen unerreichbaren Geschlecht. Lehrbuch für den mehrwöchigen Unterricht war eine katechetische Schrift Nathan Söderbloms »Lebensführung, Glaube und Gebet«.[43] Söderblom ging von Hebr 11,1 aus: »Der Glaube ist eine feste Zuversicht auf das, was man hofft, eine Überzeugung von Dingen, die man nicht sieht« und erklärte dazu: »An Gott zu glau-

41 Bis zum Tode König Gustavs V. 1950 ist dieser Ausdruck in all seiner Schärfe zutreffend.

42 Lennart Bernadotte, »Käre prins, godnatt!«. Memoarer, Stockholm 1977, 161–171.

43 Schwedisch: Levnaden, tron och bönen ur Bibeln och psalmboken i anslutning till Martin Luther framställda, Stockholm 1928.

ben, bedeutet, dass nichts für das Herz so gewiss und wichtig ist wie Gott«[44]. Lennart begegnete zwar Söderblom nicht persönlich, aber erlebte diese subjektive Deutung Gottes und die Unterscheidung von Glaubenserkenntnis und naturwissenschaftlicher Erkenntnis als »kalte Dusche«. War Gott als feste Zuversicht des Herzens, der von Luthers Erklärung des 1. Gebotes im Großen Katechismus her gefundene Zentralbegriff Söderblomscher Theologie »der Gottesvertröstung«,[45] eine unbeweisbare Erfindung, dann war er unakzeptabel. Lennart empfand diese Deutung als Ausweichen vor der entscheidenden Frage nach Gottes realem Sein in einer naturwissenschaftlich-technisch beschriebenen Welt.

Beim genaueren Blick auf die katechetische Tradition und die biblische Geschichte erscheinen die anthropomorphen Charakterisierungen Gottes im Alten Testament als eifernd und heimsuchend, als unsympathische Rachsucht, Kleinlichkeit und Unzuverlässigkeit: »Mein fein zurecht gelegter Kinderglaube und die Dreieinigkeit und die Auferstehung und die Seligkeit flatterten wie sterbende Vögel in meinem Inneren, bis ich sie mit einem entschiedenen Schritt tot trampelte.«[46] Um der Großmutter willen entschied sich Lennart zu Glaubensbekenntnis, Konfirmation und Abendmahl, nahm das ihm bewusste Risiko auf sich, dass ein »nachtragender und leicht reizbarer Gott« nach Aussage des Paulus über das unwürdige Essen und Trinken des Abendmahls zum Gericht (1 Kor 11) existieren und Vergeltung üben könnte. Aber das erschien weniger bedrohlich als die offene Verweigerung des innerlich erledigten Glaubens.

»Mit Ruhe und Zuversicht sah ich meiner Konfirmation entgegen. Die von Gott und vor allem von Menschen so geschickt aufgebauten Schuldgefühle, die erfunden waren, um mich zu beherrschen und zu unterdrücken, schob ich ganz einfach zur Seite und hörte auf, mich um sie zu sorgen. […] ich hatte keinesfalls die Absicht, [den Herrn Jesus] irgendwelche Häuser auf meinem Grundstück errichten zu lassen. Aus den früheren Bauunternehmungen waren nur Unruhe und Durcheinander entstanden.«[47]

War für die königlichen Cousins die Konfirmandenzeit immerhin die Begegnung mit einer faszinierenden Persönlichkeit, so ist sie für Lennart Bernadotte die konsequente Entscheidung zur Abwendung vom christlichen Glauben, der äu-

44 Bernadotte, Käre prins, 161.

45 Söderblom, Humor och Melankoli, VIII, 52f, 314ff, 330 (Ausgew. Werke Bd. 4, übers. v. D. Lange, passim).

46 Bernadotte, Käre prins, 169.

47 Bernadotte, Käre prins, 170.

ßerlich, mechanisch eingelernte Wahrheit, wie naturwissenschaftliche Formeln sie beschreiben, oder gar nicht ist.

Ein Zwischenfazit drängt sich auf: Altersgenossen wie Engström, Lagerlöf und Kronprinz Gustav Adolf erlebten Söderbloms theologisches Konzept eines vertrauenden, einenden Glaubens fern aller evangelischen Scholastik als Befreiung in einer sich naturwissenschaftlich-technisch verändernden Welt.[48] Seine Person wirkte in ihrer zugewandten, offenen und gewinnenden Art als authentisch. Die nächste Generation teilte wohl die Bewunderung für die Person Söderbloms, für sein theologisches Konzept aber allenfalls da, wo der Nihilismus als Not empfunden wurde. Seine eigenen Kinder gehörten in dieselbe Generation wie die genannten königlichen Prinzen und dürften in dieser Umbruchszeit dieselben Fragen wie diese gestellt haben.

IV. Söderbloms Beziehung zu seinen Kindern

Über Söderbloms Beziehung zu seinen Kindern, insbesondere zu seinen Söhnen Helge und Staffan, ist durch eine Veröffentlichung von 2015 Neues bekannt geworden. Omi Söderblom (* 1950), Richterin am »Svea Hovrätt« in Stockholm, hat 2015 ein umfangreiches Werk (516 S.!) über ihren Großvater Helge Söderblom (1896–1932) vorgelegt: »Im Schatten Nathans«. Helge war der älteste Sohn von Nathan und Anna Söderblom. Kern des Buches sind autobiographische Texte (S. 61–230 bzw. 241–381), die Omi Söderblom nach eigener Aussage bei einer Renovierung des Fußbodens in der Wohnung ihres Großvaters gefunden hat.[49] Ergänzend hat sie jeweils Briefauszüge aus der Familie eingefügt, die Helge Söderbloms Text erläutern.

Helge starb nach langer neurologischer Behandlung in Kliniken für Geisteskranke in Paris und Uppsala am 7.1.1932, einen Tag vor seinem 36. Geburtstag.[50] Gut ein Drittel des Buches widmet sich seiner Krankheits- und Leidensgeschichte, die auf Drogenkonsum und einen Zusammenbruch in Paris am 1.5.1929 folgte.

48 Vgl. Söderblom, Humor och melankoli, 332: Zeitgenossen »leben nebeneinander in zwei verschiedenen Zeitaltern«.

49 Omi Söderblom, I skuggan av Nathan. Texter av Helge Söderblom, Stockholm 2015, 59 (Taschenbuchausgabe 2018).

50 Omi Söderblom, I skuggan, 37–55, 260–384.

Helge hatte von Jugend auf homoerotische Neigungen.[51] Nach dem Militärdienst in Schweden 1915/6 reiste der Student der Philosophie Anfang 1918 nach Deutschland, wo sein Bruder Sven (1898–1976) auf deutscher Seite kämpfte und dadurch seinem international tätigen Vater allerhand Schwierigkeiten in Ländern machte, die mit Deutschland verfeindet waren. Söderblom äußerte angesichts einer von einer Zeitung aufgegriffenen Bemerkung Svens zur Torpedierung der Lusitania: »Mein Junge versetzte mich in eine schmerzliche Schwierigkeit. Was ihm als eine einzigartige Zukunftsmöglichkeit für einen auf Abenteuerdrang nach Mühe und Gefahr ausgerichteten Militärsinn erschien, war für mich eine unerhörte Schwierigkeit in meiner vermittelnden Stellung. Eine Pflichtkollision, die mich schweren inneren Streit kostete.«[52]

Im Sommer 1919 reiste Helge in das mittlerweile selbstständig werdende Finnland, dann 1920 in die USA. 1921/2 war er Schauspieler in Göteborg. 1925 schloss er »um seines Vaters willen«[53] sein Studium ab, um von 1926–1929 als Journalist im Nachrichtendienst »TT« in Stockholm zu arbeiten. Eine kurze Ehe mit Elsie Jernberg (1897–1969) gelang nicht, auch wenn am 7.2.1927 der Sohn Robert außerehelich in Kopenhagen geboren wurde. Aus den kurzen Notizen dürfte deutlich werden, wie sehr der Lebenswandel Helges bürgerlichen Idealen widersprach und das Renommee seines Vaters bedrohen konnte, der als Erzbischof von Schweden im Zenit seines Ruhmes stand.

Als Helge die Ereignisse in Paris 1929 erzählt, merkt er an, dass er selbst immer Schauspieler werden wollte, dies aber nicht konnte, weil seine Eltern den Besuch einer Schauspielschule als unschicklichen Beruf nicht fördern wollten. Ihm, dem Sohn des berühmten Erzbischofs, hätte dies – so hoffte er – die Möglichkeit geboten, »gesehen zu werden« »Die Begabung, die sich aufsplittert oder darniederliegt, verliert ihre Spitze«. Zwischen den Zeilen gibt Helge Söderblom seinen Eltern die Schuld am Scheitern seines Lebens.[54] »[Papa] begegnete der Welt und gewann sie, vollbrachte Großtaten und Ruhm. Er war die Personifikation meiner unerfüllten Träume und meisterte das Leben in einem merkwürdigen Trudeln«.[55] Söderblom selbst galt als künstlerisch impulsive Seele, bewies Sinn für Ästhetik

51 Omi Söderblom, I skuggan, 131ff, 159, 168f, 274, 276, 302, 392ff, 399ff.
52 Brief an Artur Hellerström, London, vom 25.1.1919, in: Lange, Brev – Lettres – Briefe – Letters, 225f.
53 Omi Söderblom, I skuggan, 217.
54 Omi Söderblom, I skuggan, 266f.
55 Omi Söderblom, I skuggan, 271.

und für die Inszenierung von Gottesdiensten mit liturgischen Gewändern und Riten, auch die Fähigkeit des Schauspielers – allerdings ohne jegliche gekünstelte Theatralik in Natürlichkeit und Authentizität.[56] Söderblom fand in der vom Evangelium gewährten Religion der Freiheit, wie er sie bei Luther sah, die Offenheit für Kunst und heilige Traditionen, solange sie nicht wieder in neue Gesetzesreligionen führten,[57] verwehrte aber doch – angesichts des eigenen Engagements für Künstler überraschend oder bezeichnend – seinem Sohn diesen Weg.

Als Bruder Staffan (1900–1985), später Diplomat, im Juli 1929 nach Paris reiste, um Helge im Auftrag des Vaters nach Schweden zu holen, analysierte er in einem Brief vom 9.7.1929 an seinen Vater dessen Rolle im Blick auf seine Kinder:[58] »Es ist sehr rührend, dass Papa darauf besteht, dass ich nach Hause komme, um zu erklären, was ich mit bestimmten Ausdrücken in Briefen usw. bezeichnet habe. Das beweist nämlich, dass Papa nicht versteht und nicht verstehen kann, was ich meine.[59] [...] Papa ist nämlich im allerbesten Sinn des Wortes ein großer Mann. Papas ganzes Leben mit aller Mühe und allen Kindern, die vielleicht nicht zur Welt hätten kommen müssen, ist eine einzige leuchtende, ansteigende Kurve gewesen – trotz der Fehlkalkulationen der letzten Jahre. Papa ist immer von der Bewunderung und Ergebenheit aller Menschen umgeben gewesen. Dank Papas mächtiger Persönlichkeit sind alle Unternehmungen Papas geglückt und zu wunderbarem Nutzen für die Menschheit geworden.

Aber gleichzeitig ist Papas Egozentrizität ständig gewachsen und hat einen solchen Grad erreicht, dass ich ganz und gar entsetzt bin und in gewissen Augenblicken all meinen Glauben an Papa verloren habe. ---

Aber wie ich beim Telefonieren heute sagte, ist es vollkommen nutzlos zu versuchen, auf diese Weise die eigenen Eltern zu erziehen. [...] Aber nun war die Sache die, dass unsere Familie in eine solche Situation gekommen war, dass ich es für notwendig hielt, nach Verstand und Vermögen zu versuchen, eine Veränderung zu Stande zu bringen, so dass der Aufenthaltsort des großen Mannes ein normales Zuhause wird. [...] Aber das ist unmöglich; sieht man die Sache im Großen und Ganzen, dann ist es viel wichtiger, dass Papa seine Laufbahn fortsetzt, als dass Papa ein friedlicher Familienvater in Pantoffeln wird. Außerdem

56 Andrae, Nathan Söderblom, 308.
57 Humor och Melankoli, 179.
58 Omi Söderblom, I skuggan, 293f. Staffan spricht seinen Vater nach damaliger Konvention unpersönlich in der 3. Person sogar als »Papa« an.
59 Nämlich die unheilbare Erkrankung Helges.

ist es zu spät. Demgegenüber glaube ich, dass es äußerst wichtig ist, dass die kleinen Jungen [Lag (1912–1989) und Gustaf (1914–1998)] in größtmöglichem Maß ferngehalten werden, so dass sie die Realitäten des Lebens kennenlernen können und zur rechten Zeit verstehen, dass sie auf ein sehr viel niedrigeres Niveau heruntersteigen müssen – sozial, ökonomisch und intellektuell – als das, auf dem sich ihre Eltern befinden.«

Am 31.7.1929 legt Staffan in einem Brief an seinen Vater nach:[60] »Erlaube mir, ein ziemlich nahe tretendes, aber in gewisser Weise wahres Klischee auszusprechen: Papa ist in all seiner Größe und Genialität zugleich ziemlich viel von einem eigensinnigen und unerhört verwöhnten Kind.« Sein Vater habe sich nie entschuldigen oder einen Fehler zugeben können, immer nur auf die Belastung seiner schweren Arbeit verwiesen. Man könnte fragen, ob die Natur des großen Kindes gerade Offenheit und Neugier für andere möglich machte.

Staffan spitzt seine Kritik so zu – trotz all seiner und Helges aufrichtiger Ergebenheit für die Genialität seines Vaters, dass er und seine »zu vielen Geschwister« im Grunde nur Staffage waren – allein gelassen mit der Aufgabe, jenseits der Welt der elterlichen Größe einen Ort der Anerkennung im Leben zu finden und mit dem Phänomen des Abstiegs umzugehen. Der Vater – so der Vorwurf des Sohnes – sei nur bewegt gewesen von seiner Egozentrizität und seinen eigenen Aufgaben.

Nathan Söderblom selbst hätte seine Zuwendung zur Familie sicher anders bewertet.[61] Kalt ließen ihn diese Erfahrungen nicht:[62] »Schwere Sorgen und Kummer« häuften sich »in den letzten Jahren« […] Der Wille vermochte bisweilen, den tiefen Schwermut nicht länger zu bezwingen, den es immer auf dem Grund des Sinns in dieser gepriesenen Lichtgestalt gegeben hatte […] Die Sorgen in Bezug auf die Nachkommen zehrten an seinen Kräften.«

Vom Zauber des Kontakts nach außen war nach innen in die Familie trotz Größe und Erfolg des Vaters offenbar nichts zu spüren. Ebenso wenig kommen unter den Kindern – soweit erkennbar – theologische oder spirituelle Konzepte zum Tragen.

60 Omi Söderblom, I skuggan, 300.
61 Omi Söderblom, I skuggan, 448.
62 S., Nathan Söderblom, 18.

V. Schluss

In einem Beitrag über seine Heimatlandschaft »Hälsingland« in Nordschweden gibt Söderblom[63] einen Hinweis darauf, warum er in dieser Weise eifrig und erfolgreich »nach außen« kommunizierte, »nach innen« aber aus Sicht seiner Kinder versagte. Er berichtet davon, wie er im Sommer 1922 aus Anlass einer Visitation in einem der Pastorate, in denen früher sein Vater tätig gewesen war, eine Wanderung zu alten Stätten der Kindheit macht und dabei allerlei Bekannte trifft, eine »Spielkameradin« aus alten Zeiten, alte Schulkameraden, einen Kameraden aus dem Militär und die »vielen Kameraden aus dem Konfirmandenunterricht, die er nun schriftlich grüßt, weil [er] nicht allen die Hand drücken konnte«. Offenbar genügt eine Begegnung und ein freundliches Wort, um altes Einvernehmen wieder herzustellen. Schließlich kommt er auf seinen Vater zu sprechen, Jonas Söderblom (1823–1901), einen von der Erweckungsbewegung ergriffenen Pfarrer: »Was band die Menschen an ihn? Die Antwort ist nicht schwer zu finden. Seine brennende, aufrichtige Fürsorge für die Seelen [...]«. Die Erinnerung an den Vater habe ihm als Sohn »unverdient« viele Türen geöffnet. Nathan Söderblom selbst erscheint wie ein Erweckungspfarrer »höherer Ordnung«, der ebenso eifrig in authentischem Interesse, ehrlicher Offenheit und Fürsorge sich seelsorgerlich um Menschen nicht nur in seiner Diözese, in Schweden, sondern auch weltweit kümmert.

In der geordneten bäuerlichen Gesellschaft seiner Kindheit genügte das Ritual des Abendgebets der Kinder. Dass der Vater als Pfarrer beruflich oft abwesend war und er für die Kinder Respektsperson oder im Fall Nathans auch erster Lehrer blieb, war selbstverständlich, irritierte offenbar nicht. Nathan verehrte seinen Vater trotz strenger und karger Erziehung.[64] Nach einer Notiz von Privatsekretärin Gerda Rodling (1895–1993) vom 21.9.1928 äußerte er noch vor dem Zusammenbruch Helges ihr gegenüber: »Es sei nicht verwunderlich, dass Helge so sei, wie er sei. Er hat ja, seitdem er klein war, zu hören bekommen, wie schade es um ihn sei. Er hat immer seine Mutter gehabt, die zuhörte, wenn er seufzte und jammerte und sich beklagte.« Helge war das Ersatzkind für das erste gestorbene Kind – ein Leid, das Söderbloms Frau Anna durch »das Tal des Todes« geführt

63 Nathan Söderblom: Hemma i Hälsingland, in: Svenska Turistföreningens Årsskrift 1923, Stockholm 1923, 1–12, hier und im Folgenden: 6–9.
64 Andrae, Nathan Söderblom, 42, 321.

hatte.[65] Nach dieser Auffassung hätte Helge eine gewisse Härte in der Erziehung gefehlt und ihn nicht selbstständig werden lassen. Hätten Strenge und respektvolle Distanz ihn zugleich in die Freiheit entlassen?

Söderbloms eigene große Familie lebte in Städten im In- und Ausland, in Paris, Uppsala, Leipzig und wieder Uppsala. Sein Wirkungskreis wuchs gegenüber dem überschaubaren Wirkungskreis seines Vaters um ein Vielfaches. Die Art, wie er seine väterliche Rolle ausfüllen konnte, brachte Liebe und Respekt seiner Kinder hervor, aber offenbar auch ein Gefühl des Verlassen- und Überflüssigseins und der Haltlosigkeit. Dass es Söderblom gelang, in seelsorgerlicher Bemühung »nach außen« viele Menschen in unvergleichlicher Weise und authentischer Zeitgenossenschaft kommunikativ zu binden, steht außer Frage, innerhalb der Familie gelang das nur zum Teil.

War es Zufall, dass seine Person, aber augenscheinlich nicht seine theologischen Konzepte in die Breite wirkten, weil die damals »neue Zeit« keine Freiheit von theologischer Bevormundung mehr suchte, sondern vielmehr Halt angesichts der Angst und Leere des Nihilismus[66]? Mit vielen Begriffen wird Söderbloms kommunikative Begabung umschrieben: Bildung, Wahrhaftigkeit, Freigiebigkeit, Offenheit, Spontaneität, Kreativität, Freiheit, Optimismus, Unkonventionalität, Interesse, Zuwendung, Treue, Zähigkeit und Einsatz bis zur Aufopferung. Diese kommunikative Begabung wirkte weit über den persönlichen Bereich hinaus, förderte die Einigung der christlichen Kirche zu gemeinsamem »Leben und Arbeiten« und die Einigung der Menschheit zu ihrem Engagement für Frieden.

Es wäre interessant zu buchstabieren, was das Programm einer lutherischen »Religion der geistigen Freiheit« im pluralistischen Wettbewerb der Lebensanschauungen[67] heute zu leisten vermöchte. Selbstbewusste, gewinnende und freimütige Glaubensimpulse vom Evangelium Jesu Christi her, wie sie Söderblom seiner Zeit zu geben verstand, erscheinen gegenüber neuen Fundamentalismen dringend notwendig.

65 Omi Söderblom, I skuggan, 450, 418.

66 Vgl. die Bemerkungen in Söderblom, Humor och Melankoli, 210f, 300, 332.

67 Söderblom, Humor och Melankoli, 336; Liedgren, En kristen människas frihet, 357; Gustav Aulen: Den teologiska gärningen, in: Karlström, Nathan Söderblom, 63–104, hier 90, 101; Lange, Nathan Söderblom und seine Zeit, 132, 306f, 321.

(Dr. Jobst Reller, Pastor der Ev.-luth. Landeskirche Hannovers, z. Zt. ev. Militärpfarrer der Panzerlehrbrigade 9 in Munster, von 2001–2012 Dozent für Kirchengeschichte/ Praktische Theologie am Missionsseminar in Hermannsburg)

ABSTRACT

This study on Archbishop Nathan Söderblom (1866–1931), well known as the pioneer of the ecumenical movement with the conference on »Life and Work« in Stockholm 1925, focusses on his widely attested talents in communicating with other people. On the basis of a warm human personality, openness, interest in the counterpart, education, authenticity, liberalism and a vivid sense of humour he gained sympathy on all levels of the Swedish society, but also among coworkers both nationally and internationally. Söderblom's concept of Lutheran Protestantism as »religion of spiritual liberty« worked as a bridge between a traditional post-feudal Christian Swedish society fading away and an emerging new one, built on pluralism, democracy and natural science. Evidence for that is taken both from Söderblom's colleagues in the Swedish Academy Albert Engström and Selma Lagerlöf and from members of the Royal family. In contrast to this image, recent research in Sweden revealed the views of the inner circle of the Söderblom family, who partially blamed their famous father for neglecting his children.

»Jazz is poisoning«: die Ahmadiyya-Mission (USA) und der Jazz zwischen Inkulturation und Intransigenz

Friedemann Walldorf

Ende der 1940er Jahre konvertierten Yusef A. Lateef (1920–2013), Art Blakey (1919–1990) und andere bekannte Vertreter des Bebop-Jazz zur Ahmadiyya-Bewegung (Qadian). Dieser Aufsatz untersucht, ob und inwiefern die Konversionen der afroamerikanischen Jazzmusiker im Kontext der Ahmadiyya-Mission einen *gegenseitigen* kulturellen Austausch implizierten, bei dem nicht nur die Konvertiten sich neue Perspektiven aneigneten, sondern auch die Ahmadiyya sich für die Kultur der Konvertiten öffnete. Konkret geht es um die Frage, ob und inwiefern die Konversionen die musikkritische und jazzfeindliche Haltung der Ahmadiyya verändert haben.

In der bisherigen Forschung wurden die Konversionen vor allem in zwei Disziplinen wahrgenommen: der *Jazzgeschichte* und der *Geschichte des afroamerikanischen Islams*. In der frühen Jazzgeschichte galt das Interesse zunächst den sozialen Motiven der Konversionen als Kritik am Rassismus der »weißen Religion« des christlichen Amerika,[1] während in der neueren Jazzliteratur die Wahrnehmung des Jazz als Resonanzraum multireligiöser Spiritualität und interkultureller Narrative im Vordergrund steht.[2] In der Geschichte des afroamerikanischen Islam bilden die Jazz-Konversionen inzwischen einen festen *topos*

1 Vgl. Joachim E. Berendt, Das Jazzbuch. Von New Orleans bis Free Jazz, Frankfurt 1968, 37.

2 Vgl. Norman C. Weinstein, A Night in Tunisia. Imaginings of Africa in Jazz, Metuchen 1992, 145–158; Ingrid Monson, Art Blakey's African Diaspora, in: Dies. (Hg.), African Diaspora. A Musical Perspective (Critical and Cultural Musicology 3), New York 2000, 324–347; Christopher W. Chase, Prophetics in the Key of Allah. Towards an Understanding of Islam in Jazz, in: Jazz Perspectives 4 (2010), 157–181; Jason C. Bivins, Spirits Rejoice! Jazz and American Religion, New York 2015, 38–43.

im Rahmen der Darstellung der Ahmadiyya als Wegbereiter des Islam in den USA.[3] Insgesamt galt das Interesse der bisherigen Forschung damit hauptsächlich der Frage nach dem Einfluss der Ahmadiyya auf die Biographie und Musik der afroamerikanischen Jazzmusiker. Kaum Beachtung fand die *umgekehrte* Fragerichtung: ob und inwiefern die Konversionen sich auf die Ahmadiyya selbst und ihre restriktive Haltung zur Musik ausgewirkt haben.

Um einer Antwort auf diese Frage näher zu kommen, wird im Folgenden zunächst die musikkritische Haltung der Ahmadiyya in ihrem historischen Entstehungszusammenhang in Nordindien kurz betrachtet (1). Im zweiten Schritt werden die Anfänge der Amerika-Mission sowie die überraschende Anknüpfung der Ahmadiyya an die protestantisch-fundamentalistische Jazzkritik der 1920er Jahre beschrieben (2). Im dritten Schritt, dem Hauptteil des Aufsatzes, werden die Ende der 1940er Jahre erfolgten Konversionen junger afroamerikanischer Jazzmusiker zur Ahmadiyya beschrieben sowie deren kurzzeitiges Experiment eines muslimischen Jazzensembles (»The Messengers«) und dessen Ablehnung durch die Ahmadiyya-Missionare (3). Die langfristige Synthese von Jazz und Ahmadiyya-Islam durch einen der Konvertiten, den Jazzsaxophonisten Yusef A. Lateef, wird im vierten Schritt entfaltet (4). Der fünfte Abschnitt beleuchtet die fortgesetzte Ablehnung der Ahmadiyya sowie deren islamisch-theologische Begründung (5). Abschließend werden die beschriebenen Vorgänge als Spannung zwischen *Inkulturation* und interkultureller *Intransigenz* sowie als Konflikt zwischen unterschiedlichen Typen *religiöser Ästhetik* diskutiert.[4]

Zur Verwendung zentraler missionsbezogener Begriffe ist zu sagen, dass die Begriffe in den beschreibenden Teilen weitgehend dem Selbstgebrauch der Ahmadiyya folgen. Wenn also von »Mission«, »Missionar«, »Botschaft« oder »Konvertiten« die Rede ist, wird der Ahmadiyya damit kein fremdes (christliches) Verständnis untergeschoben, sondern zunächst die von ihr selbst in ihren Veröffentlichungen verwendete Begrifflichkeit aufgenommen. Der in der Missions-

3 Vgl. Aminah B. McCloud, African American Islam, New York/London 1995, 20; Richard B. Turner, Islam in the African-American Experience, Bloomington 1997, 138–140; Kambiz GhaneaBassiri, A History of Islam in America. From the New World to the New World Order, New York 2010, 248; Sylvia Chan-Malik, Cultural and Literary Production of Muslim America, in: Juliane Hammer/Omid Safi (Hg.), The Cambridge Companion to American Islam, New York 2013, 279–298, hier: 285. Patrick D. Bowen, History of Conversion to Islam in the United States, Vol. 2: The African American Islamic Renaissance, 1920–1975, Leiden/Boston 2017, 481–485.

4 Vgl. Ulrich Dehn, Die ästhetische Codierung der Wirklichkeit. Zur Typologie von religiösen Seh- und Hörkulturen, in: Berliner Theologische Zeitschrift 23 (2006), 185–198.

wissenschaft in den 1970er Jahren geprägte Begriff der *Inkulturation*[5] wird hier hingegen als analytische und interpretierende religionswissenschaftliche Kategorie verwendet, um Wechselwirkungen zwischen religiösen Selbstverständnissen und dadurch begründeten bzw. begrenzten interkulturellen Anpassungs- und Austauschprozessen in den Blick zu bekommen, in diesem Fall zwischen der Ahmadiyya und Aspekten der afroamerikanischen Kultur, speziell dem Jazz.[6] Der Begriff der *Intransigenz* (Unnachgiebigkeit) wird hier im allgemeinen Sinn der Nicht-Anpassung sozialer oder religiöser Akteure an gesellschaftliche oder kulturelle Veränderungen gebraucht. Er markiert als Gegenbegriff zur Inkulturation speziell die Ablehnung des Jazz als Element afroamerikanischer und moderner Kultur durch die Ahmadiyya-Mission.

1. »Verderbliche Neuerung«: Musikkritik in der frühen Ahmadiyya in Nordindien

Die Ahmadiyya-Bewegung wurde 1889 im nordindischen Qadian von Mīrzā Ghulām Aḥmad (1835–1908) als Erneuerungsbewegung des Islam gegründet. Eine zentrale Motivation war die Abwehr europäischer christlicher Mission und ihrer Argumente. Auf diesem Hintergrund verkündete Ahmad eine neu interpretierte Version des Islam, in der er sich selbst u.a. als Wiederverkörperung des Messias Jesus Christus propagierte, den gewaltsamen islamischen Jihad (ein Hauptvorwurf der christlichen Missionare) für überholt erklärte und für eine ausschließlich friedlich-missionarische und argumentative Verbreitung des Islam eintrat.[7]

5 Vgl. Karl Müller, Inkulturation, in: Lexikon missionstheologischer Grundbegriffe, Berlin 1987, 176–180; Anton Quack, Enkulturation/Inkulturation, in: Handbuch religionswissenschaftlicher Grundbegriffe, Bd. 2, Stuttgart 1990, 283–289.

6 Zur Übertragbarkeit des Inkulturationsbegriffs in die kultur- und religionswissenschaftliche Begrifflichkeit vgl. bereits Hans Waldenfels, Inkulturation, in: Ders. (Hg.), Lexikon der Religionen, Freiburg 1987, 307–309 sowie Christoffer H. Grundmann, Inkulturation. I. Religionswissenschaftlich, in: RGG Bd. 4, Tübingen ^{4}2001, 144–145. Waldenfels betont, dass der »im Hinblick auf das Verhältnis von Christentum und Kulturen gebrauchte Begriff [...] sich aber dann kultursoziologisch auf die entsprechenden zwischen den verschiedenen Kulturen und Religionen sich abspielenden Prozesse und Phänomene übertragen [lässt]« (ebd. 307). Vgl. auch die Verwendung des Inkulturationsbegriffs z. B. bei Eva M. Synek, Pluralität innerhalb der Religionen, in: Johann Figl (Hg.), Handbuch Religionswissenschaft, Innsbruck 2003, 734–754, hier: 741ff.

7 Zur Erforschung der Ahmadiyya-Bewegung vgl. Yohanan Friedmann, Prophecy Continuous. Aspects of Ahmadi Religious Thought and Its Medieval Background (Comparative Studies on Muslim

Musik scheint in diesem Zusammenhang zunächst keine besondere Rolle gespielt zu haben, zumindest nicht im Blick auf die Abgrenzung von den christlichen europäischen Missionaren. Anders war dies im Blick auf die Abgrenzung innerhalb des eigenen nordindischen kulturellen Kontextes, wo sich die verbreitete Hochschätzung musikalisch-religiöser Ausdrucksformen relativ frei in einem kulturellen Kontinuum zwischen hinduistischer *bhakti*-Religiosität und islamischem Sufismus bewegte. In diesem Kontext waren auf hinduistischer Seite die *bhajan* entstanden, emotionale Lobgesänge, die sich in vernakularen Sprachen an hinduistische Gottheiten wie Krishna oder Rama richteten,[8] auf islamischer Seite entwickelten sich die *qawwali*, ebenfalls muttersprachliche Loblieder in Urdu oder Hindi, die sufische Heilige ehren, »oft durchsetzt mit Koranversen oder Prophetenworten«[9]. Das Musikerlebnis selbst (*sama*), das Hören, Singen und Spielen der Instrumente (Trommel, Harmonium), oft verbunden mit ekstatischem Tanz, wurde als Mittel der Gottesbegegnung verstanden: »For centuries the Sufi communities of the Indian subcontinent have sustained this musical tradition in the *mafil-e-sama*, the ›Assembly for listening‹.«[10] Obwohl in verschiedener Hinsicht selbst vom Sufismus beeinflusst,[11] sah der Gründer der Ahmadiyya in der sufischen Musikpraxis eine »verderbliche Neuerung« (*bid'a*), »die der Lehre Mohammeds widerspricht«.[12] In seiner Schrift *Kashti-e-Nuh* (Arche Noahs) von 1902 warf Ahmad den musikbegeisterten Sufis vor, »weit vom Islam abgewichen« zu sein und sich »Tag und Nacht mit ihren verderblichen Neuerungen« zu beschäftigen. Seine eigenen Anhänger warnte Ahmad: »Wenn ihr ihren Versammlungen beiwohnt, so werdet ihr sehen, wie diese Leute sich über Musik-

Societies 3), Berkeley 1989; Andrea Lathan, Reform, Glauben und Entwicklung. die Herausforderungen für die Ahmadiyya-Gemeinde, in: Dietrich Reetz (Hg.), Islam in Europa. Religiöses Leben heute: ein Portrait ausgewählter islamischer Gruppen und Institutionen, Münster 2010, 79–108; Muhammad Afzal Upal, Moderate Fundamentalists. The Ahmadiyya Muslim Jama'at in the Lens of Cognitive Science of Religion, Berlin/Boston 2017.

8 Vgl. Guy L. Beck, Hinduism and Music, in: Ders. (Hg.), Sacred Sound: Experiencing Music in World Religions, Waterloo 2006, 113–139, hier:133.

9 Syed Akbar Hyder/Carla Petievich, Qawwali Songs of Praise, in: Barbara D. Metcalf (Hg.), Islam in South Asia in Practice, Princeton 2009, 93–100, hier: 93 (Übersetzung FW).

10 Regula Qureshi, Sufi Music of India and Pakistan. Sound, Context and Meaning in Qawwali, Cambridge 1986, 1.

11 Vgl. Friedmann, Prophecy Continous, 142–146.

12 Abdoljavad Falaturi, Bid'a, in: Klaus Kreiser/Rotraud Wielandt (Hg.), Lexikon der Islamischen Welt, Stuttgart 1992, 57–58, hier: 57.

instrumenten[13] und in ›Qawwalis‹ beugen und schwingen und zahlreiche ›Bid'ats‹ [verderbliche Neuerungen, FW] bezeugen, anstatt im Heiligen Qur-ân und im Hadith zu lesen.«[14]

Auch Ahmads zweiter Nachfolger, sein Sohn Mahmud Ahmad, unter dessen Kalifat (1914–1965) die Amerika-Mission ihren Anfang nehmen sollte, verurteilte Musik als schädliche und nutzlose Aktivität. In einer nicht näher datierten Parabel thematisiert er *am Beispiel der Musik* den Umgang mit schädlichen, in Tat und Wort zu bekämpfenden Aktivitäten: In der Parabel zertrümmert ein nicht näher bezeichneter Geistlicher (»a divine«) die Violine eines Musikers am Königshof und erklärt dem überraschten König, man müsse dem Bösen immer auf die Weise begegnen, die gerade möglich sei: wenn möglich durch Taten (»if you see evil and have strength, use it to bring about reform«), ansonsten mit Worten und im widerstrebenden Erleiden.[15]

2. »Jazz is poisoning«: die Anfänge der Ahmadiyya-Mission in den USA

Unter der Ägide Kalif Mahmud Ahmads begann 1920 die amerikanische Mission der Ahmadiyya. Sechs Jahre zuvor (1914) war es zu einer Spaltung gekommen, bei der ein Teil der Bewegung den prophetischen und messianischen Anspruch des Gründers und ein daraus abgeleitetes Kalifat abgelehnt und sich – mit neuem Sitz in Lahore – von der Stammgruppe in Qadian getrennt hatte. Mit umso größerem Eifer initiierte der verbleibende Qadian-Zweig (im folgenden »Ahmadiyya«) seine Amerika-Mission, deren Pionier der Inder *Mufti Muhammad Sadiq* wurde. Sadiq, der bereits zuvor als Ahmadiyya-Missionar in London gewirkt hatte, war ein begabter Redner und fleißiger Stratege und begann zunächst in New York, dann bald in Chicago nach Anknüpfungspunkten in der amerikanischen Gesellschaft zu suchen. Dazu gründete er eine Zeitschrift, *The Moslem Sunrise* (ab 1950

13 Verschärfend auf Ahmads Kritik dürfte gewirkt haben, dass die qawwali seit dem späten 19. Jahrhundert mit einem indischen Nachbau des von europäischen Missionaren verwendeten Harmoniums begleitet wurden, vgl. Rolf Hocke, Das indische Kirchenlied und seine Entstehung, in: Verena Grüter/Benedict Schubert (Hg.), Klangwandel. Über Musik in der Mission, Frankfurt 2010, 159–184, hier: 165.

14 Mirza Ghulam Ahmad, Die Arche Noahs die Festung des Glaubens [urd. Kashti-e-Nuh, 1902], Frankfurt [2]2015, 156.

15 Mirza Mahmud Ahmad, Points to Ponder [1985], Neuausgabe Silver Spring 2011, 44–45.

The Muslim Sunrise), und prägte ein Motto: die Ahmadiyya als multiethnisch-universale islamische Gemeinschaft – eine »*universal brotherhood*«.[16] Diese Botschaft stieß vor allem in der afroamerikanischen Bevölkerung, die unter dem Rassismus der amerikanischen Gesellschaft (und Kirchen!) litt, auf Resonanz. Im *Moslem Sunrise* warb Sadiq:

> »My dear American negro – [...] The Christian profiteers brought you out of your native lands of Africa and in Christianizing you made you forget the religion and language of your forefathers – which were Islam and Arabic. You have experienced Christianity for so many years and it has proved to be no good. It is a failure. Christianity cannot bring real brotherhood to the nations. So, now leave it alone. And join Islam, the real faith of *Universal Brotherhood*. We have opened a School of Islam and the Arabic language. Join Islam in the Ahmadia movement.«[17]

Obwohl Sadiqs Darstellung es mit den historischen Fakten nicht ganz so genau nahm (immerhin war nur eine Minderheit der westafrikanischen Sklaven und Sklavinnen ursprünglich muslimisch gewesen),[18] zeigte sie das historische und fortgesetzte Unrecht einer sich als christlich verstehenden Zivilisation und sprach – mit missionarischem Kalkül – die wunden Punkte der afroamerikanischen Adressaten und Adressatinnen an. Nicht ohne Erfolg, denn diese Botschaft führte in kurzer Zeit zu weit über hundert Konversionen, die minutiös namentlich (Vorname) und mit Angabe des Herkunftsstaates in den nächsten Ausgaben des *Moslem Sunrise* abgedruckt wurden.[19] Um zu konvertieren genügte es, eine in der Zeitschrift abgedruckte Erklärung, die auch das Treuegelöbnis (*bai'at*) ge-

16 Zur Geschichte der amerikanischen Ahmadiyya-Mission vgl. Yvonne Y. Haddad/Jane I. Smith, Mission to America. Five Islamic Sectarian Communities in North America, Gainsville 1993, 49–78; Brennon Ingram, Ahmadi Muslim Americans, in: Edward E. Curtis IV (Hg.), Encyclopedia of Muslim-American History, New York 2010, 32–36, sowie Turner, Islam in the African-American Experience, 108–147.

17 The Moslem Sunrise 1923, April–July, 184, kursiv FW.

18 Vgl. Allan D. Austin, African Muslims in Antebellum America. Transatlantic Stories and Spiritual Struggles, New York 1997. Die missionarisch-strategische Darstellung Sadiqs ignoriert natürlich, dass Sklavenhandel und Rassismus auch in der islamischen Geschichte präsent waren, vgl. Hans Müller, Sklaverei, in: Klaus Kreiser/Rotraud Wielandt (Hg.), Lexikon der Islamischen Welt, Stuttgart 1992, 258–260. Aus den gleichen strategischen Gründen bleibt auch die Tatsache unerwähnt, dass die christlichen *black churches* ebenfalls im Kampf gegen den Rassismus engagiert waren, vgl. C. Eric Lincoln, Lawrence H. Mamiya, The Black Church in the African American Experience, Durham 1990, 4f.162.

19 Vgl. die Ausgaben des Moslem Sunrise 1923: January, 169–172; April–July, 191. Siehe auch: Turner, Islam in the African-American Experience, 124f.

genüber dem Kalifen Mahmud Ahmad einschloss, zu unterschreiben und an die Ahmadiyya-Zentrale in Chicago zu senden.[20]

In bemerkenswerter Spannung zu dieser kulturbezogenen Strategie stand Sadiqs scharfe Ablehnung eines gerade damals an Bedeutung gewinnenden Elements afroamerikanischer Kultur: des Jazz. Das, was später als *jazz*, oder auch als *hot music* bezeichnet wurde, hatte sich seit Ende des 19. Jahrhunderts aus den *negro spirituals*, den *work songs* und dem *blues* der afroamerikanischen Kultur in den Südstaaten entwickelt.[21] Im Zuge der Entstehung neuer Industrien und Arbeitsplätze im Norden und Osten der USA waren in den ersten beiden Jahrzehnten des 20. Jahrhunderts viele Afroamerikaner – und mit ihnen der Jazz – nach Chicago und New York gekommen. Ihre *hot music*, der Jazz, stieß in den Tanzsälen der weißen urbanen Bevölkerung auf wachsende Begeisterung und begann in den 1920er Jahren die Unterhaltungskultur Nordamerikas (und Europas) zu erobern. Der Jazz, und damit ein Kernelement afroamerikanischer Kultur, wurde zu einem gesamtgesellschaftlichen Phänomen und zum Symbol der als »Jazz-Age« bezeichneten 1920er Jahre – auch wenn der Rassismus damit noch lange nicht überwunden war.[22]

Im missionarischen Diskurs der Ahmadiyya zeigt sich hier eine merkwürdige Spannung. Statt den Jazz als kulturellen Ausdruck afroamerikanischer Selbstbefreiung zu würdigen und als Aspekt missionarischer Anknüpfung zu begreifen, suchte Sadiq den Anschluss an die konservative Jazz-Kritik des weißen protestantischen Establishments. Im *Sunrise* zitierte Sadiq zustimmend die populäre weiße Schriftstellerin Margaret Culkin Banning (1891–1982): »Jazz is poisoning marriage at its source«.[23] Das Zitat entstammte einem Interview, das Banning der New Yorker Zeitung *Evening World* gegeben und in dem sie den Jazz als »lawless rhythm« und Faktor des gesellschaftlichen Niedergangs gebrandmarkt

20 Vgl. Bismillah. Agreement Signed by the New Converts, in: The Moslem Sunrise 1922/3, 114.

21 Vgl. Friedemann Walldorf, »There's a better day a coming«. Afroamerikanische Musik als Inkulturation – eine historisch-missiologische Spurensuche, in: Interkulturelle Theologie 34 (2008), 68–90.

22 Der ursprünglich von Schriftsteller F. Scott Fitzgerald geprägte Begriff des Jazz Age interpretiert (ähnlich wie »the Roaring Twenties«) die 1920er Jahre als tanzbegeisterte und liberale gesellschaftliche Phase zwischen dem Ende des 1. Weltkriegs und der Weltwirtschaftkrise von 1929, vgl. Chip Rhodes, Structures of the Jazz Age. Mass Culture, Progressive Education and Racial Discourse in American Modernism, London/New York 1998, 3–4; Sieglinde Lemke, Primitivist Modernism. Black Culture and the Origins of Transatlantic Modernism, New York 1998, 59–61.

23 The Moslem Sunrise 1922, July, 123. Ob für Sadiq beim Aufgreifen dieser Begrifflichkeit die traditionelle islamische Warnung vor dem Musikgenuss als »poison« mitschwang, muss offen bleiben, vgl. Amnon Shiloah, Music in the World of Islam. A Socio-cultural Study, Detroit 1995, 41.

hatte: »What the jazz spirit does to the modern marriage is to divert it from the pursuit of ideals to the pursuit of pleasure. We are NOT put here for that.« Vor allem das Tanzen zum Jazz beschrieb Banning – mit unverhohlenem Rassismus – als »quite African« und »so ugly«.[24] Außerdem solidarisierte Sadiq sich im *Sunrise* mit der moralischen Jazz-Schelte des bekannten fundamentalistischen New Yorker Baptistenpastors John Roach Straton (1875–1929): »Rev. Dr. Straton frequently attacks dancing, stage and show pictures [...] in his sermons.« Die Ineffektivität von Roachs Appellen angesichts der sich liberalisierenden New Yorker Gesellschaft fand Sadiq allerdings (nicht ohne ironischen Unterton) bemitleidenswert: »But who listen [sic!] to him [...] He is now asked by some to resign. Poor Dr. Straton, we sympathize with him.«[25]

Doch bald gab Sadiq seine öffentliche Jazz-Polemik auf. Auch seine Nachfolger als leitende Ahmadiyya-Missionare, die Inder *Sufi M. R. Bengalee* (1928–1947) und *Khalil Ahmad Nasir* (1947–1959), ließen das Thema ruhen. Da der Jazz in immer breiteren Schichten der Gesellschaft, auch in konservativeren Kreisen, akzeptiert wurde, verhieß die moralische Jazz-Polemik – zumal als missionarische Strategie – keine Erfolge mehr. Vor allem im Blick auf die afroamerikanische Bevölkerung setzten Bengalee und Nasir denn auch wieder auf den von Sadiq erfolgreich begonnenen Diskurs der »universal brotherhood«. Auf der Weltausstellung in Chicago 1933 warb Bengalee im Rahmen der Veranstaltungen der »World Fellowship of Religions« für den Ahmadiyya-Islam als alle sozialen Unterschiede überwindende »universal brotherhood« und fügte – mit einem kritischen Auge auf den Rassismus des christlichen Amerika – hinzu: »Islam is the most dynamic democratic force in the world.«[26] In den weltwirtschaftlichen und politischen Spannungen nach 1945 präsentierte Bengalees Nachfolger Khalil Ahmad Nasir den Islam als »flawless economic system«. Mit seinem System der Almosensteuer (*zakat*) fördere der Islam sowohl die individuelle Initiative als auch die gesellschaftliche Solidarität und stelle somit die Antwort auf die

24 The Evening World, Tuesday, January 31, 1922, 3.

25 The Moslem Sunrise 1922/1, 71. Zu Straton als »fundamentalist moral reformer« vgl. George M. Marsden, Fundamentalism and American Culture, Oxford 1980, 161ff. Zur Jazzpolemik Stratons vgl. Ralph G. Giordano, Satan in the Dance Hall. Rev. John Roach Straton, Social Dancing, and Morality in 1920s New York City, New York 2008.

26 Sufi Mutiur Rahman Bengalee, Islam – Solution of World's Problems, in: Charles F. Weller (Hg.), World Fellowship. Adresses and Messages by leading spokesmen of all Faiths, Races and Countries, New York ^{2}1938, 840–851, hier: 844.

Spannungen zwischen kommunistischem und kapitalistischem Wirtschaftssystem dar.[27]

3. »The Messengers«: Die Konversion afroamerikanischer Jazzmusiker nach 1945

Mit diesem erneuerten missionarischen Diskurs einer »universal brotherhood« hatten auch Bengalee und Nasir wieder Erfolg – ironischerweise allerdings gerade unter jungen afroamerikanischen *Jazzmusikern.* Wie unerwartet und unbequem gerade dieser Erfolg für die Missionare gewesen sein muss, zeigt sich darin, dass die Konversionen zwar einen deutlichen Niederschlag in der zeitgenössischen Presse fanden, in der öffentlichen Berichterstattung der Ahmadiyya selbst aber – entgegen der bisherigen Praxis (siehe oben) – verschwiegen wurden. Wie die Konversionen abliefen, lässt sich angesichts zum Teil widersprüchlicher Selbst- und Fremdzeugnisse nur ungefähr erheben.[28] Fest steht, dass sich Ende der 1940er Jahre eine wachsende Zahl von jungen New Yorker *Bebop*-Jazzmusikern der Ahmadiyya zuwandten, die im gleichen Zeitraum eine Station in New York eröffnete. Schlüsselfiguren der Entwicklung waren der afrikanisch-karibische Immigrant und Trompeter Alfonso Nelson Rainey alias *Talib Dawud* (1923–1999) sowie der junge Ahmadiyya-Missionar *Ghulam Yasin*, der 1947 aus Pakistan gekommen war und bald die Verantwortung für die New Yorker Station übernahm.[29] Während Yasin aufgrund der beschriebenen Quellenlage weithin im Schatten der Entwicklungen bleibt, fanden die Aktivitäten von Rainey/Dawud ihren Niederschlag in Presse und Forschung.

Alfonso Nelson Rainey war auf British Antigua geboren und Anfang der 1940er Jahre nach New York gekommen. Nicht lange nach seiner Ankunft hatte

27 Khalil Ahmad Nasir, Islamaic vs. Capitalistic and Communistic Systems of Economics, in: The Moslem Sunrise, 1946/3, 18–21, hier: 18–19.

28 Meine Darstellung stützt sich auf autobiographische Texte wie Yusef A. Lateef with Herb Boyd, The Gentle Giant. The Autobiography of Yusef Lateef, Irvington 2006, Presseberichte (s. u.) sowie Zeitzeugeninterviews u. a. bei Hisham Aidi, Rebel Music. Race, Empire, and the New Muslim Youth Culture, New York 2014, 94–102; Robert Dannin, Black Pilgrimage to Islam, New York 2002, 57–62 sowie Turner, Islam in the African-American Experience, 138–142, und McCloud, African American Islam, 20, 202; Bowen, History, 481–485.

29 Vgl. Ahmadiyya Muslim Centenary 1889–1989. Souvenir presented by Ahmadiyya Movement in Islam New York Jamaat, New York 1989, 13, 16; Welcome to Ghulam Yasin, in: The Moslem Sunrise 1947/2–3, 31, vgl. The Ahmadiyya Gazette 1950 June, 2.

er sich unter dem Einfluss eines afroamerikanischen Ahmadi der Ahmadiyya angeschlossen und den Namen Talib Dawud angenommen.[30] Bald darauf gelang ihm auch beruflich der Durchbruch, als Dizzy Gillespie (1917–1993), einer der einflussreichsten Vertreter des Bebop, ihn in sein Orchester im *Spotlite* Jazzclub an der 52nd Street in Manhattan holte.[31] Von dort aus entfaltete Dawud eine rege missionarische Tätigkeit, bei der er eine Reihe von Musikerkollegen für die Ahmadiyya gewann: unter anderen den aufstrebenden Jazz-Schlagzeuger Art Blakey, der sich den Namen *Abdullah Ibn Buhaina* gab,[32] und den Detroiter Saxophonisten William E. Evans, der sich nach seiner Konversion *Yusef A. Lateef* nannte.[33] Lateef erinnert sich:

> »My embrace of Islam came about in 1946 while I was working with the Wally Hayes Band in a club on the west side of Chicago. One night a trumpet player named Talib Dawud sat in with us. He told me that he was an itinerant musician and that he was practicing Islam as a member of the Ahmadiyya movement. I expressed interest in learning more about Islam. He said he would give me some literature. It was published by the Ahmadiyya Movement.«[34]

Bald kam auch Lateef nach New York, wo Dawud inzwischen regelmäßige Treffen zum Koranstudium in Blakey's Apartment an der 117th Street in Harlem initiiert hatte[35] – vermutlich in Verbindung mit Ahmadiyya-Missionar Ghulam Yasin, der in der Nähe wohnte und an der 116th Street die Ahmadiyya-Station

30 Die Berichte sind widersprüchlich: Laut Dannin, Black Pilgrimage, 58ff, und Bowen, History, 482ff, konvertierte Dawud unter dem Einfluss eines afroamerikanischen Ahmadi in Philadelphia; dagegen behauptet Eric C. Lincoln, The Black Muslims in America [1961], Grand Rapids ³1994, 170, Dawud sei durch den Ahmadiyya-Missionar Ghulam Yasin konvertiert worden, was wohl falsch ist, da Yasin erst 1947 in die USA gekommen war, Rainey aber schon im November 1945 bei Aufnahmen mit »Andy Kirk and his Orchestra and The Jubalaires« (Decca 18782 & 18916, USA 1946) mit seinem muslimischen Namen Talib Dawud aufgeführt ist.

31 Vgl. Dizzy Gillespie, To be or not to bop [1979], Minneapolis 2009, 268; zu hören ist Dawud auf: Dizzy Gillespie Big Band, Showtime at the Spotlite [1946] (Uptown Records, USA 2008) sowie Dizzy Gillespie, At Newport (Verve, USA 1957).

32 Vgl. Moslem Musicians, in: Ebony, Oktober 1953, 104–111, hier: 108; Leslie Gourse, Art Blakey. Jazz Messenger, New York 2002, 63; Brandi Denison, Blakey, in: Encyclopedia of Muslim-American History, 85–86.

33 Zu weiteren Konvertiten Dawuds vgl. Robin D. Kelley, Africa Speaks, America Answers. Modern Jazz in Revolutionary Times, Cambridge 2012, 95–96, 199f.

34 Lateef, Gentle Giant, 56f.

35 Vgl. Moslem Musicians, in: Ebony, Oktober 1953, 104–111, hier: 108; Leslie Gourse, Art Blakey. Jazz Messenger, New York 2002, 63; Lateef, Gentle Giant, 57–58.

eröffnet hatte.[36] Aus der Musiker-Studiengruppe in Blakey's Apartment entstand – unter der musikalischen Leitung Art Blakey – eine Art Ahmadiyya-Jazz-Ensemble, das sich zunächst *The Seventeen Messengers*, später einfach *The Messengers* nannte und in wechselnden Besetzungen spielte.[37] Dabei griff der Name des Ensembles nicht nur das Sendungsbewusstsein des Islam oder »the common cultural belief that African American music has a message«[38] auf, sondern symbolisierte auch das spezielle Sendungsverständnis der Ahmadiyya, das in fast jeder Ausgabe des *Moslem Sunrise* mit dem Bekenntnis zu Mirza Ghulam Ahmad als »expected *Messenger* of all Nations« zum Ausdruck kam.[39] Auch Yusef Lateef wurde Teil des Ensembles und erinnert sich: »Brother Buhaina's [= Art Blakey, FW] style, ingenuity and leadership quality of his band allowed me to feel free to exercise my utmost artistic abilities that God had given me.«[40] Als *Art Blakey's Messengers* nahm ein Teil der Gruppe im Dezember 1947 zwei Platten für das Blue Note-Label auf,[41] darunter auch den von Talib Dawud komponierten Titel »The Bop Alley«. Das Ensemble spielte klassischen Bebop-Jazz und wies noch keinerlei Einflüsse arabischer, afrikanischer oder indischer Musik auf, wie sie später vor allem bei Lateef zu hören waren (siehe 4.), doch das neue religiöse Selbstverständnis der Musiker blieb nicht verborgen und erweckte die wohl intendierte Aufmerksamkeit. Das Musiker-Magazin *Billboard* witzelte unter der Überschrift »Allah Gators«:

> »The Moslems have taken over bop! In Harlem, a group of bop specialists known as *The Messengers* have turned Mohammedan. In dead earnest, both as to their religion and their music, they wear turbans on and off the stand, play in the prescribed Moslem fashion and read the Koran faithfully. They've even adopted Moslem names.«[42]

36 »During his stay in New York M. Ghulam Yasin lived and worked at an old brownstone house in the West 80's.«, AMC New York, Souvenir 1989, 16. Die neue Ahmadiyya-Station lag an der 116th Street, vgl. Muslim Sunrise, 1950/1, Innenseite Titelblatt.

37 Vgl. Kelley, Africa Speaks, 95–96. 199f.

38 Monson, Art Blakey's African Diaspora, 331.

39 Vgl. z. B. The Moslem Sunrise 1948/4, Innenseite Titelblatt.

40 Lateef, Gentle Giant, 58.

41 Art Blakey's Messengers (Blue Note 545 & 546, USA 1948). Zur Besetzung des Ensembles vgl. Fred Patterson, The Jazz Messengers (April 12, 2011), in: The Archives of Contemporary Music, http://arcmusic.org/features/the-jazz-messengers (3.9.2018). Dawud war zeitweise Lead-Trompeter der Gruppe, fehlte aber bei den Aufnahmen, vgl. Charley Gerard, Jazz in Black and White. Race, Culture, and Identity in the Jazz Community, Westport 1998, 75.

42 Allah Gators, in: Billboard, May 8, 1948, 28.

Bald darauf berichtete auch das *Life Magazine* über den religiösen Trend im Bebop: »Mohammedan leanings are shown by many bebop musicians, some of whom have actually turned Mohammedan [and] interrupt rehearsals at sunset to bow to the east.«[43] Während die Medien sich auf die Exotik der neuen Richtung stürzten, waren die persönlichen Gründe der musikalischen Konvertiten unterschiedlich, können aber insgesamt als Reaktion auf die Ahmadiyya-Botschaft einer »universal brotherhood« verstanden werden: »escaping the degradation of being ›Negro‹ in order to become human and, for better or worse, exotic.«[44] Dies schließt moralische, spirituelle und intellektuelle Motive keineswegs aus. Lateef erinnert sich: »It was clear to me that Islam, through prayer and doing good deeds, could direct one's life in a proper way. [...] The primary belief was in one God, the Creator of the heavens and the earth. All of this was very appealing to my rationality.«[45]

Die selbstverständliche Verknüpfung von Religion und Jazz bei den »Messengers« entsprach den kulturellen Wurzeln der afroamerikanischen Musiker, die weitgehend in der musikalischen Kultur der *black churches* sozialisiert worden waren.[46] Bei den Ahmadiyya-Missionaren hingehen stieß die religiöse Synthese auf wenig Verständnis, was angesichts der frühen Ablehnung der sufischen *qawwali* – in ihrer improvisatorischen und ekstatischen Qualität dem Jazz nicht unähnlich – wenig überraschend war (siehe 1.). Ein damals beteiligter afroamerikanischer Ahmadi erinnert sich: »many of the immigrants [d. h. die südasiatischen Ahmadiyya-Missionare, FW] didn't like jazz – I remember one Pakistani missionary said jazz was the worst art form«.[47] Statt einer Synthese von Jazz und Ahmadiyya erwarteten die Missionare die *Abwendung* vom Jazz als Konsequenz von Konversion und Treuegelöbnis (*bai'at*). In diesem Sinn galt vor allem der afroamerikanische Ex-Jazzposaunist Howard Scott (alias Muhammad Sadiq – nicht zu verwechseln mit dem gleichnamigen Missionar!) als vorbildlich: »After accepting Islam his whole life was changed. *He left music*, which was his sole

43 Bebop – New Jazz school is led by trumpeter who is hot, cool and gone, in: Life Magazine, October 11, 1948, 139–142, hier: 142. Auch Gillespie wurde als Muslim portraitiert, dementierte jedoch später: »I wasn't a Muslim. They tricked me.« Gillespie, To be or not to bop, 293.343.

44 Kelley, Africa Speaks, 96.

45 Lateef, Gentle Giant, 56f.

46 Zum Hintergrund Blakeys und Lateefs in der *black church* vgl. Art Blakey bei Nat Henthoff, Jazz Messengers blazing a spirited trail, in: Downbeat 23, February 22, 1956, 10; Lateef, Gentle Giant, 11, 23.

47 Abdul Kareem, zit. bei Aidi, Rebel Music, 97.

source of livelihood.«[48] Damit schien das auf Dauer einzig akzeptable Verhältnis von Jazz und Ahmadiyya festgelegt: die gegenseitige Exklusion.

4. »My own voice«: die widerständige Synthese des Yusef A. Lateef

Es überrascht nicht, dass die Ahmadiyya-Musikergemeinschaft um Dawud, Blakey und Lateef sich Anfang der 1950er Jahre auflöste. Blakey zeigte sich enttäuscht von den aus seiner Sicht rassistischen Vorbehalten der Ahmadiyya-Missionare und lehnte die islamischen Pflichten schließlich als unvereinbar mit dem Leben als Musiker ab.[49] Ab 1953 formte Blakey sein erfolgreiches Ensemble *The Jazz Messengers*, womit er zwar den Namen der Vorgänger-Formation übernahm, explizite islamische Sendungsgedanken aber aufgab: »Well, in Jazz, you get the message when you hear the music.«[50] Dawud wählte den entgegengesetzten Weg, gab seine Karriere als Jazz-Trompeter auf und intensivierte seinen Einsatz für den afroamerikanischen Islam, allerdings zunehmend außerhalb der Ahmadiyya, aus der er 1958, vermutlich aufgrund kritischer Äußerungen gegenüber der Hierarchie, ausgeschlossen wurde.[51]

Lateef hatte New York bereits Anfang der 1950er Jahre wieder verlassen und war nach Detroit zurückgekehrt. Im Unterschied zu Dawud und Blakey blieb er der Ahmadiyya jedoch in langfristiger, wenn auch widerständiger Loyalität verbunden. Dabei entwickelte er eine Synthese aus Ahmadiyya-Spiritualität und Jazz, die eine bemerkenswerte Eigenständigkeit zum Ausdruck brachte. Entgegen der Vorstellungen der Ahmadiyya-Missionare verfolgte Lateef seine professionelle Karriere als Jazzmusiker stringent weiter, spielte regelmäßig in Jazzclubs, in denen Tanz und *drinks* nicht wegzudenken waren, verzichtete selbst aber konsequent auf Drogen und Alkohol. Auch die islamischen Pflichten nahm

48 Vgl. Ahmadiyya Muslim Centenary, 25–26, kursiv FW. Auch der heutige Kalif Mirza Masroor Ahmad lobte ihn in einer Predigt: »However, when he accepted Ahmadiyya, he neither cared for music nor craved for the wealth he could have gained through his profession. He promptly gave it all up […], remembering the Holy Prophet with tear-filled eyes.« Mirza Masroor Ahmad, Conditions of Bai'at, Tilford UK, 2005, 248.

49 Vgl. Gourse, Jazz Messenger, 16.62; Denison, Blakey, 85–86.

50 Blakey bei Hentoff, Jazz Messengers.

51 Vgl. Udosen Essien-Udom, Black Nationalism. A Search for an Identity in America, Chicago 1962, 313, Fn. 30; Bowen, Conversion, 484.

er ernst. Entgegen der Tanz-Kritik der Ahmadiyya hielt er fest: »Music began with dancing. […] One can say that music depends on dancing for its existence.«[52] Mit seinem Quintett und als Solokünstler nahm Lateef über 70 Alben bei führenden Jazz-Labels auf, unter anderem die Alben *Prayer to the East* (Savoy Records 1957), *Jazz for the Thinker* (Savoy 1957) und *Eastern Sounds* (Prestige 1961), die für die Entwicklung von *world music* im Jazz richtungsweisend wurden.[53] Dabei verarbeitete er Einflüsse islamischer Klangkultur (z. B. durch musikalische Nachempfindungen des Gebetsrufs) sowie Skalen und Instrumente aus afrikanischen, arabischen oder indischen Musikkulturen.[54] Gleichzeitig schätzte Lateef seine Wurzeln in der Gospelmusik und brachte sie in Klangzitaten, Bearbeitungen und Kooperationen immer wieder ins Spiel.[55] Auch Lateefs bleibende Vorliebe für Programmmusik, die musikalische Nachempfindung konkreter Phänomene aus der Lebenswelt, die von muslimischen Theoretikern z. T. als unislamisch abgelehnt wurde,[56] zeigt seine Unabhängigkeit.

Dennoch ging die religiöse und moralische Jazzkritik der Ahmadiyya nicht spurlos an Lateef vorüber. 1958 formulierte er sein Verständnis des Jazz so:

> »Basically, I'd like to help establish jazz as a pure, respected American cultural form. This means doing away with the derogatory connotations associated with jazz and jazz musicians. I'd like the listener to be elevated morally by listening. You know, beautiful sounds come from a person with a beautiful soul.«[57]

Damit strebte Lateef offensichtlich zwei Ziele an: Einerseits wollte er den Jazz als ästhetisch und moralisch wertvolle Kunstform verteidigen (auch gegenüber

52 Lateef, Gentle Giant, 21–24.136.

53 Vgl. Jürg Solothurnmann, Jazz und ethnische Musik, in: Klaus Wolbert (Hg.), That's Jazz. Der Sound des 20. Jahrhunderts, Darmstadt 1997, 277–290, hier: 284.

54 Ausführlich dazu Chase, Prophetics, 171–173, und Weinstein, A Night, 147ff.

55 Beispielsweise »His Eye is on the Sparrow«, das Liebingslied seiner Mutter, mit dem Gospelchor J. C. White Singers auf Hush'n Thunder (Atlantic, USA 1973), vgl. Lateef, Gentle Giant, 5; Chase, Prophetics, 171.

56 So Ismai'l und Lois Al-Faruqi in ihrem The Cultural Atlas of Islam (New York 1986): Islamische Musik müsse die Einheit (tawhid) Allahs widerspiegeln, weshalb »sounds that arouse psychological or kinesthetic correspondences to beings, events, objects, or ideas within nature« zu vermeiden seien, ebd. 466. Lateef dagegen: »I like to play about thoughts, feelings and images that are close to people. Music, after all, isn't something you separate from your life. It is an extension of who you are all the time.« Lateef zit. von Nat Henthoff, Liner Notes, Into Something (New Jazz 1961), vgl. Weinstein, A Night, 147.

57 Lateef bei Don Gold, Yusef Lateef. Jazz from Detroit, in: Downbeat 1958, May 1, 18–19, hier: 19.

der Kritik der Ahmadiyya), andererseits betonte er die entscheidende Bedeutung moralischer Integrität für die Musiker selbst. Lateef sah den Jazz zwar als »the romance of American history«,[58] doch vermutlich nicht zuletzt aufgrund der ablehnenden Haltung der Ahmadiyya suchte er nach einer neuen Begrifflichkeit. So sprach er seit den 1970er Jahren nicht mehr gerne von *Jazz*,[59] sondern von »Art of Improvisation« oder »Autophysiopsychic music«: Musik, die als Ausdruck der eigenen, unverwechselbaren Persönlichkeit Körper, Geist und Seele umfasst: »I had to find my own independent voice. This happened years ago and ever since I've been on a journey of building my own way of expressing my ideas. I think that this is the tradition of this music.«[60] Doch wie ging die Ahmadiyya ihrerseits mit Lateefs Synthese zwischen Jazz und Ahmadiyyat um? Beeinflussten Lateefs Perspektiven auch die Sichtweisen der Ahmadiyya-Hierarchie?

5. »We never talked about music«: Intransigenz in der Ahmadiyya

Zunächst ist festzustellen, dass die Jazz-Konversionen der 1940er Jahre sowie Lateefs fortgesetzte Synthese in der Berichterstattung der Ahmadiyya lange Zeit ausgeblendet blieben. Selbst ausführliche historische Rückblicke anlässlich wichtiger Jubiläen wie der Zweihundertjahrfeier der USA 1976 (»Bicentennial«),[61] der Hundertjahrfeier (»Centenary«) der Ahmadiyya 1989[62] und der 50. *Jalsa Salana* (Jahresversammlung) in den USA im Jahr 1998[63] lassen die Jazz-Konversionen aus.[64] Ein Konversionsbericht Lateefs, der 1993 in *Al-Nahl*, der Zeitschrift der amerikanischen Ahmadiyya-Männervereinigung *Majlis Ansarullah* erschien, kommt ohne jeden Bezug zum Jazz aus.[65]

58 Lateef, Gentle Giant, 36. »The so-called emergence of be-bop […] to me was a very exciting musical development. […] It was an extremely productive era.«, ebd. 35.

59 Vgl. Lateef bei C. Gerald Fraser, When Yusef Lateef Plays, Please Don't Call It Jazz, in: The New York Times, Jan. 28, 1977, 67.

60 Lateef bei Assif Tsahar, Gentle Giant. Interview with Yusef A. Lateef, in: The Muslim Sunrise, Summer 2006, 46–50, hier: 47.

61 The Muslim Sunrise 1976 Special Convention Issue.

62 Ahmadiyya Muslim Centenary.

63 Ahmadiyya Muslim Community USA, 50th Jalsa Salana Souvenir, Silver Spring, June 1998.

64 Khalil Ahmad Nasir, The History of Ahmadiyyat in America, in: The Muslim Sunrise 1976, 5–7, 11.

65 Vgl. Yusef Lateef, Why I accepted Islam, in: Al-Nahl, Winter 1993, 16–17.

Eine vorsichtige Öffnung schien sich jedoch mit dem Beginn des Kalifats von *Mirza Tahir Ahmad* (1982–2003) anzudeuten, der sich im Zuge der Verlegung der Ahmadiyya-Zentrale von Rabwah (Pakistan) nach London 1984 um eine verstärkte kontextuelle Annäherung an die westliche Kultur bemühte.[66] Tahir forderte seine Missionare zu mehr Geduld mit den westlichen Konvertiten auf, gerade in Sachen Kunst und Musik:

> »For instance, take one who is accepting Islam from a Western society. If you immediately declare a fatwa against his interest in art, not only will he not understand, he will be more inclined to lose faith in Islam because it would appear to be so unnatural.«[67]

Der Kalif schlug einen versöhnlichen Ton an: Er sei kein Experte zum Thema Musik, man möge ihm verzeihen »if some of my remarks are considered alien to the realities of the world of music«, doch spreche er aus seiner »intuition« heraus.[68] In der Zielvorstellung blieb Tahir Ahmad jedoch bei einer konservativen Linie. Musik gehöre in koranischer Sicht zur Kategorie des »*Lagvh*« [sic], der »useless, valueless, nonsense things«.[69] Es sei eine Frage religiöser Reifung, dass ein Ahmadi sich mit der Zeit von der Begeisterung für Musik löse. Aus der Sunna gehe hervor, dass Mohammed seinen Gefährten das *Genießen* von Musik (»to enjoy music and be given up to music«) nicht erlaubt habe, wohl aber das Genießen der Koranrezitation und guter Poesie, wobei der Geschmack der Gefährten sich stufenweise von der Poesie hin zur Koranrezitation entwickelt habe. Das Ziel sei die allmähliche Befreiung von der Gewohnheit des Musikgenusses (»a wise approach of a systematic and gradual deliverance from that habit«). Dabei sei gegen das gelegentliche, oft unvermeidliche Hören von Musik (»an occasional brush with music«) nichts einzuwenden. Bei wem Musik aber zur »ambition and obsession« werde, der sei »an obvious looser« [sic!]. Ohne Differenzierung lehnte Tahir

66 Vgl. Adil H. Khan, From Sufism to Ahmadiyya. A Muslim Minority Movement in South Asia, Bloomington 2015, 167.

67 Mirza Tahir Ahmad, Art and Music in Islam, in: Muslim Sunrise 1987/2, 36–41, hier: 37.

68 Vgl. Mirza Tahir Ahmad, Islam's Response to Contemporary Issues [1992], Tilford UK 2007, 73.

69 Mirza Tahir Ahmad, Art and Music, 36. Im Hintergrund steht Sure 31,6 [nach Paret]: »Unter den Menschen gibt es auch (manch) einen, der (gegen ernste Geprä che über Glaubensfragen) leichte Unterhaltung [lahwa-l-hadith, FW] einhandelt, um in (seinem) Unverstand (seine Mitmenschen) vom Weg Gottes abirren zu lassen.« Zur Deutung der Sure in der islamischen Debatte vgl. Jonas Otterbeck/Anders Ackfeldt, Music and Islam, in: Contemporary Islam 6, 2012, 227–233, hier: 229; Shiloah, Music in the World of Islam, 62–64.

Ahmad die »pop music« ab, die im Unterschied zur »classical music« überhaupt nicht toleriert werden könne, da sie »offensichtlich böse und sündig« sei.[70] Solche Musik sei Ausdruck des Klimas vergnügungssüchtiger Gesellschaften, das sich grundlegend vom Klima des Islams unterscheide: »Of course, there are exceptions but exceptions do not make the rule. The two climates are very different.«[71] Für Synthesen zwischen Jazz und Ahmadiyyat, wie sie Lateef praktizierte, ließ dieses Konzept wenig Raum. So blieb der Jazz im Öffentlichkeitsbild der Ahmadiyya auch in der Ära Tahir Ahmads weiterhin ausgeblendet.

Eine Wende vollzog sich erst 2006, dem Jahr, in dem Lateef seine Autobiographie *The Gentle Giant* veröffentlichte und seine Zugehörigkeit zur Ahmadiyya *als Jazzmusiker* ausführlich thematisierte. Nun reagierte auch die Ahmadiyya. Unter der Überschrift »Finding Beauty Through Music« findet sich eine kurze Besprechung des Buchs im *Muslim Sunrise*[72] sowie der Abdruck eines langen Interviews mit Lateef, das der israelische Jazzmusiker Assif Tsahar für die Tageszeitung *Haaretz* geführt hatte.[73] Dies schien jedoch eher die Würdigung einer »exception« (siehe oben) als eine generelle Öffnung für den Jazz darzustellen. Wie unterschiedlich – zwischen Würdigung und fortgesetzter Ausblendung – sich der Diskurs in der Ahmadiyya seitdem gestaltet, zeigten exemplarisch die Nachrufe anlässlich des Todes von Lateef im Jahr 2013. Während die *Ahmadiyya Gazette USA* Lateef als »A Jazz Master and Devotee to God«[74] würdigte, brachten Interviewpartner in einem Ahmadiyya-TV-Newscast zwar ihre Wertschätzung für die religiöse Haltung Lateefs zum Ausdruck, betonten aber zugleich: »I did not know him as a musician«, »our conversations *it was never about music*, it was always about the love of Allah«.[75] Ob und wie sich die Debatte (nicht nur)

70 Mirza Tahir Ahmad, Permissibility of Music in Islam, in: Al Islam. The Official Website of the Ahmadiyya Muslim Community, www.alislam.org/library/misc/permissibility-of-music-in-islam (7.3.2017).

71 Mirza Tahir Ahmad, Islam's Response, 161.

72 Ata-ul Malik Khan, Finding Beauty Through Music, in: Muslim Sunrise, Spring 2006, 46.

73 Vgl. Tsahar, Gentle Giant.

74 Ehtishamulhaq M. Kauser, Yusef Lateef. A Jazz Master and Devotee to God, in: Ahmadiyya Gazette USA, 2014 January, 45–48; eine erste Wahrnehmung der Jazz-Konversionen als Aspekt der eigenen Ahmadiyya-Geschichte findet sich bei Asif Mahmood Basit, Mufti Muhammad Sadiq. An Early Ray of Western Sunrise, in: The Review of Religions, November 2015, 18–35, hier: 31.

75 Majlis Khuddamul Ahmadiyya (MKA) USA, January 2014 Newscast: Br. Yusef Lateef, 6:10 und 7:19, Youtube.com/watch?v=isLqKXO1Bcg (6.5.2019).

zum Jazz in der Ahmadiyya weiterentwickelt, dürfte nicht unwesentlich mit der Haltung des Kalifen zusammenhängen, der fast absolute Autorität genießt.[76]

6. Inkulturation und Intransigenz: Abschließende Deutungsversuche

Diese Studie ist der Frage nachgegangen, ob und inwiefern die beschriebenen Konversionen im Kontext der Ahmadiyya-Mission einen *gegenseitigen* kulturellen Austausch implizierten und inwiefern der Einfluss der konvertierten Jazzmusiker zu einer Inkulturation der Ahmadiyya im Blick auf den Jazz als Element afroamerikanischer Kultur beitrug. Die Antwort auf diese Frage spiegelt den Prozess einer komplexen transkulturellen Begegnung wider und wird abschließend als Spannung zwischen Inkulturation und Intransigenz (1) sowie als Konflikt zwischen unterschiedlichen Grundtypen religiöser Ästhetik gedeutet (2).

1. Zunächst ist deutlich geworden, dass die Botschaft der Ahmadiyya-Mission in kontextuell-strategischer Weise an der Grunderfahrung rassistischer Ausgrenzung in der afroamerikanischen Bevölkerung anknüpfte und den Ahmadiyya-Islam als Antwort auf konkrete soziale Nöte präsentierte. Vor allem die Botschaft der Ahmadiyya als einer lokal-globalen islamischen Gemeinschaft, einer »universal brotherhood«, die als multiethnisch, demokratisch und sozial gerecht dargestellt wurde, kann als Aspekt missionarischer Inkulturation angesehen werden. Diese Botschaft resonierte mit dem virtuos-musikalischen Protest der afroamerikanischen Bebop-Jazz-Musiker gegen Rassismus, Angepasstheit und Resignation und führte zu einer Reihe von Konversionen zur Ahmadiyya. Die daraus erwachsenen musikalisch-religiösen Synthesen (»The Messengers«, Yusef A. Lateef) können als Ansätze individueller muskalischer Inkulturation verstanden werden. Von einer umfassenderen Inkulturation *der* Ahmadiyya im Jazz kann jedoch nicht gesprochen werden. Vielmehr zeigt sich eine starke Spannung zwischen den individuellen Inkulturationen der Konvertiten und der fortgesetzten institutionellen Intransigenz seitens der Hierarchie der Ahmadiyya. Aus Sicht

76 Vgl. Mirza Masroor Ahmad, Conditions of Bai'at, 169–172. »Here it must be understood that this [...] is the bond of a slave and servant. Indeed, it should be even more than that. You have to be obedient without any grumbling.«, ebd. 170. Zur Haltung des aktuellen Kalifen zur Musik vgl. Fn. 48.

der Hierarchie war hier offensichtlich eine Grenze kultureller Anpassung erreicht, die nicht überschritten werden sollte. Diese Grenze wurde – wie in den Ausführungen Tahir Ahmads gesehen (siehe 5.) – durch eine scheinbar empathische, aber letztlich restriktive Interpretation der koranisch-sunnitischen Überlieferung definiert.

Aus der Perspektive der konvertierten afroamerikanischen Jazzmusiker musste sich diese fortgesetzte Intransigenz der Ahmadiyya-Hierarchie im Blick auf den Jazz als Selbstwiderspruch zu deren missionarischer Botschaft als »universal brotherhood« darstellen. Dieser Widerspruch verschärft sich noch dadurch, dass sich gerade die afroamerikanischen *Bebop*-Musiker als Avantgarde einer grenzüberschreitenden, universalen Kunstform verstanden: »We were creators in an art form which grew from *universal* roots and which had proved it possessed *universal* appeal.«[77] In dieser Hinsicht kann Yusef Lateefs langfristige musikalische Synthese auch als impliziter Protest gegen diesen Selbstwiderspruch in seiner eigenen religiösen Gemeinschaft gedeutet werden. Ob dies ihn zum Außenseiter macht oder zu einer weitergehenden Öffnung in der Ahmadiyya führt, bleibt abzuwarten.

2. In religionswissenschaftlicher Perspektive lassen sich die beschriebenen Spannungen auch als Konflikte zwischen unterschiedlichen Typen oder Aspekten religiöser Ästhetik deuten, wie sie Ulrich Dehn in einer »Typologie von religiösen Seh- und Hörkulturen« entworfen hat.[78] Auf einer *ersten* Ebene scheint sich der Konflikt zwischen dem von Dehn beschriebenen rituell-lebensweltlichen und ästhetischen Typ zu vollziehen: Während Gesang und Musik im Gottesdienst der *black churches*, dem kulturellen Hintergrund der konvertierten Jazzmusiker, eine selbstverständliche, aber nicht unmittelbar und exklusiv offenbarungstragende Bedeutung haben (= rituell-lebensweltlicher Typ), spielt die Rezitation des Koran im muslimischen Freitagsgebet (und hier sind die Ahmadiyya keine Ausnahme)[79] eine so zentrale Rolle als sinnliche Vergegenwärtigung göttlicher Offenbarung (= ästhetischer Typ), dass sie keine ästhetische (vor allem: musikalische) Konkurrenz zu dulden scheint. Gesang und Musik bleiben vom Freitagsgebet ausgeschlos-

77 Vgl. Gillespie, To be or not to bop, 287 (kursiv FW).

78 Vgl. Dehn, Codierung.

79 Zur Selbstsicht der Ahmadiyya als orthodoxe Reformbewegung des Islam vgl. Andrea Lathan, The Relativity of Categorizing in the Context of the Ahmadiyya, in: Welt des Islams 48 (2008), 372–393, v. a. 390f.

sen.[80] Auf einer *zweiten* Ebene vollzieht sich der Konflikt eher inner-islamisch[81] zwischen zwei Ausrichtungen, die ich hier einmal als rational-dogmatisch und emotional-mystisch bezeichnen möchte. Während die Ahmadiyya-Hierarchie eine starke Betonung nicht nur auf die Rezitation, sondern auch auf das Studium von Koran, Hadith und der Ahmadiyya-Schriften legte, Musik, vor allem den Jazz aber als nutzlose und schädliche Ablenkung sah (= rational-dogmatisch), stand die von der *black church*[82] und der traditionalen afrikanischen Religiosität[83] geprägte musikalische Synthese der Jazz-Konvertiten dem sufischen Verständnis von Musik *als* religiöser Erfahrung näher (= emotional-mystisch).[84] Dies zeigt sich deutlich in Yusef Lateefs Verständnis des Jazz als Ausdruck der Stimme Gottes/Allahs, des »True Beloved«:

> »While visiting Copenhagen [...] I had the privilege of hearing the late Ben Webster perform the Beatle's composition ›Yesterday‹ on tenor saxophone [...] He transmitted to those who were in the dark the light of the Beloved [...] Before he finished the first chorus approximately 90 % of the Danes, having heard the ways of beauty, were quietly weeping, and as I have quoted above: ›It is He (The Beloved) who makes people laugh and makes them weep.‹«[85]

Es scheint, dass sich in diesem Spannungsfeld der alte Konflikt der Ahmadiyya mit der musikorientierten Praxis des Sufismus (siehe 1.) unter neuen kulturellen Vorzeichen auch im afroamerikanischen Missionskontext zeigte und weitgehend ungelöst blieb.

(Dr. Friedemann Walldorf ist Professor für Missionswissenschaft und Interkulturelle Theologie an der Freien Theologischen Hochschule [FTH] Gießen.)

80 Vgl. Dehn, Codierung, 194.
81 Zum traditionellen kontroversen Diskurs zur Musik in der islamischen Theologie vgl. Otterbeck/Ackfeldt, Music and Islam, 228–232.
82 Vgl. Harvey Cox, Jazz and Pentecostalism, in: Archives de sciences sociales des religions 84 (1993) (Oct–Dec), 181–188.
83 Vgl. Ademola Adegbite, The Concept of Sound in Traditional African Religious Music, in: Journal of Black Studies 22/1 (1991), 45–54.
84 Vgl. Dehn, Codierung, 191; Shiloah, Music, 40–44.
85 Yusef A. Lateef, In the Name of God the Gracious the Merciful. Recognition of the Beloved, in: John Zorn (Hg.), Arcana V, New York 2010, 248–253, hier: 250. Lateef wie auch die Ahmadiyya (USA) verwenden die Begriffe »God« und »Allah« austauschbar.

ABSTRACT

In the late 1940s famous African American jazz musicians like Yusef A. Lateef (1920–2013) and Art Blakey (1919–1990) converted to Ahmadiyya-Islam (Qadian). This study explores the history of the conversions and inquires if and to what extent the conversions have affected the Ahmadiyya's previous rejection of jazz. It is shown how the cultural syntheses of bebop jazz and Ahmadiyya created by the converts met with the continued disapproval of the Ahmadiyya missionaries and were ignored in the self-representation and history of the Ahmadiyya in the USA. The article argues that the Ahamdiyya's rejection of jazz self-contradicted its inculturated message of a non-racist multiethnic »universal brotherhood«, which first had attracted the African American musicans with their experiences of racism and their own visions of universal culture in bebop jazz. These (inter-)cultural tensions are further interpreted as conflicts between different types of religious aesthetics within Islam and between Islam and African American Christianity, which formed the cultural background of the converts.

Die Begegnung der Kulturen in Hermannsburg

Frieder Ludwig

1. »Die drei Trägerkirchen wollen diese Fachhochschule und wir wissen, dass diese zarte junge Pflanze der Pflege und der Begleitung bedarf. Die Gremien des Missionswerkes stehen für diese Begleitung ein«, so der Braunschweiger Landesbischof Dr. Friedrich Weber, Vorsitzender des Missionsausschusses des Evangelisch-Lutherischen Missionswerks in Niedersachsen (ELM), bei der Eröffnungsfeier der Fachhochschule für Interkulturelle Theologie Hermannsburg (FIT) am 2. Oktober 2012. Prof. Dr. Johanna Wanka, die niedersächsische Ministerin für Wissenschaft und Kultur, stellte fest, dass viele private Hochschulen einige Anläufe zur Anerkennung gebraucht hätten. Dass es den Hermannsburgern in kurzer Zeit gelungen sei, diese Anerkennung zu bekommen, sei »eine besondere Leistung«.[1]

Der Aufbau der FIT war in der Tat mit einem hohen Aufwand verbunden und bedurfte der intensiven Überzeugungsarbeit. Als Leiter des Missionsseminars (2008–2012) und als Gründungsrektor und Rektor der FIT (2012–2014, 2014–2018) war ich in diese Prozesse eingebunden und habe mich der Aufgabe mit Leidenschaft angenommen. Auch heute noch bin ich überzeugt, dass die Fachhochschule der richtige Weg für die Erneuerung des ELM war. Ich bin dankbar dafür, dass es durch die Zusammenarbeit in einem ausgezeichneten Kollegium, durch die Begleitung eines Wissenschaftlichen Beirats und durch Studierende aus aller Welt gelungen ist, diesen Weg aufzuzeigen. Und ich bin enttäuscht, dass sich das ELM entschlossen hat, einen anderen Weg einzuschlagen, nachdem sich die Fachhochschule bewährt hatte und im Sommer 2017 erfolgreich akkreditiert worden war.

1 Fachhochschule für Interkulturelle Theologie (FIT), Dokumentation und Ansprachen der Eröffnungsfeier am 2. Oktober 2012, Landesbischof Weber, 18–19; Ministerin Wanka (Auszüge), 27–28.

2. Ein Rückblick: Die im Aktenstück 98 der 23. Hannoverschen Landessynode 2005 gegebene Empfehlung, die Theologenausbildung in Hermannsburg aufzugeben, war für das ELM einschneidend. Das Missionsseminar hatte über 150 Jahre Studierende ausgebildet, die dann entsandt wurden. Das Modell der Entsendung ohne Ausbildungseinrichtung fortzusetzen, war schwierig – die Missionsseminare im 19. Jahrhundert waren ja gegründet worden, da man kaum Universitätsabsolventen für den Missionsdienst gewinnen konnte, und im 21. Jahrhundert waren die Herausforderungen größer geworden. Somit war die ganze Struktur des Werkes in Frage gestellt und die Notwendigkeit einer Neuorientierung dringend gegeben.

Als ich 2008 die Arbeit aufnahm, leuchtete mir der Beschluss, das Seminar einzustellen, ein; die volltheologische Ausbildung folgte inhaltlich ähnlichen Mustern wie diejenige der theologischen Fakultät Göttingen und diese Doppelung machte angesichts sinkender Studierendenzahlen wenig Sinn. Zudem repräsentierte das Modell mit der Entsendung von Norden nach Süden Strukturen, die missionstheologisch nicht mehr adäquat waren. Dass in diesem System auch gute Arbeit geleistet wurde und gute Leute daraus hervorgingen, ist davon unbenommen.

Es ging also darum, neue akademische Ausbildungswege zu entwickeln – nicht in Konkurrenz, sondern in Zusammenarbeit mit Göttingen. Schon vor meinem Arbeitsbeginn waren Verhandlungen mit der Theologischen Fakultät aufgenommen worden. Diese konkretisierten sich nun: Im Herbst 2009 trafen die ersten internationalen Studierenden des Masterstudiengangs »Intercultural Theology« in Hermannsburg ein.[2]

Freilich stellte sich die Frage der institutionellen Verankerung der Hermannsburger Einrichtung nach der Schließung des Seminars 2012. Der Gedanke, den Studiengang allein in Göttingen zu betreiben, konnte nicht im Hermannsburger Interesse sein – mit seiner Tradition, in der theologische Ausbildung wichtig war, und in einer Situation, in der die interkulturelle Teilhabe immer wichtiger wird.

3. Deutschland ist ein Einwanderungsland und in den Großstädten haben sich zahlreiche Migrationsgemeinden gebildet. Da für die meisten Gemeindeleiterinnen theologische Vollzeitstudiengänge keine Möglichkeit darstellen, ist es wich-

2 Vgl. Fritz Heinrich u. a. (Hg.), Dialogues & Dynamics. Interculturality in Theology and Religious Studies. 10 years celebration M.A. Intercultural Theology, Göttingen 2021.

tig, in diesem Bereich neue Ausbildungsangebote zu schaffen. Für mich persönlich waren die Erfahrungen während des Studiums in Birmingham prägend. Auch heute haben die Kirchen Großbritanniens einen Vorsprung im Bemühen um interkulturelle Integration: So hat eine Anti-Rassismus-Taskforce im April 2021 festgestellt, dass eine angemessene Teilhabe ethnischer Minoritäten in der Kirche von England trotz vieler Stellungnahmen gegen Rassismus kaum zu erkennen sei. Um die historische Unterrepräsentation in den Kirchenleitungen wiedergutzumachen, sollten zukünftig mindestens 30 Prozent der ethnischen Minoritäten in den »Strategic Leadership Development Programms« beteiligt werden.[3] Die Umsetzung interkultureller Teilhabe ist auch in den deutschen Landeskirchen notwendig; den Missionswerken bietet sich hier eine Aufgabe.

Somit nahmen wir Verhandlungen mit dem Niedersächsischen Ministerium für Wissenschaft und Kultur auf und erhielten die Auskunft, dass die Gründung einer Fachhochschule möglich sei. Es war klar, dass dies mit intensiver, aber auch lohnender Arbeit verbunden sein würde: Eine Voraussetzung für Teilhabe sind Ausbildungswege, die einerseits der interkulturellen Vielfalt gerecht werden, andererseits durch Qualitätssicherungsmaßnahmen anerkannt sind; im Gegenzug können die Graduierten dann adäquate Positionen in Kirche und Gesellschaft übernehmen. Die Hermannsburger Einrichtung konnte damit in das akademische Ausbildungssystem integriert werden. Nach zahlreichen befürwortenden Stellungnahmen – etwa durch Experten des Ökumenischen Rats der Kirchen (ÖRK), des Evangelischen Missionswerks (EMW), der Evangelischen Kirche Deutschlands (EKD) und internationaler Partnereinrichtungen – stimmten die Gremien dem Weg zu. Eine Fachhochschule in Hermannsburg bot die Möglichkeit, einen Dienst für Kirche und Gesellschaft zu leisten.

4. Die Studierenden der FIT kamen aus aller Welt, und die Abgeschiedenheit in der Lüneburger Heide trug zum intensiven interkulturellen und interreligiösen Austausch bei. So sagte beispielsweise ein ägyptischer Student, dessen Kirche in Ägypten zerstört worden war, dass er durch die Begegnung mit einem muslimischen Studierenden aus Bangladesch ein anderes Bild des Islam gewonnen habe. Eine deutsche Studentin hob »die extrem internationale, buntgemischte Stu-

3 The Church of England, From Lament to Action. The Report of the Archbishop's Anti-Racism Taskforce, April 2021, Action 4, 23; https://www.churchofengland.org/sites/default/files/2021-04/FromLamentToAction-report.pdf (27.05.2021).

dierendenschaft« hervor. Die Studierenden begriffen das Studium als Chance. Wie sehr sie sich mit ihrer Hochschule identifizierten, zeigt die Petition »Keine Kirche für Alle? Erhalt der Interkulturalität!« nach dem Schließungsbeschluss. Auch in der Forschung konnte die FIT einen Beitrag leisten; dies ist sowohl im Prüfbericht des Wissenschaftsrats von 2012[4] wie auch im Akkreditierungsbericht vom Juni 2017[5] vermerkt.

Selbstverständlich gab es auch Herausforderungen: Der Vorteil des kleinen Campus konnte in einen Nachteil umschlagen, wenn die Studierenden sich nach einer ersten Phase eingeschränkt fühlten und sich gegenseitig nicht ausweichen konnten. In der Fachhochschulkonferenz hatten wir die Möglichkeit, diese und andere Prozesse zu reflektieren und Lösungen zu finden.

5. Das Verhältnis zur Trägereinrichtung hatte seine eigenen Dynamiken. Wir organisierten etwa gemeinsam eine Konferenz zum Thema »Reformation und Eine Welt«, um im Rahmen des Reformationsjubiläums Akzente zu setzen; als Fachhochschule konnten wir gut Drittmittel einwerben. Auch mit Vorträgen konnte die FIT das Werk unterstützen. Die Studierenden veranstalteten mit den Freiwilligen des ELM Grillabende; die Begegnungen waren für beide Seiten bereichernd.

Personelle Wechsel im ELM machten die Zusammenarbeit schwieriger. Die Gründung der FIT wäre ohne die Unterstützung der Direktorin, die 2013 die erforderliche Zwei-Drittel-Mehrheit für ihre Wiederwahl im Missionsausschuss knapp verpasste, nicht möglich gewesen. Wir arbeiteten dann gut mit einer Abteilungsleiterin zusammen, deren Stelle im Rahmen eines »Reformprozesses« neu besetzt wurde. Damit setzte sich im ELM eine Linie durch, die die akademische Einrichtung auf eine besondere Bewährungsprobe gestellt und im Grunde genommen nicht als zum Kern des Werkes gehörend betrachtete. Dies führte einerseits zu der eigentümlichen Situation, dass wir die eigene Trägereinrichtung immer wieder durch Begutachtungen und externe Stellungnahmen überzeugen mussten – ich habe das mit einem Steinwurf ins Wasser verglichen, nach dem sich die Wellen von außen nach innen bewegen sollen. Eine solche Situation ist

4 Wissenschaftsrat, Prüfbericht zum Konzeptprüfungsantrag der Fachhochschule für Interkulturelle Theologie Hermannsburg (FIT), Köln 21.06.2012.

5 Wissenschaftsrat, Stellungnahme zur Akkreditierung der Fachhochschule für Interkulturelle Theologie, Köln Juli 2017, 13; https://www.wissenschaftsrat.de/download/archiv/6379-17.pdf?__blob=publicationFile&v=1.

auf Dauer nicht gut; selbstverständliche Akzeptanz ist gesünder als das ständige Herausstellenmüssen der Vorzüge der eigenen Institution, durch das ja auch dieser Bericht geprägt ist. Zum anderen aber ist dem Argument der finanziellen Notwendigkeit nur dann beizukommen, wenn man Grundsatzfragen nach der Ausrichtung des Werkes und einem gemeinsamen Tragen von Risiken stellt, die in der Kultur des ELM wiederum auf Widerstände stoßen.

Ein Miteinander wäre zu finanzieren gewesen. Die Zahl der Mitarbeitenden in den Partnerkirchen reduzierte sich drastisch,[6] dafür wurden in Deutschland der Bereich »Bildungsarbeit« mit neuen Themenfeldern aufgebaut. Diese Umgestaltung erfolgte in einem »Reform«- und Beratungsprozess, in dem freilich nie davon die Rede war, die FIT einzustellen. Im Schließungsbeschluss von 2021 hieß es dann, man habe Szenarien entwickeln müssen, »die mit 20 Prozent weniger Zuweisungen planen«. Man hätte hier anders steuern können, als vor dem Hintergrund möglicher Szenarien eine mühsam aufgebaute Fachhochschule zu schließen und damit die notwendigen 20 Prozent einzusparen.

Freilich ist eine Fachhochschule für ein Missionswerk nicht so einfach paternalistisch zu führen wie ein Seminar oder kirchliche Bildungsarbeit. Sie muss sich Kriterien wissenschaftlicher Überprüfbarkeit stellen; auch die Rahmenbedingungen (Freiheit von Lehre und Forschung) sind einzuhalten. Im akademischen Bereich ist eine Hochschule autonom; der Träger hat wenig Eingriffsmöglichkeiten und muss bezüglich Auflagen in Aushandlungsprozesse treten. Die Integration in das akademische Ausbildungssystem innerhalb Deutschlands hat ihren Preis und ist auch mit dem Teilen von Verantwortung und Macht verbunden. (Das sollten freilich auch Prinzipien der Mission sein.) Das sind die Voraussetzungen, damit die Einrichtung anerkannt wird und die Graduierten dann in Kirche und Mission interkulturelle Vielfalt mitgestalten können und Teilhabe verwirklicht wird.

Und das ist es, was auf der anderen Seite verloren wurde: Das ELM hat sich dagegen entschieden, einen Baustein im staatlich anerkannten Bildungssystem zu verankern, damit die Voraussetzungen für nachhaltige Veränderungen zu schaffen und durch die Ausbildung junger Menschen aus aller Welt zur Umsetzung von Teilhabe in Kirche und Gesellschaft beitragen zu können. Es hat sich gegen

6 Vgl. etwa den ELM-Jahresbericht 2010, 78, mit den Zahlen heute. https://www.elm-mission.net/mitarbeitende/auslandsmitarbeitende.html (1.9.2021).

einen qualifizierten, durch externe Kontrolle anerkannten Weg entschieden, mit dem Hermannsburg einen Dienst für die weltweite Kirche leisten konnte.

(Dr. Dr. Frieder Ludwig ist Professor für Global Studies and Religion an der VID Specialized University in Stavanger. 2012 wurde er zum Gründungsrektor der FIT berufen, von 2014–2018 war er Rektor der FIT.)

FIT Hermannsburg – Konkretion einer interkulturell partizipativen theologischen Lehre und Forschung

Wilhelm Richebächer

1. Beweggründe: Theologie als kritisch-konstruktive Verständigung über den christlichen Glauben muss im weltweiten Gespräch verschiedener Bildungsorte und aus diversen kulturellen Perspektiven geschehen. Diese Einsicht wird im deutschsprachigen Bereich seit etwa fünfzig Jahren propagiert und fast so lange mit dem Begriff »Interkulturelle Theologie«[1] (ITh) assoziiert. Zuvor jedoch schon wurden Theologien, die sich nicht als »Stimmen aus« Asien oder Afrika abtun ließen, wie etwa der »Theologie des Schmerzes Gottes« von Kazoh Kitamori (1958) in Europa akademisch wahrgenommen. Wer diese Ansätze als Momente einer sukzessiven Bewahrheitung des Glaubens im Zuge einer weltweiten »Evangeliumsgeschichte«[2] auffasste, konnte sie nicht mehr als »nur kontextuell relevante« Exemplifikationen einer okzidental entwickelten universalen Theologie werten. Auch fiel ein Austausch auf Augenhöhe denen leichter, die Theologie aus der gesellschaftlichen Praxis des Glaubens und im Gespräch mit aktuellen Philosophien entwickelten.[3]

Angeregt durch Carl-Heinz Ratschow erkannte ich, dass ich außer der gemeindlichen Praxis möglichst noch einer zweiten Schule bedurfte, um zu einem halbwegs sprachfähigen Theologen im Globalisierungszeitalter zu werden: Der Einübung geteilter theologischer Deutungshoheit mit Glaubensgeschwistern aus

1 Zur Genese des Konzepts im deutschsprachigen Kontext vgl. Volker Küster, Einführung in die Interkulturelle Theologie, Göttingen 2011, 110–115.

2 Kazoh Kitamori, Theologie des Schmerzes Gottes (Theologie der Ökumene Bd. 11), Göttingen 1972, 9f, 26, 126–138; vgl. die erhellende Einführung von Carl-Heinz Ratschow, ebd., 5–6, sowie Carl-Heinz Ratschow, Jesus Christus (Handbuch Systematischer Theologie Bd. 5), Gütersloh 1982, 219.

3 Vgl. das Geleitwort Jürgen Moltmanns zu Gabriel Setiloane, Der Gott meiner Väter und mein Gott, Wuppertal 1983, 9–14. Zum Gespräch mit den Philosophien vgl. die Korrespondenz mit Ernst Blochs »Prinzip Hoffnung« in Jürgen Moltmann, Theologie der Hoffnung, München 1964, passim.

anderen Teilen der Welt. Dass ich die Chance bekam, solche Schule als Dozent in Tansania zu durchlaufen und einige Jahre später meine Erfahrungen in das Konzept der Fachhochschule für Interkulturelle Theologie (FIT) einzubringen, ist für mich ein Segen.

2. Grundlagen: Der Gründung der FIT 2012 liegen neben fachkollegialen Arbeiten richtungweisende Erklärungen wie etwa das Statuspapier »Missionswissenschaft als Interkulturelle Theologie und ihr Verhältnis zur Religionswissenschaft«[4] von DGMW und WGTh voraus. Es eröffnete 2005 quasi einen Wettstreit zwischen vier hermeneutischen Modellen. Drei der Modelle gehen von der Verortung der ITh innerhalb der christlichen Theologie aus: (a) ITh als Äquivalent zur Missionswissenschaft zu verstehen und dieser beizuordnen ohne sie zu ersetzen, (b) ITh als das Integral von Religionsstudien, Ökumenik und Missionswissenschaft, zunächst auch als Fachrichtung, aufzufassen, oder (c) ITh als Querschnittsaufgabe im gesamten Disziplinenspektrum der Theologie wahrzunehmen. Daneben wird ebenso optiert, (d) ITh stärker in Partnerschaft mit Religionsstudien im weiteren interdisziplinären Rahmen von Kultur- und Humanwissenschaften zu betreiben. Mein Eindruck ist, dass in der Arbeit der FIT heute alle vier Modelle komplementär mit- und aneinander reifen.

3. Entwicklungen: Über die Entwicklungsschritte der FIT berichtet Frieder Ludwig in diesem Heft. Ich kann ihm als Gründungsrektor und der damaligen Direktorin des Evangelisch-lutherischen Missionswerkes in Niedersachsen (ELM), Martina Helmer-Pham Xuan, nur noch einmal zu ihrer Initiative gratulieren. Es war ein ökumenisch überfälliger Schritt, eine Hochschule mit »Schnittstellenfunktion zwischen der Ausbildung an den evangelischen Fakultäten und den [...] Theologien Afrikas, Asiens und Lateinamerikas zu etablieren«[5]. Die FIT wird seitdem von Fachleuten und Kirchengliedern, die sich der Interkulturalität als Charakterzug des Christlichen bewusst sind und für die interkulturelle Öffnung ihrer Kirchen eintreten, sehr begrüßt. Umso trauriger ist es, wie der fatale Schließungsbeschluss vom 9.3.2021 zeigt, dass die ELM-Leitungsgremien es nach anfänglich von ihnen geteilter Euphorie nicht verstanden haben, ihr gesellschaftlich

4 https://dgmw.org/wp-content/uploads/2015/12/Text_07_16.10.12_DGMW-Papier.pdf (19.7.2021).
5 So das Leitbild der FIT von 2016, https://cdn.max-e5.info/damfiles/default/fh_hermannsburg/fh_hermannsburg/die_fit/Leitbild-der-FIT_genehmigt-16-02-2016-d699ded0096e6a777f6a5f0d3bca11d5.pdf (19.7.2021).

und ökumenisch so relevantes Projekt selbst (z. B. bei ihren Partnerkirchen) zu bewerben und v. a. wirtschaftlich abzusichern.

Mit dem FIT- Lehrkollegium werden wir, wie der Offene Brief vom 11.5.2021 zeigt, um der Zukunft der (Landes- wie Migrations-)Kirchen willen weiter das uns Mögliche tun, um eine Erosion des Erreichten zu verhindern. Dabei ermutigt uns, dass auch in den Landeskirchen interkulturell-theologische Arbeit zusehends als zentraler Aspekt der »Ökumene« angesehen wird.[6]

4. Theologisch-didaktische Konkretion: Im Blick auf das theologisch fokussierte, aber gleichzeitig interdisziplinäre Lehrkonzept[7] der FIT stelle ich aus der Doppelperspektive als Rektor und als Lehrstuhlinhaber für Systematische Theologie folgende zwei Brennpunkte heraus und dazu einige Beobachtungen zur Diskussion:

(A) Interkulturell-theologische Hermeneutik wird nicht aus einer Denk- oder Bekenntnistradition heraus Mitgliedern anderer Konfession und Religion vorgegeben, sondern im Gespräch diverser Perspektiven gewonnen. Konfessionelle Positionen werden aber nicht erodiert, sondern in den Diskursen begrüßt und begründet.

Für die Entwicklung der Lehre an der FIT wurde v. a. der Dialog mit afrikanischen Diaspora- und Migrationskirchen in Europa bedeutsam. Leitende Mitglieder internationaler Gemeinden haben sich immatrikuliert, um ihre Theologie und Praxis tiefer zu reflektieren und besser vorbereitet zu sein auf den ökumenischen Austausch.

Dass Perspektivenvielfalt und genuine Verflechtungen der ITh mit Geschichts- und Kulturwissenschaften gewiss helfen, aber auch wieder nicht davon suspendieren, die Verantwortung der Kirchen in Nord wie Süd für die Bewährung des Glaubens in Gesellschaft und Politik zu fördern, muss aber immer wieder begründet werden. Leider sieht sich interkulturelle Systematische Theologie nicht selten dem Verdacht der Überstülpung starrer dogmatischer Systeme auf die The-

6 Vgl. Evangelische Kirche in Deutschland (Hg.), Ökumene in der evangelisch-theologischen Aus- und Fortbildung in Deutschland. Ein Impulspapier der Kammer der EKD für Weltweite Ökumene, Hannover 2021, 9, 11, 15, u. ö.

7 Zu Details des interdisziplinär aufgestellten Lehrkollegiums s. https://www.fh-hermannsburg.de/die_fit/mitarbeitende/lehrende (25.7.2021).

ologie Treibenden ausgesetzt.[8] Demgegenüber sind diskursive Modelle der Systematik, wie etwa das von Paul Tillich, in Erinnerung zu bringen. Seine Methode der Korrelation zielt darauf ab »die Inhalte des christlichen Glaubens durch existentielles Fragen und theologisches Antworten in wechselseitiger Abhängigkeit«[9] zu plausibilisieren. Die Rezeption dessen in einer heutigen ITh funktioniert nun nicht einfach durch Übertragung eines Grundbegriffs wie »existentielles Fragen« in die 2020er Jahre. Die Anwendung dieser Methode würde vielmehr mit dem Schritt der (i) historischen Analyse der Tillichschen Theologieansätze in den 1920er und 1960er Jahren beginnen. Dem folgte (ii) die Sichtung von Bezugnahmen auf Tillichsche Ansätze etwa bei Sylvester I. Ihuoma[10] oder Reinhold Bernhardt.[11] Schließlich könnte (iii) die Methode auf eine kontroverse Fragestellung in der interkulturell-theologischen Ethik heute (z. B. im Diskurs zur Homosexualität) angewandt werden.

Eine vergleichbare Erosion ökumenisch- theologischer Verantwortung droht auch durch einen fremdelnden Umgang ITh-Betreibender mit dem Missionsthema. Gerade aus ökumenischen Erwägungen bedarf es aber der Neufassung missionstheologischer Annahmen im Sinne der versöhnenden Wirkung des Evangeliums in einer interreligiösen Gesprächswelt.[12] ITh sollte sich einem kritisch-innovierten Missionsverständnis zwecks gebildeter Vorbereitung auf interreligiöse Begegnungen öffnen. Insbesondere im Bereich der Komparativen Theologie und Religionswissenschaft gibt es hierfür gute Beispiele.[13]

8 So z. B. von sonst umsichtig und hervorragend arbeitenden Theolog:inn:en aus afrikanischen und asiatischen Kirchen; vgl. Ogbu Kalu, African Pentecostalism. An Introduction, Oxford 2008, 249–269, 249.

9 Paul Tillich, Systematische Theologie Bd. 1, Stuttgart/Frankfurt/M. [6]1980, 74.

10 Sylvester I. Ihuoma, Paul Tillich's Theology of Culture in Dialogue with African Theology. A Contextual Analysis, Münster 2004.

11 Reinhold Bernhard, Jesus Christ as »vere Deus« as a challenge for interreligious dialogue, in: Approaching Religion 1 (May 2011), 41–49.

12 Vgl. das hierauf bezogene Bemühen von Heinrich Balz, Weltchristentum, Mission und Theologie. Neuaufbrüche und Relektüren, in: Interkulturelle Theologie/ZMiss 44/4 (2018), 280–299.

13 Klaus von Stosch, Zur Möglichkeit und Unmöglichkeit des interreligiösen Dialogs. Untersuchungen im Anschluss an Catherine Cornille, Ethik und Gesellschaft 2 (2011); https://www.ethik-und-gesellschaft.de/ojs/index.php/eug/article/view/2-2011-art-2/84 (1.10.2021).

(B) Interkulturelle Theologie ist in der Praxis generierter Diskurs. *Das kirchliche Leben samt seinen Counterparts in Religionsgemeinschaften, Gesellschaft und Wirtschaft bringt seine Themen in den akademischen Reflexionsprozess ein.*

Das Leben und Arbeiten an der FIT fördert auf vielfältige Weise die Sprachfähigkeit der Studierenden im Blick auf ihren Glauben sowohl in ihrer intrinsischen Form der Sprachfindung, als auch in ihrer extrinsischen Form der Fähigkeit zur argumentativen Bezeugung. Die tägliche Hochschulandacht eröffnet faszinierende und auch konfrontierende Begegnungen verschiedener Bekenntnistraditionen. So können z. B. »tatmächtige Heilungsgebete« pentekostal-charismatischer Studierender in Seminarsitzungen von lutherischen oder konfessionslosen Mitstudierenden kritisch befragt werden. Ergebnisse der Diskussion werden gegebenenfalls mit pastoralen und sozial-therapeutischen Forschungsfeldern »verlinkt«.

Einen zentralen Zielhorizont für die FIT bilden die in der Einwanderungsgesellschaft benötigten neuen kirchlichen Berufe für interkulturelle Brennpunkte. Sie werden für junge Menschen derzeit attraktiver. Heutige Studierende bestätigen, dass die FIT in einem pluralistischen Kontext Menschen befähigt, theologische und gesellschaftliche Fragen inklusiv und divers zu beantworten.[14]

5. Forschungsaktives Kollegium: In der Aufbauphase einer kleinen Hochschule sind alle Lehrenden gefordert, stetig an neuen Lehrkonzepten wie auch in der Studierendenbetreuung und Verwaltung mitzuarbeiten. Trotzdem konnten Mitglieder der Fakultät in lobenswerter Weise, zumeist im Rahmen eigener oder kollegial veranstalteter internationaler Konferenzen ihre Forschungsthemen wahrnehmen.[15]

14 Vgl. Cellesche Zeitung vom 22.4.2021. Zur konkreten sozial-politischen Nützlichkeit der Abschlüsse vgl. das Interview der SZ vom 3.5.2021, 5, mit dem Sozialpsychologen Musa Deli in Köln zum Bedarf an professionellen interkulturellen Kompetenzen für den Abbau von Diskriminierung von Migrantinnen und Migranten im deutschen Gesundheitswesen (wie gerade in der COVID-19-Krise deutlich geworden).

15 Folgende vier Tagungsbände aus den vergangenen zwei Jahren dokumentieren dies: Frieder Ludwig u. a. (Hg.), Reformation in the Context of World Christianity. Theological, political and social interactions between Africa, Asia, the Americas and Europe (Studien zur außereuropäischen Christentumsgeschichte/StAECG 33), Wiesbaden 2019; Andreas Kunz-Lübcke (Hg.), My Neighbour's God. Interfaith Spaces and Claims of Religious Identity (Studien zur interkulturellen Geschichte des Christentums/SIGC 166), Frankfurt 2019; Ulrike Link-Wieczorek u. a. (Hg.), Die Zukunft der theologischen Ausbildung ist ökumenisch. Interkulturelle und interkonfessionelle Herausforderungen in Universität und Schule, Kirche und Diakonie (Beihefte zur Ökumenischen Rundschau 127), Leipzig 2020; Fritz Heinrich u. a. (Hg.), Dialogues & Dynamics. Interculturality in Theology and Religious Studies. 10 years celebration M.A. Intercultural Theology, Göttingen 2021.

6. Schlussbemerkung: Die FIT Hermannsburg ermöglicht eine denkende und gelebte Reflexion christlichen Glaubens im Miteinander und Gegenüber vielfältiger Perspektiven. Sie kann dem kirchlichen Leben wie dem interreligiösen Frieden in einer pluralen Gesellschaft nachhaltig dienen – wenn sie nicht, kaum begonnen, wieder geschlossen wird.

(Dr. Wilhelm Richebächer lehrt seit 2012 als Professor für Systematische Theologie in interkultureller Perspektive an der FIT. Seit 2014 ist er Prorektor und seit Oktober 2018 Rektor der FIT.)

Zerbrochener Spiegel: Von Lernorten der Ökumene zu ökumenischen Nicht-Orten

Die EKD-Thesenreihe zur ökumenischen Ausbildung im Spiegel aktueller kirchenpolitischer Entwicklungen

Andreas Heuser

Es ist, als schaute ich in einen zerbrochenen Spiegel. Zersprungene Konturen, zersplitterte Grundformen, auch scharfkantige Fragmente. Der französische Philosoph Paul Virilio, dem ich das Bild entlehne, beschrieb damit einmal das Zerfallsmoment von Öffentlichkeiten, wenn Gewissheiten ausgehöhlt, gewohnte Perspektiven entleert werden. »Und einen neuen öffentlichen Blick hat man noch nicht geschaffen. Der Blick ist zerbrochen wie ein Glas. Man ist sich dessen, was man sieht, nicht mehr sicher.«[1] Um die Jahresmitte 2021 befindet sich die ökumenische Öffentlichkeit in einem enorm aufgeladenen Spannungsfeld, das gleichsam eine Mehrfachsprengung des Blicks auslöst. Als die Kammer der EKD für Weltweite Ökumene im Juni 2021 ihre überaus gewichtige »Thesenreihe« zur Bedeutung der ökumenischen Bildung veröffentlichte, türmte sich dahinter bereits ein Scherbenhaufen auf – interkulturell-theologische Bildungsinstitutionen sahen sich kirchlichen Kürzungs- und Schließungsbeschlüssen ausgesetzt. Dessen ungeachtet formuliert das im Auftrag des Rates der EKD erarbeitete Impulspapier zur »Ökumene in der evangelisch-theologischen Aus- und Fortbildung in Deutschland«[2] insgesamt neun anspruchsvolle Thesen. Diese fordern zu einer Neuorientierung theologischer Bildung heraus, die sich im Kern einer interkulturell-theologischen Charta verdanken. Die ökumenische Zukunftsagenda setzt

1 Paul Virilio, im Gespräch mit Hans-Ulrich Obrist (1991), zitiert in: Kasper König/Hans-Ulrich Obrist (Hg.), Der zerbrochene Spiegel. Positionen zur Malerei, Hamburg 1993, 9.

2 Vgl. Evangelische Kirche in Deutschland (Hg.), Ökumene in der evangelisch-theologischen Aus- und Fortbildung in Deutschland. Ein Impulspapier der Kammer der EKD für Weltweite Ökumene, Hannover 2021. Als Download verfügbar unter: www.ekd.de/oekumene-ausbildung (1.10.2021).

bei einer »von Globalisierung und (Post-)Migration stark geprägten« Religions- und Kirchenlandschaft in Deutschland an (7) und zielt konsequent darauf ab, sich dem vielförmigen Erscheinungsbild des Christentums wie auch seiner vielschichtigen Verflechtungen in der Welt der Religionen zu stellen.

Deutlich benennt das Impulspapier die *Stärkung interkultureller Kompetenz* als eine Grundkonstante theologischer Ausbildung (vgl. 15–17). Ebenso klar bezeichnet es die elementare *Bedeutung spezifischer theologischer Lernorte*, um eine neue Ökumene-Sensibilität jenseits stereotyper Wahrnehmung anderer Frömmigkeitsprofile und Theologieformen zu schärfen. Die Kennzeichnung solcher Orte des Fremdverstehens, die ein »hohe[s] Differenzbewusstsein« (11) auszuprägen in der Lage sind, bildet wohl das Herzstück der Agenda, mit der die Kammer für Weltweite Ökumene an die Öffentlichkeit tritt. Gemeint sind »lebensbezogene Lern- und Studienorte der Ökumene« (18), die auch die praktische Umsetzung ökumenischer Einsichten einzuüben gestatten. Kurzum: das Impulspapier, das eine unverkennbar interkulturell-theologische Handschrift trägt, ist wegweisend und provokativ genug, kirchliche wie universitäre Ausbildungsgänge zu einer breiten curricularen Verankerung der Ökumene herauszufordern.

Und dennoch haftet dem Impulspapier ein anachronistischer Zug an. Liegt es daran, dass es einsetzt mit der »Notwendigkeit ökumenischer Bildung« (These 1) – die eben im Jahr 2021 offenbar nicht als Selbstverständlichkeit vorauszusetzen ist? Schimmert die Unzeitgemäßheit in vorsichtig-mahnenden Wendungen durch, »in der akademischen Ausbildung auch mit Vertretungen der Ökumene- und Partnerschaftsarbeit der Landeskirchen und Missionswerke bewusster zusammenzuarbeiten« (20)? Zeichnet er sich ab, wenn zwar die Innovationskraft bestehender ökumenischer Lern- und Studienorte gelobt wird, die international ausstrahlen, zugleich aber eingeschränkt wird, dass es »erheblicher Anstrengungen« bedürfe, um sie strukturell abzusichern, ja überhaupt »EKD-weit bekannt zu machen« (23)? Wer nun erwartet hätte, dass die Thesenreihe einen veritablen Diskurs über die Zukunft der ökumenischen Bildung und den zentralen Stellenwert Interkultureller Theologie darin anzetteln könnte, muss sich enttäuscht sehen. Nur um es zu wiederholen, die Enttäuschung liegt keineswegs an den Inhalten der Thesen. Fordern diese doch zu einer interkulturell-theologischen Positionierung des Kirche-Seins auf – eine bleibende Perspektive, die die Zukunft der Landeskirchen neu beschriften wird. Die Enttäuschung, die sich gerade in Ökumene-affinen Kreisen in einem lähmenden Entsetzen äußern mag, bricht sich Bahn über den eklatanten Widerspruch zwischen theologischem Anstoß und kirchlicher Umsetzung, zwischen ökumenischer Theorie und kirchenleitender Praxis. Es lohnt sich zu zitieren. »Es versteht sich von selbst«, weist These 7 (20) aus, »dass Aus- und Fortbildungseinrichtungen, die interkulturell und international ausgerichtet sind, nur bei ausreichender Finanzierung und institutioneller Absicherung den dringend nötigen Beitrag zur Horizonterweiterung der theologischen Ausbildung leisten können.« Längst aber hatte sich in den wenigen Monaten zuvor herumgesprochen, dass die ökumenische Bewegung in Deutschland auf herausragende Institutionen interkulturell-ökumenischer Bildung wird verzichten müssen. Es greifen Sparzwänge. Der finanzielle Einschlag betrifft gleichermaßen die mit historisch gewachsenem Prestige versehene Missionsakademie an der Universität Hamburg wie die noch junge, akademisch ambitionierte Fachhochschule für Interkulturelle Theologie (FIT) in Hermannsburg, der kaum eine Chance zur Entfaltung gegeben wurde. Sind bei der einen EKD-Zuschüsse gestrichen, sind es bei der anderen die Zuschüsse seitens eines Missionswerks. Befindet sich die eine in einer Phase der Neuerfindung, wird bei der anderen die endgültige Abwicklung in wenigen Jahren wirksam. Bei beiden Institutionen trifft es »lebensbezogene Lern- und Studienorte«, die – so möchte ich hinzufügen – sich in durchaus kritischer Kirchennähe im doppelten Sinn bewegen: Sie sind erstens nahe am kirchlichen Leben dran und zweitens nahe an der Ökumene, um als Vermittlungsinstanz aufzutreten. Einige wenige Stichworte genügen, um die Relevanz ökumenischer Impulse anzudeuten: ökumenische Kirchenpartnerschaften, postkoloniale Missionsgeschichte und -theologie, Kirche und Mission, Rassismus und Diversität, glokale Pfingstbewegung und Megakirchen, überhaupt die Thematik der (post-)migratorischen Ökumene. Es sind aber eben auch interkulturell-theologisch aufgestellte Brückeninstitutionen, Bindeglieder der Interkulturellen Theologie in die kirchliche Welt, die ökumenisch-theologische Akzente in selbstreflexiver Absicht setzen können. Verdienen nicht gerade solche Lernorte, die sicherlich auch unbequeme Impulse setzen, jede Wertschätzung? Stachelige Lernorte, die Wandlungsprozesse konzeptionell im Sinne einer interkulturell-theologischen Praxistheorie (siehe Klaus Hock in dieser Ausgabe) ausloten und begleiten können?

Immerhin, so wird man einwenden, gibt es ja noch strukturell verankerte ökumenische Bildungsprojekte, die sich interkulturell-theologischen Perspektiven verschrieben haben. Ausdrücklich hält etwa die Vereinte Evangelische Mission (VEM) in Wuppertal an ihrer enormen Priorisierung ökumenischer Ausbildung fest. Aus dem von der VEM seit Jahren finanzierten internationalen Stipendienprogramm gehen, wie ja auch der Blick auf die Alumni der Missionsakademie verrät, eine Reihe von Bischöfen, Kirchenleitenden oder Fachkräften in ökumenischen Partnerkirchen im EKD-Umfeld hervor; dazu zählt auch eine Vielzahl von Dozierenden in theologischen Ausbildungsstätten dieser Kirchen. Es gibt sie in Form der Internationalen Hochschule Liebenzell. Auch sie hat ähnliche akademische Akkreditierungsprozesse durchlaufen wie die FIT in Hermannsburg. Auch sie agiert in großer Nähe zu einem Missionswerk, hat aber die Chance, sich langfristig als interkulturell-theologische Ausbildungsstätte zu etablieren, freilich mit erkennbar evangelikalem Profil.

Und doch senden die jüngsten Beschlüsse über Kürzung und Schließung ein verheerendes Zeichen aus. Sie unterhöhlen die Absicht der EKD-Thesenreihe. Mehr noch droht der Impuls, den die Kammer für Weltweite Ökumene anzuregen gedachte, in einem Moor zu versinken, das interkulturell-ökumenische Bildung durch Sparbeschlüsse nach unten zieht. Reaktionen und Gegenreaktionen, Appelle und – zumeist auffällig standardisierte – Antworten, hat es gegeben und gibt es. Wo aber zeichnet sich der öffentliche Diskurs darüber ab? Kann das Entsetzen über einen zerbrochenen Spiegel in eine ökumenische Findungsphase einmünden, die die vielen Codes theologischer Bildung neu zusammenstellt, sie an ein vielfach sich veränderndes ökumenisches Umfeld anpasst? Welche der einzelnen Spiegelfragmente lassen sich zusammensetzen, sodass eine Neukomposition von (Aus-)Bildungsmodulen sichtbar wird, Übergänge zwischen ökumenischen Milieus angeleitet und alternative Zwischenräume der Begegnung eingerichtet werden? Ich sehe den Antrieb der Thesen zur Relevanz ökumenischer Bildung just darin, interkulturell-theologische Gestaltungsperspektiven als integralen Bestandteil einer Öffentlichen Theologie in Deutschland einzufordern. Es gilt m. E., die Fragmente des »zerbrochenen Spiegels« in frischer Rahmung zu einer aussagekräftigen Collage zu fügen. Ökumenische Bildung – quo vadis, quo vadis – Interkulturelle Theologie?

Welche Interventionskraft von dem wertvollen Impulspapier der Kammer der EKD für Weltweite Ökumene ausstrahlt, bleibt abzuwarten. Gerne erinnere ich an die minimalistische Definition von Mission, die einst der Erlanger Missionswissenschaftler Hermann Brandt gab: »Mission ist Impuls zur Änderung.«[3] Es ist eine formale Definition und es bleibt offen, worin der Impuls besteht und wer sich ändert. Manchmal werden Impulse aufgenommen, die nicht gezielt gesendet wur-

3 Hermann Brandt, Vom Reiz der Mission, Neuendettelsau 2003, 38.

den; manchmal verpuffen sie, werden schlicht nicht empfangen. Andere Impulse wiederum bewirken Änderungen – auch Selbstveränderungen –, ohne dass diese beabsichtigt waren. Wodurch es jedoch ausgelöst wurde, darüber erteilt das Impulspapier klare Auskunft: Es hält »die gestiegene Relevanz der Ökumene in Universität und Schule sowie Kirche und Diakonie« fest (6). Die Ausgangsposition des ökumenischen Bildungsauftrags in Theologie und Kirche ist markiert und der öffentliche Diskurs darüber zu führen. Doch mit den beklagenswerten Kürzungsvorgängen der letzten Monate erodiert der Zustand jener »lebensbezogenen Lernorte der Ökumene«, an die das Thesenpapier erinnert. Mir ist nicht danach, den zersprungenen Spiegel zusammen zu kehren, schon eher die neu zusammengesetzte Bildfläche in ihrer Vielperspektivität wirken zu lassen. Als Hermann Brandt seine bemerkenswert kompakte Formel zur Mission vorlegte, befand sich die Missionswissenschaft ihrerseits in einer entscheidenden Findungsphase. Sie kulminierte 2005 in dem Positionspapier »Missionswissenschaft als Interkulturelle Theologie und ihr Verhältnis zur Religionswissenschaft«[4]. Das Dokument, das gemeinsamen von der Fachgruppe »Religionswissenschaft und Missionswissenschaft« in der Wissenschaftlichen Gesellschaft für Theologie und dem Verwaltungsrat der Deutschen Gesellschaft für Missionswissenschaft (DGMW) erarbeitet wurde, prägte die Formierung der Interkulturellen Theologie als theologischer Disziplin entscheidend vor. Es wirkte zugleich in die kirchliche und theologische Öffentlichkeit hinein, hat gesellschaftliche Prozesse mit angestoßen, die sich etwa in der Gründung der Fachhochschule für Interkulturelle Theologie abbilden. Und heute? Eröffnen sich mit dem Impulspapier wohltuend-kritische, auch selbstkritisch sich verstehende Diskursräume, jetzt, da die kirchenöffentliche Deklaration von ökumenischen »Nicht-Orten« priorisiert wird?

(Dr. Andreas Heuser ist Professor für Außereuropäisches Christentum an der Theologischen Fakultät der Universität Basel und Vorsitzender der Deutschen Gesellschaft für Missionswissenschaft.)

4 Vgl. https://dgmw.org/wp-content/uploads/2015/12/Text_07_16.10.12_DGMW-Papier.pdf (1.10.2021).

Plädoyer für eine interkulturelle Ökumene der Begegnung in Deutschland

Ulrike Link-Wieczorek

In einer Zeit, in der die sogenannten »beiden großen Kirchen« in Deutschland zahlenmäßig mit jedem Jahr kleiner werden, wird das konfessionelle Spektrum der christlichen Kirchen in Deutschland so breit wie nie zuvor: Nicht nur, dass die schon lange neben den »beiden großen Kirchen« existierenden Freikirchen medial sichtbarer zu werden scheinen – wir haben auch ein breiteres orthodoxes Spektrum sowie eine wachsende Vielfalt unter den pentekostalen Kirchen. Der Grund liegt in der Migration. Aus Osteuropa kommend haben Flüchtlinge und Migrant:inn:en der drittgrößten Kirche in Deutschland, der griechisch-orthodoxen, orthodoxe »Verstärkung« gegeben (z. B. serbisch-orthodoxe oder rumänisch-orthodoxe). Noch vielfältiger wird das orthodoxe Spektrum neuerdings durch Geflüchtete aus Syrien, woher ja nicht ausschließlich Muslime und Musliminnen, sondern eben auch Christinnen und Christen kommen: altorientalisch orthodoxe (z. B. syrisch-orthodoxe), die die ältesten Kirchen der Christenheit repräsentieren und die mit den uns eher bekannten byzantinisch-orthodoxen Gläubigen (den eben genannten »europäischen« Orthodoxen) keine Eucharistie-Gemeinschaft pflegen. Sie blicken zum Teil auch auf spannungsreiche Erfahrungen mit dem Islam zurück und bringen diesen Horizont in unsere binnendeutsche ökumenische Landschaft und Gesellschaft hinein. Weiterhin wären die pentekostal geprägten afrikanischen Migrations-Gemeinden zu erwähnen, die es in fast jedem mittelgroßen Städtchen Deutschlands inzwischen gibt und die mit den deutschen Pfingstkirchen in der Regel keine Beziehungen pflegen. Sie erweitern das charismatische Spektrum, das in den »beiden großen Kirchen« ebenso wie im deutschen Baptismus wächst.

Viele Menschen in Deutschland können diese »neuen« christlichen konfessionellen Prägungen gar nicht unterscheiden, weil sie selbst – in Ost- und Westdeutschland in unterschiedlicher Weise – zu der fast schon 50 Prozent der Bevölkerung ausmachenden Gruppe der Konfessionslosen gehören. Vielleicht gehören auch viele Beamte und Beamtinnen in den Kulturministerien dazu, auf deren Formularen die nicht-evangelischen und nicht-katholischen Schüler und Schülerinnen zumeist unter »Sonstige« subsummiert werden: Christen und Christinnen aller anderen Konfessionen, Juden und Jüdinnen, Muslime und Musliminnen, Yeziden und Yezidinnen und eben Konfessionslose. Immer noch ist Deutschland das Land, dessen religiöses Selbstverständnis irgendwie in der Prägung der Zeit der Gegenreformation stehengeblieben zu sein scheint.

Wer Ökumene sagt, muss das alles meinen. Und wer Christentum sagt, muss erst recht diese konfessionelle und interkulturelle Vielfalt meinen. Und wer sich über die theologische, gesellschaftliche und kulturelle Funktion von Religion in Deutschland inklusive ihrer globalen Vernetzung im Klaren werden will, muss sich mit all diesem beschäftigen. Es ist also klar, dass schon allein zur Klärung des theologischen Selbstverständnisses drei Forschungsperspektiven miteinander verbunden werden müssen: 1. die bisherigen klassischen theologischen Fragenstellungen, 2. die bisherige klassische Dialogökumene mit ihrem Bemühen, die gemeinsame Intention der christlichen Wirklichkeitssicht nicht aus dem Auge zu verlieren, sowie 3. eine auf die kulturellen oder auch transkulturellen Kontexte des christlichen Bekenntnisses in Vergangenheit und Gegenwart gerichtete Analyse, die nicht zuletzt Macht- und Unterdrückungserfahrungen sowie gegenseitige Beeinflussung oder auch bewusste Abgrenzungen untersucht. Unschwer ist zu erkennen, dass es sich bei der dritten Fragestellung um die Forschungsperspektive der Interkulturellen Theologie handelt, einschließlich ihrer »Großmutter«, der Missionstheologie. Keine Religionslehrerin, kein Religionslehrer, kein Pfarrer, keine Pfarrerin und kein in der Diakonie tätiger Mensch wird redlich von Christentum reden können, ohne sich darüber im Klaren zu sein, dass es in diesen drei Perspektiven wahrgenommen werden muss.

Theologie in den aktuellen »schwierigen Zeiten« müsste sich also stark prägen lassen von klassischen ökumenischen und breiteren interkulturellen, ja postkolonialen Fragestellungen. Dabei wäre auch die Realität der großen Gruppe der Konfessionslosen im Auge zu behalten. Denn eigentlich bildet sie nur ein weiteres Stadium der Enttraditionalisierung der »einheimischen« Kirchen überhaupt ab. Religionssoziologische Forschungen weisen uns schon seit mindestens zehn Jahren darauf hin, dass das konfessionelle Bewusstsein der Kirchenglieder sich verändert, ja, dass es sich abschleift und man von einer konfessionellen Identität kaum noch sprechen könne: »Ach komm, ich kann meine doch auch nicht mehr von deinen unterscheiden«, schmunzelt auf der Ökumene-Seite der Pfarrgemeinde Wertheim Wartberg (Badische Landeskirche) ein katholischer Priester mit Hirtenstab seinem evangelischen Amtsbruder zu – beide stehen sie inmitten einer bildfüllenden Schafherde. Das heißt nun aber absolut nicht, dass man sich in den Kirchen über alles einig wäre. Aber die Diskurse sind inzwischen weniger konfessionspezifisch. Sei es etwa über Homosexualität, christliches Familienbild, auch über die Konzepte der Realpräsenz Christi im Abendmahl, über die Erfahrung des Heiligen Geistes, die Bedeutung des Wortes »Heil« oder die Rolle sozialethischer Maximen für eine christliche Lebensgestaltung – in all diesen Themen geht eine Vielfalt von Meinungen mitten durch die Kirchen. Vorbei sind die Zeiten, in denen man meinte, evangelische oder katholische Menschen an der Art ihrer Wohnungseinrichtung erkennen zu können …

Wenn es also überhaupt noch so etwas gibt wie ein konfessionelles Bewusstsein, so stimmt es kaum noch mit der Vorstellung überein, von der die Kirchen selbst noch ausgehen und das sie zu repräsentieren versuchen, wenn sie zum Beispiel Vertreterinnen oder Vertreter in einen offiziellen ökumenischen Dialog entsenden. Es finden sich natürlich auch solche, zumeist theologisch hoch qualifizierte Männer und Frauen, in der Regel aus der Hochschullehre. Hier steht ihre Arbeit für gar manche nicht ökumenisch-forschende Theologinnen und Theologen im Verdacht, nicht akademisch genug, weil zu kirchentreu und zu wenig kirchenkritisch zu sein – folgt sie doch in Lehre und Forschung irgendwie einer kirchlichen Agenda des Bemühens um Kircheneinheit.

Dabei ist die »offizielle« ökumenische Arbeit, also die, die aus dem Entsenden der Kirchen lebt, absolut nicht von dem Einheitsbild geprägt, dass sich Menschen ohne entsprechende Kenntnisse vorstellen. Vielmehr wird in einer ganzen Palette von Modellen der Kircheneinheit darum gerungen, wie Kirchen ihre jeweils spezifischen konfessionellen Prägungen als Ausdruck christlichen Bekenntnisses und ekklesialer Lebensform gegenseitig anerkennen können.

Wäre es gut, auf dieses Bemühen ganz und gar zu verzichten? Ich denke nicht. Denn der Verzicht auf die klassische Ökumene bedeutete, die Kirchen aus der Verantwortung zu entlassen, sich selbst als einen Teil der Gemeinschaft von Kirchen des gemeinsamen Bekenntnisses zu Jesus Christus zu verorten, sich selbst nicht exklusiv als dessen einzig adäquaten Ausdruck zu setzen, sich stattdessen zu stetiger Bereicherung und Reform bereit zu finden und dabei auch diskursiven Spannungen nicht aus dem Weg zu gehen. Aber ich denke auch, dass dies alles schon lange vor dem Bemühen um Kircheneinheit relevant wird, nämlich in Aufmerksamkeit, Neugierde, Interesse für »die anderen« christlichen Ausdrucksformen und Lebensweisen. In diesem Sinne plädiert ein Impulspapier der Ökumene-Kammer der EKD in Bezug auf die theologische Ausbildung von Pfarrer:inne:n, Lehrer:inne:n und Diakon:inn:en für einen »breiten Ökumene-Begriff«, der sich in enger und unverzichtbarer Kooperation mit der interkulturellen Theologie versteht (www.ekd.de/oekumene-ausbildung). Letztlich verbindet sich damit die Hoffnung, dass wir in dieser Kombination die Lebendigkeit des christlichen Glaubens in der je eigenen erfahrbaren Binnendifferenz neu entdecken lernen werden.

(Dr. Ulrike Link-Wieczorek ist Professorin für Systematische Theologie und Religionspädagogik und Vorsitzende der Kammer der EKD für weltweite Ökumene.)

Kooperation, Solidarität und interreligiöser Dialog mit Ostasien

Tagung der Deutschen Ostasienmission (DOAM) mit der Missionsakademie Hamburg

»Kooperation, Solidarität und interreligiöser Dialog mit Ostasien« war vom 4.–6. Juni 2021 das Thema der Tagung der DOAM, die in Kooperation mit der Missionsakademie Hamburg durchgeführt wurde. Die DOAM bringt ihre Ostasienbeziehungen in die Evangelische Mission in Solidarität (EMS) und in das Berliner Missionswerk ein. Seit den 1970er Jahren tragen diese beiden Werke die Verantwortung für das operative Geschäft und fördern die DOAM-Tagung gemeinsam mit Brot für die Welt. Gleichwohl hat die DOAM weiterhin eine wichtige Aufgabe als Kompetenzzentrum für interkulturelle Erfahrungen mit Ostasien, da sie ihre Sprach-, Landes- und Sachkenntnisse in dieses Beziehungsgefüge einbringt. Zudem vertritt sie eine ganz bestimmte theologische Tradition, deren Bedeutung und Wert heute neu aufleuchtet.

Im ersten Teil der Tagung 2021 ging es um »Mission in Solidarität« in Beziehungen zu Christinnen und Christen in und aus China, (Nord-)Korea und Japan. In zweiten Teil ging es um Missionstheologie und interreligiösen Dialog bezogen auf den ostasiatischen Kontext. Dazwischen gab es Berichte über Erfahrungen mit der DOAM oder in Ostasien allgemein. Dabei kamen auch junge Menschen zu Wort. Zwei von ihnen, die am Interreligiösen Studienprogramm der EMS (Interreligious Studies in Japan Programme, ISJP) des National Christian Council Center for the Studies of Japanese Religions (NCC) teilgenommen hatten, stellten ihre Forschungsprogramme vor, die gut in den Gesamtduktus der Tagung passten.

»Mission in Solidarität« im Blick auf China, Korea und Japan

Zu Beginn stellte *Isabel Friemann* die Arbeit der 1996 gegründeten und derzeit von ihr geleiteten China InfoStelle vor. Anliegen ist, über Entwicklungen in China vor allem im Bereich von Religion, Religionspolitik und Christentum zu informieren und dazu beizutragen, dass diese verständlicher werden. Dies geschieht bei Veranstaltungen und durch Publikationen, aber auch im direkten Dialog und Austausch mit Partnern aus und in China. Derzeit steht die fortschreitende Sinisierungskampagne der kommunistischen Partei Chinas im Mittelpunkt, die das Ziel hat, die Religionen und ihre Anhänger:innen auf den Glauben an die Partei einzuschwören. Die China InfoStelle wird von unterschiedlichen Werken und Organisationen getragen und es besteht eine enge und fruchtbare Zusammenarbeit mit katholischen Stellen, vor allem mit dem China Zentrum in Sankt Augustin.

Liu Ruomin, seit 2016 Studienleiter an der Missionsakademie (MA), berichtete über die Arbeit der Missionsakademie mit Gemeindeleiter:inne:n von und Mitarbeiter:inne:n in chinesischen Gemeinden in Deutschland. Man kann davon ausgehen, dass es 88 solcher Gemeinden und 25 hauptamtliche Mitarbeitende gibt. Wie in China selbst ist auch unter den inzwischen wohl fast 40 000 Chines:inn:en in Deutschland das Interesse am Christentum hoch. Seit 2017 bietet die MA ein Chinesisches Kompaktseminar in Theologie (CHINA-KIT) an, das sich zunehmender Beliebtheit erfreut. Darüber hinaus wird regelmäßig eine Tagung für Wissenschaftlerinnen und Wissenschaftler veranstaltet, die in Europa über Theologie oder Religionswissenschaft in China arbeiten, und für Chinesinnen und Chinesen, die in Europa evangelische oder auch katholische Theologie oder Religionswissenschaft studieren. Auf diese Weise setzt die Missionsakademie die Tradition fort, ein Begegnungsraum zwischen chinesischer und deutscher Theologie zu sein.

Lutz Drescher, langjähriger Ostasien Verbindungsreferent der EMS und ehemaliger Geschäftsführer der DOAM, berichtete unter der Überschrift »Schmerzhafte Teilung, Sehnsucht nach Einheit« über Beziehungen der deutschen Kirchen und Missionen zu Christen in Nordkorea. Er schilderte sowohl Reisen nach Nordkorea wie auch von Erfahrungen mit Besuchern aus Nordkorea in Deutschland. Er betonte, dass bei allen Unterschieden, die es zwischen der Situation in Korea und Deutschland gibt, die Erfahrung von Trennung und Wiedervereinigung die bleibende Verpflichtung mit sich bringe, sich an den Schmerz des noch immer geteilten koreanischen Volkes zu erinnern und Wegbegleiter auf dem Weg zu Versöhnung und Frieden zu bleiben. Das Phänomen eines geduldeten Christentums in Nordkorea wird auf dem Hintergrund des Widerstandes von Christinnen und Christen gegen die japanische Kolonialherrschaft verständlich. Auch die nordkoreanische Wirklichkeit als solche will auf dem Hintergrund des über Jahrhunderte prägenden Konfuzianismus und des noch viel älteren

Schamanismus verstanden werden. Dass die Beziehungen zu Christinnen und Christen in Nordkorea nicht ganz ohne Konflikte sind, ist dabei nicht verwunderlich.

Einen skeptischen Blick auf die Rolle der Kirchen zur Wiedervereinigung warf *Chai Hae-Ung*, Pfarrer der Presbyterianischen Kirche in der Republik Korea (PROK) und Doktorand an der MA in seiner Response. Zum einen verwies er darauf, dass die junge Generation in der koreanischen Wettbewerbsgesellschaft unter enormem Druck stehe und wenig Interesse an Wiedervereinigung habe. Die junge Generation sieht Nordkorea als ein fremdes Land. Überhaupt seien Nachrichten über Nordkorea der Tendenz nach überwiegend negativ. Er zeigte aber auch auf, dass die Kirchen in Südkorea inzwischen geringere öffentliche Bedeutung haben. Ein ganz großes Problem seien die fast unüberwindlichen Spaltungen zwischen progressiven und konservativen Christ:inn:en und Kirchen.

Aus Japan zugeschaltet stellte *Arakawa Tomoko*, Leiterin des Asian Rural Institut (ARI), die Arbeit des Instituts vor und berichtet über die Situation in Japan zehn Jahre nach der Dreifachkatastrophe von Fukushima (Erdbeben, Tsunami und Atomschmelze). An dem 1973 gegründeten ARI haben in den vergangenen 48 Jahren über 1300 Menschen aus über 60 Nationen eine Ausbildung in nachhaltiger ökologischer Landwirtschaft erhalten. Das ARI entstand aus dem Wunsch heraus, nach dem Leid, das Japan im pazifischen Krieg von 1937–1945 über viele Länder Asiens gebracht hat, ein Zeichen der Versöhnung zu setzen. Im ARI gibt es eine Messstation, in der Lebensmittel auf ihre radioaktive Belastung untersucht werden. Noch immer sind die radioaktiven Werte erhöht, wobei die Regierung sowohl die Zahlen wie die Auswirkungen herunterspielt. Eindrücklich berichtete Arakawa von ihrer Erkenntnis, auf Grund der »Sünde der Untätigkeit« mitverantwortlich zu sein für das Desaster. Zehn Jahre nach dem Unglück sei es wichtig, nicht gleichgültig und indifferent zu werden. Es gehe darum, sich weiter für die Aufdeckung der Fakten, einen anderen Umgang mit den natürlichen Ressourcen und für die Jugend einzusetzen.

Kajikawa Yu, eine in Berlin lebende Übersetzerin und Aktivistin, erzählte in ihrer Response von ihrem Engagement gegen Atomenergie in der Vermittlung zwischen Deutschland und Japan. Sie hat zum Jahrestag der Katastrophe von Fukushima Demonstrationen und Infoveranstaltungen organisiert und versucht so dazu beizutragen, dass auch in Deutschland das Engagement gegen Atomenergie lebendig bleibt. Vor allem aber hat sie festgestellt, dass Fernsehberichte, die von deutschen Journalist:inn:en produziert wurden, detaillierter und kritischer waren als die in Japan. Sie hat in der Folge entsprechende Dokumentationen mit japanischen Untertiteln versehen und auch weiteres in Deutschland erhältliches Informationsmaterial Japaner:inne:n zugänglich gemacht.

Erfahrungen bei der Mitarbeit in der DOAM und in Ostasien selbst

Am ersten Abend erzählten Mitglieder im Vorstand der DOAM von Highlights aus ihrer teils Jahrzehnte übergreifenden Mitarbeit in der DOAM und von Erfahrungen, die sie in Ostasien gemacht habe. *Carsten Rostaslsky* berichtete von Nordkorea-Erfahrungen als Theologiestudent in der ehemaligen DDR. Der Theologin und Sinologin *Eva Ursula Krüger* war die Faszination, die von Richard Wilhelm bis heute ausgeht, abzuspüren. Richard Wilhelm war von 1900 bis 1920 in Quingdao/China tätig und ist wohl der bekannteste der von der Ostasienmission ausgesandten Mitarbeiter. Sein Anliegen war Dialog und respektvolle Verständigung. Er wurde ein Brückenbauer zwischen den geistigen Welten von China und Europa. Brücken zu bauen, das ist auch das Anliegen, das sich mit den inzwischen 15 Begegnungsreisen nach China verbindet, die Krüger in den letzten Jahren durchgeführt hat.

Lutz Drescher erzählte von der Bereitschaft, sich bei Tagungen einander authentisch und »in Wahrheit« zu begegnen, wobei immer wieder auch etwas von der Gegenwart Gottes aufleuchtete. *Carola Hoffmann-Richter*, Vorstandsvorsitzende der DOAM, berichtete von Erfahrungen, die sie und ihr Mann während ihres Aufenthaltes in Japan gemacht haben und zu welchem Engagement diese dann in Deutschland geführt haben. Andreas Hoffmann Richter war in einem Befreiungszentrum zusammen mit diskriminierten Buraku tätig und wurde dann von der japanischen Kirche »ausgesandt«, sich in Deutschland gemeinsam solidarisch mit Sinti und Roma für deren Rechte einzusetzen. Aus diesem Anstoß aus Japan ist eine bis heute fruchtbare Arbeit entstanden.

Kerstin Neumann, Referentin für interkulturelle Theologie und Bildung, Frauen und Gender bei der EMS, überbrachte Glückwünsche zum 137. Gründungstag der Ostasienmission und erinnerte daran, dass es immer Menschen sind, die eine Mission haben und diese verkörpern. So seien ihr in der DOAM Menschen mit einer »radikalen Offenheit« begegnet. Offenheit, Sprachfähigkeit (auch als Fähigkeit, eine der ostasiatischen Sprachen zu sprechen) und Dialogbereitschaft kennzeichneten den hermeneutischen Ansatz der Ostasienmission. Dabei wird vor allem beim interreligiösen Dialog auch auf wissenschaftliche Standards geachtet. Was das Wozu der Arbeit betrifft, fällt auf, dass die Rechte von Minderheiten und Fragen von Frieden und Versöhnung eine wichtige Rolle spielen.

Religionstheologie und Interreligiöser Dialog

Ulrich Dehn, der von 1986–1995 Studienleiter am ursprünglich von der DOAM gegründeten Tomisaka Christian Center in Tokio und zuletzt Professor für Missions-, Ökumene- und Religionswissenschaften in Hamburg war, stellte an einigen Beispielen »Möglichkeiten des christlichen Dialogs mit ostasiatischer Religiosität« vor. So gehe es beim sogenannten Ahnenkult im Kern darum, dass die Vorfahren Teil eines Kommunikationsgeschehens seien und so gegenwärtig blieben. Der taiwanesische Theologe C. S. Song sehe hier Parallelen zum Herrenmahl. In den letzten Jahrzehnten hätten sich viele Christ:inn:en auf den Weg des Zen begeben, unter ihnen auch Vertreter:innen der Befreiungstheologie. Dabei hätten sie entdeckt, dass die tiefe Erfahrung von Verbundenheit, zu der auch Leidenserfahrungen gehörten, zu echter Com-Passion, zu praktizierter Mitleidenschaft führt. Interessant seien auch Versuche von Buddhist:inn:en der Kyoto Schule, in Dialog mit christlicher Theologie zu treten. Dabei weite sich das Verständnis von »Gott« von einem personalen Gegenüber hin zu einem Urgrund des Universums, in dem die Spaltungen zwischen Subjekt und Objekt überwunden seien und reine Gegenwart sei. So werde deutlich, dass eine Begegnung mit ostasiatischer Religiosität jeweils ein theologisches und spirituelles Wagnis sei.

Martin Repp zeigte, dass neben der Verwurzelung in der liberalen Theologie ein Alleinstellungsmerkmal der Ostasienmission ihre Religionstheologie sei. Repp hat im Auftrag der EMS von 1988–2005 am NCC Center for the Study of Japanese Religions in Kyoto gearbeitet und sich dort auch habilitiert. Er ist Mitbegründer des interreligiösen Studienprogramms in Japan (ISJP) und war zuletzt Beauftragter für den Dialog mit asiatischen Religionen im Zentrum Oekumene der EKHN. Repp referierte, was Ernst Buß (1843–1923), theologischer »Gründervater« der Ostasienmission, zu diesem Thema gesagt hat. Er stellte dann dar, wie sich das in der Praxis von Hans Haas (1868–1934) während seiner Zeit in Tokyo (1898–1909) gestaltete und sich danach in dessen Lehre als Professor für Religionsgeschichte in Leipzig (1915–1934) weiterentwickelte. Repp betonte dabei, wie wichtig es sei, vor Ort zu sein, eine Sprache zu lernen und sich konkret in Gespräche mit Menschen anderen Glaubens und mit Vertreter:inne:n anderer

Religionen hinein zu begeben. Entgegen der weitverbreiteten Praxis, andere Religionen negativ darzustellen, damit das Christentum umso positiver strahle, ging es der Ostasienmission darum, den anderen Religionen gerecht zu werden, denn auch in ihnen gibt es Wahrheitselemente.

Einen weiteren Vortrag zur Geschichte der Ostasienmission hielt, aus Japan zugeschaltet, *Esben Petersen*. Er ist Lecturer an der Nanzan Universität in Japan und referiert über frühe Erfahrungen der Ostasienmission in Japan (1885–1932). Dabei nimmt er Bezug auf seine 2019 an der Johann Wolfgang Goethe-Universität in Frankfurt am Main vorgelegten Dissertation, die unter dem Titel »The Early Swiss and German Missionaries in Japan: Paradoxes of Liberal Christianity« erschienen ist. Er zeigte auf, dass die Ostasienmission in ihrer konkreten Praxis den eigenen, auf der liberalen Theologie beruhenden Idealen von Toleranz und Respekt oft nicht gerecht wurde, sondern anderen Religionen gegenüber von kolonialistischem Denken geprägt war. Interessant war auch zu erfahren, wie Konzepte, die Missionare der Ostasienmission bekannt gemacht haben, von buddhistischer Seite aufgegriffen wurden, um sich gegen das Christentum auszusprechen.

Einsichten und Erfahrungen junger Menschen

Freiwillige, die über das Berliner Missionswerk (BMW) ausgereist waren, berichteten von ihren Erfahrungen in China (*Lea Dally*) und Taiwan (*Emilia Speck*). *Daniel Jung* erzählte von Erfahrungen, die er als ein ursprünglich aus Korea stammender Pfarrer in der Evangelischen Kirche von Westfalen macht. Zwei ehemalige Teilnehmer am interreligiösen Studienprogramm in Japan (ISJP) informierten über ihre weitergehenden Forschungen: *Sebastian Hantke*, Vikar in der Badischen Landeskirche, hat in einer Bachelorarbeit in Japanologie dargestellt, wie nach der Katastrophe in der Tohuko-Region Vertreter:innen unterschiedlicher Religionen zusammengearbeitet haben, um den Menschen zu helfen, auch die psychischen Auswirkungen der Katstrophe zu bewältigen. Dabei entwickelte sich mit der interreligiösen »Spiritual Care« ein Programm, in dem Vertreter:innen unterschiedlicher Religionen gemeinsam ausgebildet werden.

Luca Bergfelder stellte die Prämissen und das methodische Vorgehen seines Promotionsvorhabens an der Universität Heidelberg vor. In ihm wird das Verhältnis von Zen und Christentum anhand der Geschichte des Sanbō-Kyodan behandelt. Obwohl Sanbō-Zen in Deutschland auch durch Willigis Jäger weit verbreitet ist, ist er bisher kaum wissenschaftlich untersucht.

In der abschließenden Diskussion ging es um die Frage, wie das uns mit Ostasien verbindende Netzwerk gestärkt werden kann. Wichtig ist, dass angesichts der knapper werdenden Ressourcen nach Synergien zwischen den unterschiedlichen Akteuren (EKD, EMW, EMS, BMW, DOAM) gesucht wird. Erfreulich für die DOAM ist dabei, dass sie mit ihrer reichen Geschichte auch und gerade heute relevant und eine wichtige Stimme ist. Die Beiträge dieser Tagung erscheinen in der Reihe Theologische Impulse der Missionsakademie (TIMA 19, https://www.missionsakademie.de/tima.html). Gewidmet ist die Dokumentation der Tagungsbeiträge dem langjährigen Ostasienreferenten der EMS und Geschäftsführer der DOAM, Winfried Glüer. Zwei seiner bisher nur schwer zugänglichen Aufsätze zum Dialog mit dem chinesischen Buddhismus während des 19. und der ersten Hälfte des 20. Jahrhunderts und zur Geschichte der DOAM werden so einem größeren Interessent:inn:enkreis zugänglich gemacht.

Lutz Drescher

Investigations on the »Entangled History« of Colonialism and Mission in a New Perspective.

Untersuchungen zur »Verflechtungsgeschichte« von Kolonialismus und Mission in neuer Perspektive

Tagungsbericht zum 20. Ludwig-Harms-Symposium (28./29. Mai 2021)

Die Fachhochschule für Interkulturelle Theologie in Hermannsburg (FIT) und das Evangelisch-lutherische Missionswerk in Niedersachsen (ELM) hatten zum 20. Ludwig-Harms-Symposium eingeladen. Neue Perspektiven auf das alte Thema der Zusammenhänge von Mission und Kolonialismus wurden dadurch eröffnet, dass vielfältige Wechselwirkungen zwischen Europa und außereuropäischen Entwicklungen in den Blick kamen. Eine Kirchen- oder Theologiegeschichtsschreibung, die nicht diese globalen Verflechtungen im Blick hat, verliert an Plausibilität. Auf der Tagung entstand der Horizont eines dezentralisierten Westens, vor dem – als eines der Ergebnisse der Zeit der europäischen und christlichen Expansion – ein gegenwärtig in der Weltchristenheit provinzialisiertes Europa sichtbar wird.

Genauer gesagt erfolgte der Zugriff auf das Thema mit Hilfe der historiographischen Methode der »entangled history« (wörtlich: »miteinander verflochtene/verknüpfte Geschichte«). Hier gilt das Augenmerk der Frage, wie es im jeweiligen besonderen untersuchten Fall an bestimmten Orten und zu bestimmten Zeiten zum Zusammenwirken von unterschiedlichen AkteurInnen kam, die an dem Projekt der Ausbreitung und Verfestigung des Christentums direkt oder indirekt mitwirkten und nachhaltig, mittelfristige oder für nur kurze Zeit bestehende Verknüpfungen erzeugten. Es geht hier immer auch um Konflikte, Divergenzen, Aushandlungen, Ansprüche und die Verteilung von Macht, um das Schließen von Verträgen und das Eingehen von Vereinbarungen. Das Zusammenführen von Erzählungen und Reflexionen zur Missionsgeschichte mit dem Fokus auf damit zusammenhängende und in den Vorträgen erkennbar gemachte Begegnungen und Wechselwirkungen entfaltete im Verlauf des Symposiums eine bemerkenswerte

Dynamik. Sie machte anschaulich, wie relevant vergangene Spannungen und Entwicklungen für Religion und Christentum heute sind.

Die Veränderungen der Bedeutung Europas in der Weltchristenheit, die so lange vernachlässigt worden sind, gilt es erst noch zu verstehen. Wissenschaftliche christliche Theologie ist auf das Christentum bezogen. Insofern Christentum eine Weltreligion ist und Europa nur einer der kleineren Bereiche davon, wurde bei diesem Symposium der Ort gegenwärtiger europäischer Theologie genauer in seiner Begrenzung oder Verflechtung bestimmt. Interkulturelle Theologie scheint manchmal eher am Rande zu stehen, aber sie ist die relevante Theologie unserer Zeit. Sie hat für Europa eine Mission von den Rändern her.

Der Anspruch wäre schwierig, die ganze Welt im Blick zu haben. Bei diesem Symposium wurde Exemplarisches aus unterschiedlichen Regionen der Welt – u. a. Indonesien, Afrika und Indien – in den jeweiligen Verknüpfungen mit Europa und den von dort her agierenden ProtagonistInnen der Missionen gut und aussagekräftig zusammengetragen.

Dorothee Rempfer konzentrierte sich auf die Interaktionen der Schwestern der Rheinischen Missionsgesellschaft auf Sumatra und konnte zeigen, wie paternalistische Familienstrukturen der europäischen Missionsarbeit in Indonesien rezipiert wurden. Mit den Impulsen aus der Bildungsarbeit mit Mädchen im Umfeld der Missionsarbeit veränderten indonesische Familien aktiv Geschlechterrollen. Zugleich änderte sich auch die Mission sich prozesshaft. Dabei kopierten Menschen nicht ein europäisches Modell, sondern entwickelten in diesen Kontaktzonen neue Wege in einer sich verändernden Gesellschaft.

Karolin Wetjen entfaltete Zusammenhänge zwischen den religiösen und theologischen Veränderungen in Europa um 1900 und den Debatten um die religiösen Entwicklungen in Ostafrika, insbesondere im Kilimandscharo-Gebiet. Sie beschrieb die hitzigen Debatten um die Zukunft des Christentums, die auch als eine Debatte um die Zukunft eines säkularisierten Europa im globalen Kontext verstanden werden kann. Dabei ließen sich deutsche Konzepte nicht einfach übertragen, da sich auch die sprachlich ausdifferenzierten Gesellschaften am Kilimandscharo nicht recht mit einem von Herder geprägten Begriff eines Volkes in Einklang bringen ließen. »Darum ist's doppelt schwer, ohne mißverstanden zu werden, einem Volke zu predigen, welches voll Heidentum, Zauberei und Aberglauben steckt und gar kein Bedürfnis nach den Worten des wahren Gottes hat, und welches zugleich, gewissermaßen zum Beweise seines traurigen Zustandes, arm ist an Ausdrücken für höhere Güter.« Emil Müller schreibt dies 1895 als Bericht über seine Missionsarbeit am Kilimandscharo an ein deutsches Publikum, das sich der säkularen, nichtchristlichen oder anti-kirchlichen Entwicklungen in Europa bewusst war. Kirchen und Missionsgesellschaften versuchten Wege zu definieren, wie sie eine christliche Mission mit der Mission einer europäischen und kolonialen Zivilisation in Beziehung setzen konnten. Gleichzeitig mussten sie religiöse Lebensbereiche mit einer entstehenden säkularen Welt neu in Beziehung setzen.

Ähnlich konnte *Stanislau Paulau* von den Wechselwirkungen zwischen deutschen religiösen Landschaften im 19. Jahrhundert, der Romantik und abenteuerlichen Kolonialträumen erzählen, wie sie auf das Kaiserreich Äthiopien projiziert wurden. Männer wie Max Grühl nutzten die Imaginationen weltlicher und religiöser Protagonisten für ihre persönlichen Visionen. Paulau konnte zeigen, wie Missionsgesellschaften in ihrem Selbstverständnis ihre eigenen Visionen hatten, und gleichzeitig in vielfältige politische und kulturelle Kontexte eingebettet waren, die ihre Ansichten und Entscheidungen mitbestimmten.

Dieser romantische Hintergrund wurde auch von *Jobst Reller* aufgezeigt, der Harms und seine Visionen historisch in diesem Kontext der Romantik darstellte. Viele Jahre später hatte der internationale politische Kontext nach dem Zweiten Weltkrieg einen starken Einfluss auf die Diskussionen über afrikanische Kirchen und die Rolle der weißen MissionarInnen, wie *Gunther Schendel* am Beispiel des Besuchs von Dafaa Jammoo als Präsident einer westäthiopischen Lutherischen Kirche bei der Tagung des Lutherischen Weltbundes 1952 in Hannover zeigte. Die Diskussionen über unabhängige lutherische Kirchen in traditionsreichen Missionsgebieten waren auch als Reimport lutherischer Theologie und Frömmigkeit ein Beitrag zur Bestimmung der Bedeutung lutherischer Kirchen in Deutschland nach der Zeit des Nationalsozialismus.

Zu den kolonialen Kontexten der Entwicklung des Weltchristentums gehörten auch gewaltsame Spannungen und Konflikte. *Harvey Kwiyani* diskutierte dazu anschaulich die Geschichte der Familie von David Livingston in Magomero in Malawi als Beispiel dafür, wie die Missionsarbeit über viele Jahrzehnte starke koloniale Einflüsse auf das Leben der Menschen hatte. Kwiyani beschreibt auch afrikanische christliche Bewegungen, am Beispiel der Bewegung von John Chilembwe, unterstützt von Joseph Booth, in der Nähe von Magomero. Er erinnert aber auch an die Ansicht von Ngugi wa Thiong'o über die damalige Zeit, als die Weißen in afrikanische Orte kamen: »Christentum, Handel, Zivilisation: die Bibel, die Münze, das Gewehr: Heilige Dreifaltigkeit.«

Ähnliche Spannungen zeigte *Hanna Mellemsether* in der »Norwegian Lutheran Zulu Church«, die 1917 eine vorläufige Verfassung erstellte. 1926 löst sich Reverend Petrus Lamula mit einer Protestbewegung von der Missionskirche. Missionare standen dabei im Spannungsfeld zwischen einerseits den Umständen und Wünschen ihrer Gemeinden, zweitens der Siedlergesellschaft in Südafrika und drittens dem Home Board aus Stavanger.

Auch *Moritz Fischer* beschrieb am Beispiel von Makolokwe in Transvaal, wie sich sehr bald ein afrikanisches Christentum als eine gut vernetzte und antikoloniale Bewegung entwickelte, die bald in Konflikt mit dem weißen Christentum geriet und neue Formen von Spiritualität entwickelte. Er erinnerte an die äthiopische Bewegung und Mangena Mokone, die lutherische Bapedi-Kirche, die 1890 von Martinus Sebushane gegründet wurde, an charismatische Bewegungen oder pentekostale Kirchen. Eine Konfliktlinie waren die Verantwortungsmöglichkeiten afrikanischer ordinierter Pastoren, und wie diese oft durch weiße Interessen unterbunden wurde. Das Christentum konnte sich den Spannungen des Kolonialismus nicht entziehen. So fassten die Bapedi-Sezessionisten zusammen: »Wir sind lutherisch und wir werden im lutherischen Glauben sterben, es sei denn, Sie selbst zwingen uns, ihn abzulehnen, indem Sie nicht mit dem übereinstimmen, was wir sagen«, und sie beklagten: »Sie hassen unseren Zuwachs an Verstand mehr als unsere Dummheit.« Der Lehrer Salomon Ntholi, zuständig für die neue, sich selbstständig machende Gemeinde Makolokwe, wird 1908 zitiert: »Wir sind euch Weißen überdrüssig; Ihr habt uns genug geplagt.«

Diese Linie vertiefte im wiederum anderen Kontext Indiens *Gladson Jathanna*, indem er den europäischen Ansatz der »Entangled History« durch den Ansatz der »Subaltern History« kritisch ergänzte. Er entwickelt dabei eine subalterne Gegenseitigkeit als Lebensform des Christentums. *Ulrike Schröder* nahm darauf die Entstehung europäischer Vorstellungen von indischen Religionen in den Blick, die dann wiederum erstaunliche Wirkungen entfalten konnten.

Wilhelm Richebächer betonte die Notwendigkeit einer theologischen Sensibilität für die Mächte und Interessen, die in Bezug auf religiöse Entwicklungen am Werk sind. Gegen eine zentralisierte Deutungshoheit entfaltet er die Vision einer polyzentrischen Deutungsautorität und eine Hermeneutik der »interkulturell geteilten Deutungshoheit«. Für kirchen- und missionsgeschichtliche Zusammenhänge erinnert er dazu an die lutherische Unterscheidung zwischen Gesetz und Evangelium.

Zusammenfassend bleibt als theologische Aufgabe, diesen polyzentrischen Blick einzuüben. Im Leben der Kirche erfahren Menschen die Gnade Jesu Christi und in der christlichen Theologie reflektieren sie darüber. In der Weltchristenheit macht diese Reflektion umso mehr Sinn, wenn dabei versucht wird, die Prozesse zu verstehen, indem Menschen polyzentrisch einander zuhören und Erfahrungen vergleichen. Aus dem vielfältigen Erbe und den verschiedenen Sichtweisen und Zukunftsvorstellungen können unter Berücksichtigung der postkolonialen Kontexte unserer Zeit theologisch Visionen für eine Zukunft, ekklesiologisch für eine Zukunft der Kirche und eschatologisch für eine Zukunft des Zusammenlebens auf dem einen Planeten reflektiert und begleitet werden.

In deutlich differenzierter Anknüpfung an die Tradition von Ludwig Harms und dessen lutherische Theologie verstand sich das Unternehmen in Korrespondenz zu den längst etablierten globalen Kontexten und Netzwerken der FIT und des ELM. Somit konnte diese Art von „angewandter" Interkultureller Theologie weiterentwickelt werden.Die immer sichtbarere Globalisierung des Christentums wird die interkulturellen Öffnungen national geprägter Theologien befördern.

An der Tagung haben Menschen aus 40 Nationen teilgenommen. Ein gegenwärtiger Kontext der Tagung ist die Digitalisierung, die weltweit die Arten des Austausches verändert. Es kommt zu neuen Kontaktzonen, im digitalen Ort entstehen Dritte Räume, mit Formen von Hybridität und Mimikry und komplizierten Übersetzungen. Es gibt auch dort Privilegien, Wechselwirkungen von Inklusion und Exklusion, Fragen von Macht und Wissen und Subalternität. Aber dennoch ist es eine dynamische Form der globalen Konnektivität und Sichtbarkeit. Es ist ein spiritueller Ort und ein Ort für theologische Reflexionen und Debatten. Dieses digitale Ludwig-Harms-Symposium war in seinen Implikationen eine Ermutigung und Inspiration für unsere Zeit.

Es erscheint ein Tagungsband.

Moritz Fischer/Gottfried Rösch

Tobias Keßler (Hg.): **Lebenslänglich! Das Ringen von Migrierten und Geflüchteten um gleichberechtigte Partizipation in Gesellschaft und Kirche** (Weltkirche und Mission, Band 14), Regensburg: Verlag Friedrich Pustet 2021, 251 Seiten, 29,95 Euro

Der lebenslangen Erfahrung der Zuschreibung als Geflüchtete und Migrierte widmet sich der vorliegende Sammelband und zeigt darin die intersektionalen Zusammenhänge von Exklusions- und Anerkennungsprozessen in der postmigrantischen Gesellschaft mit dem spezifischen Fokus auf den Herausforderungen und Verantwortungen der römisch-katholischen Kirche auf. Die Veröffentlichung geht auf den gleichnamigen Studientag im Jahr 2019 des Instituts für Weltkirche und Mission an der Philosophisch-Theologischen Hochschule Sankt Georgen in Frankfurt am Main zurück. Das gegenwärtig äußerst relevante Thema wird aus den theologischen Disziplinen der Pastoraltheologie und -soziologie, der Interkulturellen Theologie und Sozialethik unter Einbezug praktischer Perspektiven erörtert. Tobias Keßler gliedert den Aufsatzband in einer »Bewegung vom Allgemeinen zum Besonderen, von der Gesellschaft zur Kirche und von der Theorie zur Praxis« (12). Hervorzuheben ist die Visualisierung der Beiträge durch das Graphic Recording von Florence Dailleux.

Keßler legt sowohl der Tagung als auch dem Sammelband einen Impulsvortrag zugrunde, auf den die einzelnen Beiträge reagieren. Darin skizziert er das bestehende Machtgefälle interkultureller Beziehungen und damit einhergehende Wertekonflikte, die primär durch die Machthabenden bewertet werden. Diese Umstände führen dazu, dass eine Integration zur Sicherung der Lebensexistenz nicht kongruent mit der entsprechenden Anerkennung und gleichberechtigten Partizipation ist. Besonders Konzepte der Anerkennung und ihre strukturellen Voraussetzungen werden in den Beiträgen aufgenommen und diskutiert.

Einleitend eruiert Christian Spieß aus sozialethischer Perspektive ausgewählte normative Ordnungen, die dem gesellschaftlich-politischen Migrationsdiskurs zugrunde liegen. Katja Winkler reflektiert im Anschluss an Gayatri C. Spivaks Konzept der Subalternen und des *Otherings* die postkoloniale Problematik der politischen Stellvertretung von migrierten Personen. Daran anschließend beleuchtet Marianne Heimbach-Steins unter Rekurs auf Chimamanda Adichie, David Foster Wallace und Judith Butler die Voraussetzung von Partizipation für gesellschaftliche Anerkennung, um eine Essentialisierung der Kontexte durch eindimensionale, aber deutungsmächtige Fremdrepräsentation zu vermeiden. Auf der Basis empirischer Befragungen von Migrant*innen ohne legalen Aufenthaltsstatus diskutiert Drea Fröchtling intersektionale Ungerechtigkeitsstrukturen.

Regina Polak analysiert in ihrem Beitrag die Entstehungsgeschichte von strukturellem Rassismus und zeigt auf, welche Bedeutung dieser auf Anerkennungsprozesse von Migrant*innen in der Gesellschaft und in der römisch-katholischen Kirche hat. Weiterführend reflektiert Christiana Idika die Beziehung zwischen etablierten Gemeinden und Migrationsgemeinden in der römisch-katholischen Kirche. Sie verweist auf die unterschiedlichen Dimensionen (rechtlich, sozio-kulturell, ökonomisch, theologisch) von wirklicher Anerkennung, deren Voraussetzung ein Gefühl des Zuhause-Seins und die Möglichkeit der Bewahrung der eigenen Identität ist. Mittels des Begriffs der Postmigration – d. h. der Entwicklung von Gesellschaften, die durch Migration geprägt sind – evaluiert Arnd Bünker mit einem Fokus auf die Schweiz Merkmale einer postmigrantischen Kirche.

In den Beiträgen, die einen Einblick in das praktische Arbeiten geben, stellen Dietrich Gerstner das diakonische Projekt *Brot und Rosen* in Hamburg sowie Johannes Weth und Steve Ogedegbe die *ökumenische Stiftung Himmelsfels* in Spangenberg vor. Abschließend entfaltet Burkhard Hose in einer narrativen Erzählung mit biblischen Bezügen die Übergänge von Fremde und Heimat als praktisch-theologische Perspektive des alltäglichen interkulturellen Zusammenlebens und Lernens.

Das vorliegende Werk reflektiert kritisch die gegenwärtigen postmigrantischen Herausforderungen der Kirchen. Gerade die abgebildete Multiperspektivität verdeutlicht die intersektionalen Bezüge auf strukturellen Ebenen und beleuchtet bestehende postkoloniale Machtstrukturen, strukturelle Rassismen sowie die Ambiguität zwischen Fremd- und Selbstrepräsentation in der Verbindung von Theorie und Praxis. In der Einleitung geht Keßler auf die Kritik ein, dass auf der Tagung über und nicht mit Betroffenen gesprochen worden ist. Er erklärt, dass keine Referent*innen gefunden werden konnten, die mehr als nur ein Symbol einer *Political Correctness* gewesen wären (12). Dieser Umstand spiegelt sich entsprechend auch in den Beiträgen wider. In diesem Sinn reflektiert der Sammelband primär Standpunkte der katholischen Kirche in Deutschland, jedoch mit dem Bewusstsein der Multiperspektivität der Thematik und im Wissen um die Gefahr einer einzelnen Geschichte (Adichie, 82).

Alena Höfer

Stanislau Paulau: **Das andere Christentum. Zur transkonfessionellen Verflechtungsgeschichte von äthiopischer Orthodoxie und europäischem Protestantismus**, Göttingen: Vandenhoeck & Ruprecht 2020, 270 Seiten, 90,– Euro, OA: https://doi.org/10.13109/ 9783666336041.front

Zum 500. Jahrestag der Reformation fragte der afroamerikanische Kirchenhistoriker David Daniels, ob Luthers Faszination mit dem äthiopischen Christentum nicht afrikanische Einflüsse auf die Reformation erkennen lasse, die von einer eurozentrischen Geschichtsschreibung verdrängt worden seien (https://divinity.uchicago.edu/sightings/articles/martin-luther-and-ethiopian-christianity-historical-traces). Daniels bezog sich dabei vor allem auf Luthers Begegnungen mit dem äthiopischen Mönch Abba

Mika'el im Jahr 1534 und seine späteren Bezugnahmen darauf in den »Tischreden«, und er forderte, Luthers Äthiopienrezeption in die Geschichte der Reformation mit einzubeziehen.

Mit Stanislau Paulaus Buch »Das andere Christentum« liegt nun endlich eine Untersuchung vor, die diesem Thema eingehend und akribisch nachgeht. Von einem verflechtungsgeschichtlichen Ansatz her fragt Paulau, wie sich der europäische Protestantismus und die äthiopisch-orthodoxe Kirche seit dem 16. Jahrhundert gegenseitig wahrgenommen und aufeinander bezogen haben. Es gelingt ihm dabei zu zeigen, dass diese Berührungspunkte keinesfalls nur exotische Marginalia waren, sondern ein integrativer Bestandteil der Selbst- und Fremdkonstruktionen konfessioneller Identität auf beiden Seiten.

Nach einer kurzen Einleitung, die das Anliegen des Buches umreißt, wendet sich das zweite Kapitel der Begegnung zwischen Abba Mika'el und den Wittenberger Reformatoren zu. In sauberer Quellenanalyse und theologischer Themenarbeit zeigt Paulau dabei, dass diese Episode einerseits in den Kontext des im 16. Jahrhundert verfügbaren Wissens über Äthiopien eingeordnet werden muss, aber zugleich auch einer konfessionell verengenden Erinnerungspolitik unterlag, in der die Spezifität der äthiopischen Kirchen regelmäßig »vergessen« wurde. Das dritte Kapitel verfolgt die protestantischen Darstellungen Äthiopiens bis zum Ende des 18. Jahrhunderts weiter und zeigt, wie mittels (überwiegend fiktiver) Reisebeschreibungen ein Bild der äthiopischen »Konfession« erzeugt wurde, das sich vor allem aus den apologetischen Interessen des europäischen Protestantismus erklären lässt. Diese Konstruktionen prallten bald an der Wirklichkeit ab, wie das nächste Kapitel über die ersten Missionsbemühungen der Church Missionary Society (CMS) zeigt. Paulau erblickt in diesem Scheitern die Hauptursache für die Verlagerung missionarischer Bestrebungen auf die »heidnischen« Oromo, was die Geschichte des äthiopischen Protestantismus nachhaltig prägen sollte. Diese Geschichte ist detailliert in anderen Studien aufbereitet, weshalb sich Paulau in seinem letzten Kapitel der deutsch-äthiopischen Beziehung zu Beginn des 20. Jahrhunderts zuwendet. Seine Grundthese ist dabei, dass der äthiopisch-deutsche Freundschafts- und Handelsvertrag auch in Hinblick auf die Religions- und Kirchenpolitik beider Seiten untersucht werden muss, wobei erkennbar wird, dass sich der Wilhelminische Anspruch auf protestantische Vorherrschaft und die Neo-Solomonische Restauration Äthiopiens unter Menelik II einander bedingten und bestärkten. Ein kurzes Fazit schließt das Buch ab und stellt noch einmal die Hauptthese vor: Äthiopische Orthodoxie und europäischer Protestantismus sind nicht einfach voneinander unabhängig agierende Akteure, sondern auch »Produkte jener transkonfessionellen Verflechtungen, die sie miteinander eingingen« (213).

In seiner Gesamtkonzeption bietet das Buch einen ausgezeichneten Beleg für die Potenzialität eines verflechtungsgeschichtlichen Ansatzes in der globalen Christentumsgeschichte. Besonders hervorzuheben ist die beeindruckend breite Quellenanalyse von Schriften in Latein, Gəʿəz, Amharisch, Französisch, Englisch und Deutsch, die zu einem geringen Teil auch im Anhang wiedergegeben werden. Das Buch ist stärker, wo es die Fokussierung auf protestantisch-äthiopische Beziehungen zu einer Art Mikrokosmos globaler Christentumsgeschichte auszubauen vermag, und schwächer, wo es die Quellen in ihrer Bedeutung überschätzt und darum auf breitere Kontextualisierung verzichtet. Dies zeigt sich besonders im letzten Kapitel, wo der Anschluss an die deutschen Kolonialdebatten (insbesondere zu Religion) sowie an die komplexe Bündnispolitik Äthiopiens beinahe vollständig fehlen. Auch in den anderen Kapiteln findet sich eine bisweilen eigentümliche Verengung auf deutsche protestantische Akteure und Perspektiven, etwa in der Geschichte der CMS, die englische Kirchen- und Kolonialpolitik beinahe vollständig ausblendet, oder in der Verdrängung des Adal-Krieges und der Jesuitenmission in den Hintergrund der Analysen zum 16. Jahrhundert.

Dem Verfasser ist dabei jedoch zu Gute zu halten, dass diese Themen in anderen Werken breit ausgearbeitet sind, während mit diesem Buch ein originaler Beitrag zur äthiopischen und globalen Christentumsgeschichte vorliegt, von dem zu hoffen ist, dass er zumindest in Teilen auch auf Englisch erscheinen wird. Was den zentralen Aspekt der verflochtenen konfessionellen Identitätspolitik angeht, so ist dem Verfasser auch in Hinblick auf die Gegenwart recht zu geben: In der religiösen Pluralität des gegenwärtigen Äthiopiens machen sich Protestant:innen (wie unter PM Abiy Ahmed geschehen) den orthodoxen Erwählungsmythos des Kəbrä Nägäst zu eigen, während orthodoxe Christ:innen die aktuelle Forschung zu Abba Mika'el rezipieren, um darin eine historische Vorherrschaft über den Protestantismus zu beanspruchen.

Jörg Haustein

Christian Ströbele: **Welche Macht hat Religion? Anfragen an Christentum und Islam**, hg. v. Tobias Specker, Amir Dziri, Muna Tatari, Amir Dziri, Muna Tatari (Reihe: Theologisches Forum Christentum – Islam), Regenburg: Verlag Friedrich Pustet 2019, 296 Seiten, 23,99 Euro.

Mit der Frage »Welche Macht hat Religion« widmet sich das »Theologische Forum Christentum – Islam« auf seiner Jahrestagung 2018 einem der schwierigen und gleichzeitig drängenden Themen des interreligiösen Dialogs. Seit 2003 veranstaltet die katholische Akademie der Diözese Rottenburg-Stuttgart das Forum als wissenschaftliches Netzwerk christlicher und islamischer Theologie.

Ausgangspunkt ist die Einsicht, dass sich religiöse Akteure niemals in einem hierarchiefreien Raum befinden (9). Gleichzeitig geht die Veröffentlichung davon aus, dass die unterschiedlichen Verständnisse von Macht und ihre Beziehungsformen mit Religion höchst vielfältig sind (285). Um dieses Spannungsfeld in seiner ganzen Breite auszuloten, widmete sich die Tagung zuerst der Verhältnisbestimmung von Macht und Religion und untersucht verschiedene Aspekte des Machtbegriffs (Kap. I). Dann reflektiert sie legitimatorische Strategien und fragt nach kritischen Ressourcen aus den theologischen Traditionen in konkreten religiösen und gesellschaftlichen Handlungsfeldern (Kap. II–V). Schließlich kehrt sie die Blickrichtung um und beleuchtet die Deutungs- und Sprachmacht von Religionen im Gefüge gesellschaftlicher Ordnungen (Kap. VI).

Die 2019 erschienene Tagungsdokumentation behält den inhaltlichen Dreischritt der Veranstaltung bei und gibt die gehaltenen Vorträge und Diskussionsrunden in ausgearbeiteter Form wider. Sie bietet damit eine ausgezeichnete multiperspektivische Annährung an die vielschichtigen Aspekte des Themas Macht und Religion(en).

Das erste Kapitel beginnt mit dem Eröffnungsvortrag von *A. Liedhegener*, der die vielschichtigen Machtpotenziale von Kirchen und Religionsgemeinschaften im politischen Kontext untersucht und zu dem Fazit kommt, dass im »Zusammenleben auf Grundlage eines akzeptierten gesellschaftlichen Pluralismus« und der »Anerkennung der Säkularität des Rechts [...] ein Gewinn« für alle liegt (41f). Anschließend stellt *M. Gruber* Filme vor, in denen »die ermächtigende Rolle von Religion und Glauben thematisieren« wird (43). *R. Schulze* interpretiert die »Beziehungsgeschichte« von Religion und versteht Macht als einen »Deutungsbegriff« (65), in dem die »Wirkung« von »Gewalt, Kraft, Herrschaft« erfahren werden kann (69). *K. von Stosch* leitet aus der »Verhältnisbestimmung« von Macht, Gott und Kirche die Warnung davor ab, religiöse Macht für eine »Profilschärfung« einzusetzen, um institutionelle »Interessen zu vertreten« (84). Und *A. Takim* schließlich zeigt in einer »machtkritischen Relektüre der islamisch-theologischen Tradition« (89) die »enge Verbindung« von »Religion, Politik und Macht in der Frühphase des Islam« auf und entwickelt einen »Beurteilungsmaßstab« für ihre menschliche Ausübung (100).

Das zweite Kapitel gibt die beiden muslimischen und christlichen »side-by-side-Vorträge« der vier Tagungsforen wider, ergänzt durch jeweils einen Bericht von den anschließenden Diskussionen. Im »Forum Gender« weist *N. Seker* auf die hermeneutische Prämisse der feministischen Koranforschung hin, dass sich »in den Einzelaussagen des Korans übergeordnete ethische Prinzipien« offenbaren (103) und *M. Leidinger* betont, dass Geschlechterordnungen und -verhältnisse in der Diskussion von Machtfragen nicht außer Acht gelassen werden können (115). *M. Khorchide* fragt im »Forum Gottesbilder und Macht« danach, wie anfällig Gottesbilder »für politische Instrumentalisierungen« sind (135) und *C. Büchner* hebt hervor, dass »die vielfältigen, divergierenden« Gottesbilder »gerade in und aufgrund ihrer Pluralität Sinn machen« (144). *M. Schüßler* arbeitet im »Forum Soziale Kontrolle durch religiöse Gemeinschaften« heraus, dass Religionen die »exklusiv-identitären Versuchungen der Gegenwart nicht auch noch religiös« verschärfen dürfen (176) und *M. Abdallah* diskutiert vor dem Hintergrund des religiösen Grundsatzes, »das Rechte zu gebieten und das Verwerfliche zu verbieten«, wie »heutige Muslime sich und ihre Aufgabe in der pluralen Gesellschaft neu definieren« können (187). Im »Forum Strukturen von Macht in religiöser Erziehung und

Sozialisation« geht es *A. Uygun-Altunbaş* schließlich darum, die »Vielfalt« religiöser Sozialisationen in muslimischen Familien »aufzuzeigen sowie Gemeinsamkeiten und Unterschiede differenziert widerzugeben« (209) und *S. Klinger* verweist darauf, dass »Familien weiterhin bedeutsame Instanzen der Vermittlung elementarer christlicher Erfahrungen, Wertevorstellungen und Glaubenspraktiken bilden« – unter dem Vorbehalt, dass sie teilhaben am »allgemeinen Wandel der familialen Erziehung« weg von »asymmetrischen Machtbeziehungen« hin zu »stärker symmetrischen Interaktionsstrukturen zwischen den Generationen« (224f).

Im dritten Kapitel leitet *B. Agai* aus der These, dass die »Welt ein Ort der Macht ist« und »Religion ein Teil davon, egal wie sich verhält«, die Feststellung ab, dass die Frage nach Macht nicht wirklich weiterführe, sondern es stellt sich »jenseits nationaler, ideologischer und politischer Konstellationen« die »Verantwortungsfrage« – »auch für den innermuslimischen Diskurs« (261). Und *C. Polke* geht davon aus, dass »Theologien« als »Auslegungspraxen von kanonischen Texten« immer »*Instanzen von Identitätspolitik*« (271) sind – weswegen es einer produktiven wie selbstkritischen »Bearbeitung der Machtförmigkeit religiöser Sprache und der Weisen ihrer Interpretation« (266) bedürfe.

In einem Schlusskapitel benennen die drei Herausgeber*innen die aus ihrer Sicht zentralen Aspekte der Tagung bzw. ihrer Dokumentation. Dabei kommen sie zu dem Schluss, der sich wie ein roter Faden durch die gehaltvolle, differenzierte und daher uneingeschränkt zu empfehlende Lektüre zieht: »Nötig ist [...] eine kritische Rekonstruktion der Prägungen und Wurzeln des Selbst. Dazu zählt auch, Alternativen zu eigenen Verständnissen und zu einer Praxis zuzulassen, anstatt diese zu identifizieren mit dem Willen Gottes« (292).

Sönke Lorberg-Fehring

Johannes Lähnemann: **Lernen in der Begegnung – Ein Leben auf dem Weg zur Interreligiosität**, Göttingen: Vandenhoeck & Ruprecht 2017, 304 Seiten, 25,00 Euro

»Es ist dieses staunende, sensible Begegnen mit einer ganz unvertrauten anderen Kultur, Religion und Lebenswelt, die uns fasziniert« (42). In 18 prägnanten Kapiteln führt Johannes Lähnemann vielschichtig und detailliert durch sein Leben. Relativ chronologisch, thematisch aufgefächert und gut strukturiert blickt er auf mehr als 60 Jahre Arbeit im interreligiösen Dialog zurück. Den Lesenden gibt er tiefe und persönliche Einblicke.

Die Schilderungen beginnen mit einer ersten interreligiösen Kernhandlung: Ein kleines Kind soll sowohl muslimisch als auch christlich fürs Leben gesegnet werden. Der Wunsch nach dieser interreligiösen Feier entsteht 1993 bei Mitwirkenden der Gruppe *Religionen für den Frieden* in Nürnberg. Zusammen mit dem aus Bosnien stammenden Hauptimam erarbeitet Lähnemann ein Konzept. Es soll der Familie »Mut machen, dem Kind das Beste und Schönste des christlichen und des muslimischen Glaubens zu zeigen und vorzuleben« (9), ohne dabei die religiösen Traditionen zu vermischen. Jede soll authentisch zu Wort kommen, um dabei Verbindendes und Konvergierendes zu entdecken.

Der Blick zurück: Auf zahlreichen Reisen lernt er schon während seines Studiums andere Kulturen und Traditionen kennen, besonders durch Bereisung der archäologischen Ausgrabungsstätten des Schwiegervaters, die ihn früh die Notwendigkeit des »Lernens in der Begegnung« erkennen lassen. »Stell an den Anfang das Staunen, das Wahrnehmen, richte deinen Sinn auf das, was dir begegnet« (43), wird das Motto für seine Arbeit im interreligiösen Dialog.

Mit der Habilitation manifestiert sich Lähnemanns Schwerpunkt innerhalb der religionspädagogischen Forschung: »Nichtchristliche Religionen im Unterricht. Beiträge zu einer theologischen Didaktik der Weltreligionen«. Sie wird durch Schulbuchforschungen im Nahen und Mittleren Osten vertieft, die die Darstellung der eigenen und der »Fremdreligionen« analysieren. Im Gespräch mit religiösen und politischen Vertreter:innen der jeweiligen Länder werden neue Methoden erarbeitet.

Mit dem Ruf nach Nürnberg ist Lähnemann bis zu seiner Emeritierung 2007 Professor für Religionspädagogik und Didaktik an der Friedrich-Alexander-Universität in Erlangen-Nürnberg.

Kernaspekte der interreligiösen Arbeit: Neben der Frage nach der Thematisierung der »Weltreligionen« im Schulunterricht gilt Lähnemanns Engagement dem interreligiösen Dialog. Als Initiator der *Nürnberger Foren*, Chairman von *Religions for Peace*, Mitglied des *Runden Tisches der Religionen in Deutschland* und Unterstützer des *Weltethos Projekts* von Hans Küng wirkt er am Aufbau eines Netzwerkes des interreligiösen Dialogs mit.

Seit dem 11. September 2001 erhält die politische Relevanz interreligiöser Verständigung und Bildung eine erhöhte Aufmerksamkeit. Der interreligiöse Dialog »geerdeter«, wie die »geerdeten Visionen« nach dem 9. Nürnberger Forum 2007 festhalten.

Lähnemanns Quintessenz betont die Notwendigkeit einer breiteren öffentlichen Rezeption der interreligiösen Arbeit. Solange sich die Ergebnisse nur in ihrer eigenen Blase verbreiteten und der mediale Fokus sich auf geopolitischen Religionsmissbrauch versteife, könne es kaum zu einer Beeinflussung der öffentlichen Meinung über Religionen und deren gesellschaftliche Relevanz kommen. Der interreligiöse Dialog dürfe kein Nischenfeld sein: »Insgesamt erweisen sich die Prinzipien der Multi-Perspektivität und der vielseitigen Kooperation als wesentlich: Religion in der öffentlichen Bildung braucht den Kontakt mit den Religionsgemeinschaften, um nicht steril und unauthentisch zu sein. Und sie braucht das öffentliche Diskussionsfeld in demokratischer Pluralität, um nicht Exklusivismus Vorschub zu leisten« (204).

Einschätzung des Werkes: »Lernen in der Begegnung« ist ein klar und anschaulich geschriebenes Grundlagenwerk zur Einführung und Vertiefung des interreligiösen Dialogs. Es bietet einen Überblick über eine Vielzahl von Dialoginitiativen und deren Arbeit. Zentrale Bausteine der Dialogarbeit werden ausführlich beschrieben und in ihren politischen und gesellschaftsrelevanten Kontext gesetzt. Darüber hinaus präsentiert das Buch eine Übersicht über wichtige Ergebnisse verschiedener interreligiöser Zusammenkünfte. Die Lesenden erhalten wichtiges Hintergrundwissen und können die Entwicklung des interreligiösen Dialogs über die Jahrzehnte Schritt für Schritt nachverfolgen.

Eine trotz aller wissenschaftlichen Ausführungen leichte und abwechslungsreiche Lektüre mit einer ausgewogenen Mischung aus privaten, beruflichen, persönlichen und immer tiefgründigen Bausteinen, die den Lebensweg Lähnemanns mit der Geschichte des interreligiösen Dialogs in Deutschland, Europa und der Welt verbindet.

Alexandra Morath

Christof Sauer: **Martyrium und Mission im Kontext. Analyse ausgewählter theologischer Positionen aus der weltweiten Christenheit** (Missionswissenschaftliche Forschungen. Neue Folge, 37), Neuendettelsau: Erlanger Verlag für Mission und Ökumene 2021, 486 Seiten, 25,– Euro.

Christof Sauers Thema ist in der westlichen Theologie nicht populär, wie H. Wrogemann in seinem Geleitwort für die Habilitation schreibt, die von ihm begleitet wurde. Christenverfolgung, Bedrängung, getötete Christ*innen markieren ein in Deutschland umstrittenes Themenfeld zwischen Open-Doors-Positionen und dem Einsatz für Religionsfreiheit. Sauer bezieht den Einsatz für Religionsfreiheit ein, sein Ziel ist ein Entwurf zu Grundzügen einer doxologisch-martyrologischen Missionstheologie. Wie kommen Verfolgung, Bedrängung oder gar Martyrium um des Glaubens willen im Rahmen von Missionstheologie zu stehen, wo sie in Deutschland selten behandelt werden?

Zur Klärung der Begriffe beginnt Sauer mit juridisch-soziologische Definitionen, die Verfolgung und Bedrängung als Verletzung von Grundrechten wie dem der Religionsfreiheit begreifen. Er ergänzt diese um eine theologische Definition, in deren Zentrum Leiden um Christi willen als Teil der Nachfolge steht, das in Christi Kreuz vorgebildet ist. Sauer begreift Leiden und Martyrium aus der Perspektive der Leidenden als Zeugnis und fragt, wie es Teil von Missionstheologie werden kann.

Sauer konzentriert sich auf die Gegenwart und untersucht in einem ersten Teil »Martyrium und Mission in theologischen Positionierungen« (41–270) anhand von vier umfassenden Entwürfen: Der Befreiungstheologe Jon Sobrino verbindet Martyrium mit dem Tod Unschuldiger, den im Befreiungskampf Getöteten und mit seinen ermordeten Ordensgeschwister (42–124). Der koptische Theologen Anba Juanis, Ägypten, reflektiert Leiden glaubensstärkend-pastoral in einem Kontext von Marginalisierung und Diskriminierung (125–176). Der südkoreanische Theologe Young Kee Lee wird als sendungsorientiert charakterisiert, sein Kontext ist Evangelisierung in politisch konfliktreichen Zeiten in Südkorea ebenso wie in Umfeldern, die der Mission feindlich gesinnt sind (177–226). Paul-Werner Scheele, ein römisch-katholischer Theologe, will nach Sauer im »wohlhabenden und friedlichen Nachkriegsdeutschland« (274) der

Martyriumsvergessenheit der Theologie aufhelfen (227–270).

Die Auswahl ist hinsichtlich der Kontexte, theologischer Provenienz, Missionsverständnisse und Position der Autoren (Bischöfe, Befreiungstheologe, evangelikaler Missionar) nachvollziehbar und die Untersuchung bringt manche Einzeleinsichten. Die Begründung für diese Auswahl erfolgt übersichtsartig in den Fußnoten (21, Anm. 1; 38, Anm. 47; 125, Anm. 2). Danach fällt die Berücksichtigung von Positionen von Theologinnen der Reduktion auf die untersuchten Position »zum Opfer«; Genderperspektiven fehlen bei allen Autoren.

Kriterien für die Auswahl sind die umfassende Beschäftigung des Autors mit dem Thema und ein gewisser akademischer Standard, dem nach Sauer vor allem Lee nicht immer gerecht wird. Theologisch aufschlussreich, aber etwas unvermittelt mit den vorgestellten Ansätzen, ist die Analyse der Ansätze anhand von fünf Dimensionen, die Sauer als Grundlage für den eigenen Entwurf nimmt. Die doxologische Dimension meint die Herrlichkeit des dreieinigen Gottes, der durch Mission und das Zeugnis der Märtyrer verherrlicht wird. Die christologische Dimension als normative Mitte thematisiert den Zusammenhang zwischen Sendung und Passion Christi. Die Nachfolgedimension fasst das Verhältnis von Sendung und Passion Christi zu Sendung und Leiden der ihm Nachfolgenden. Einheit durch das Zeugnis der Verschiedenen in der Bedrängnis bildet die ökumenische Dimension. Die eschatologische Dimension stärkt insbesondere »die Hoffnung als Kraft zum Ausharren« (295). Auffallend ist, dass dieser zweite Teil überwiegend auf biblische Texte zurückgreift.

Sauers Arbeit versucht eine Lücke zu schließen, die er in der Missionstheologie ausmacht. Seine theologische Behandlung deutet auch auf Gründe für diese Lücke hin. Leiden um Christi willen in der Mission ist theologisch in Kreisen beheimatet, die besonders anhand der Praxishinweise im Dritten Teil erkennbar werden, etwa in der Kooperation derer, die sich für bedrängte und verfolgte Christ*innen auch geistlich engagieren oder sich die Frage stellen, wer als Märtyrer um des Glaubens willen betrachtet werden kann. Sauer: »Was hier über Leiden, Bedrängnis, Verfolgung und Martyrium besprochen wurde, liegt völlig konträr zu vorherrschenden Grundeinstellungen und Weltsichten in der Bundesrepublik Deutschland« (364). Aus der Perspektive anderer Theologien gibt es daher Anfragen, doch doxologisch-missionarische Leitlinien, wie dass Gott durch Mission und Leiden verherrlicht wird, prägen Teile der Weltchristenheit, in der Christ*innen mit Diskriminierung, Bedrängung, Ausgrenzung oder Blasphemieanklagen konfrontiert sind.

Michael Biehl

Michael Blume: **Warum der Antisemitismus uns alle bedroht. Wie neue Medien alte Verschwörungsmythen befeuern**, Ostfildern: Patmos Verlag 2019, 208 Seiten, 19.– Euro

Das Thema des bereits vor zwei Jahren erschienenen Büchleins könnte nicht aktueller sein. Dabei ist der Titel aufgrund seiner Länge ebenso sperrig wie programmatisch: Antisemitismus richtet sich, selbstverständlich, und das wird mitnichten in Frage gestellt, in erster Linie gegen Jüdinnen und Juden – doch dabei bleibt es nicht; dem Antisemitismus eignet durchaus apokalyptisches Potenzial, er trägt den Algorithmus totaler Annihilation in sich. Der Untertitel des Bandes bringt weitere Dimensionen antisemitischer Theorie und Praxis ins Spiel: Verschwörungsmythen und Medien als eine Art Software- und Hardware-Komponenten für das »erfolgreich« inszenierte und exekutierte »Gerücht über die Juden« (Adorno). Beinahe täglich erreichen uns Nachrichten, die uns den Konnex der hier stichwortartig bereits im Buchtitel genannten Aspekte bewusst macht.

Der Verfasser führt in einer ersten Annäherung (11–32) eher assoziativ an die Problematik heran und entfaltet anschließend seine Überlegungen in drei Schritten: »Mythen und Missverständnisse« (33–98) beschreibt »Kennzeichen des Antisemitismus« und stellt kursorisch eine Reihe von momentan besonders ins Auge springenden Aspekten heraus. Das Wahnhafte und Ideologische des Antisemitismus wird thematisch mit Phänomenen wie Internet, Rassismus, Verschwörungsdenken, Antiamerikanismus, Zukunftsangst … verknüpft und diskutiert. Im zweiten Abschnitt (99–152), überschrieben mit »Sems Erfolgsgeheimnis – Das Alphabet«, rückt die Bedeutung der Medien in den Mittelpunkt, mit Fokussierung auf Schrift und Schriftlichkeit, mit der sich ein lineares Zeitverständnis verband und aus der heraus im Laufe der Zeit »[d]ie bessere Geschichte der Wissenschaft« (148) Rassismus und Antisemitismus als »sachlich falsch und menschenverachtend« (152) zu erkennen möglich gemacht hat. Im dritten Abschnitt (153–176) – »Mythen, Medien, Mächte« – greift der Verfasser vornehmlich eklektisch auf historische Episoden, Zitate, Anekdoten und Ereignisse zu, um in einem »Blick zurück nach vorn« (153), wie er schreibt, optimistisch zu enden, indem er Hoffnung sieht – unter anderem »[i]n der gelingenden Begegnung […], in der Feier von Mehrdeutigkeit auf der gemeinsamen Grundlage von Freiheit, Recht und Frieden« (176). Ein Glossar, in dem die wichtigsten Schlüsselbegriffe zum Thema allgemeinverständlich elementarisiert werden, rundet den Band ab.

Michael Blume, seit März 2018 Beauftragter der Landesregierung von Baden-Württemberg gegen Antisemitismus, ist promovierter Religionswissenschaftler und dürfte durch seine Veröffentlichungen, Blogs und Podcasts auch einer breiteren Öffentlichkeit von Interessierten bekannt sein. Das hier besprochene, pfiffig und gut lesbar geschriebene Büchlein ist dem Genre nach sicherlich keine hardcore-wissenschaftliche Publikation, wenngleich alle Zitate und Hinweise gewissenhaft belegt sind. Selbstverständlich lassen sich an einzelne Annahmen auch kritische Rückfragen stellen. Davon auszunehmen sind ausdrücklich Feststellungen wie die, dass der Antisemitismus eben nicht einfach bloß »irgendein« Rassismus oder Verschwörungsglaube ist. Lediglich zwei Punkte sollen allerdings exemplarisch herausgegriffen werden, die einer weiterführenden Diskussion wert wären.

Der Verfasser lehnt es grundsätzlich ab, von Verschwörungstheorien zu reden, und bevorzugt stattdessen den Begriff Verschwörungsmythen, da Theorien im Gegensatz zu Mythen wissenschaftlich überprüfbar seien. Darüber lässt sich trefflich streiten, zumal führende Forschende im internationalen Wissenschaftsdiskurs aus durchaus guten Gründen an »Verschwörungstheorie« festhalten. So kann der Terminus als generischer Oberbegriff alle Arten von konspirationistischen Phänomenen erfassen und es wird vermieden, apriorisch eine stigmatisierende Dichotomie als gegeben anzunehmen: Wir, die rational wissenschaftlich denken, vs. die Anderen, die irrational ideologisch irrlichtern. Dabei haben wir es in beiden Fällen zunächst mit »Theorien« zu tun, also Bemühungen, die Welt zu verstehen und zu erklären. Dass den einen das gelingt, den anderen nicht, ist damit gar nicht in Frage gestellt.

Der andere Punkt betrifft den vom Verfasser vertretenen, auf die Religions- und Kulturgeschichte applizierten evolutionistischen Ansatz. Damit geht Blume über einen auf Medienumbrüche fokussierten geschichtlichen Zugang hinaus und entwirft eine umfassende Theorie, in der er die hebräische Alphabetschrift gleichsam als entwicklungsgeschichtlichen »Urknall« identifiziert und zu einer Art kultureller DNA des »Semitismus« erklärt, woraus sich dann unter anderem die moderne Wissenschaft und der Menschenrechtsgedanke entwickelt hätten – denen wiederum der irrationale Mythos des Antisemitismus gegenüberstehe, dessen totaler, auf Vernichtung des anderen zielender Dualismus in der digitalen Welt sein mediales Biotop finde. So anregend diese Theorie als Gesamtentwurf auch sein mag: Ist sie schlüssig – oder weist sie nicht auch Züge einer modernen Hermetik auf und läuft so Gefahr, letztendlich in sich abgeschlossen zu bleiben?

Klaus Hock

Alexander Chow/Emma Wild-Wood (Hg.): **Ecumenism and Independency in World Christianity. Historical Studies in Honor of Brian Stanley** (Theology and Mission in World Christianity, 15), Leiden/Boston: Brill 2020, 388 Seiten, 76,22 US-$.

4 Autorinnen und 13 Autoren ehren Brian Stanley, den Historiker und ausgewiesenen Experten in »Studies in World Christianity« mit Studien, in denen sie sich Themen und methodischen Zugängen von Stanley widmen. Emma Wild-Wood schreibt einleitend, dass in den letzten Jahrzehnten auf dem Feld »World Christianity« in Abwendung von der klassischen Missionsgeschichte viele Studien lokaler und regionaler Kirchen und Bewegungen entstanden sind. Die Autor*innen dieses Bandes widmen sich vor allem Kooperationen und Interaktionen, ob vor Ort oder in transregionalen Netzwerken und gegenseitiger Beeinflussung. Sie situieren ihre Beiträge zwischen dem Pol »Ecumenism«, der hier für Zusammenarbeit und Kooperation steht, und »Independence«, das für lokale und unabhängige Aktivitäten steht. Die Beiträge sind auf drei Schwerpunkte aufgeteilt: »Studying World Christianity« (5 Beiträge), »Christians working together« (6 Beiträge) und

»Pluriform Christianity« (5 Beiträge). Von den Regionen, die in den Blick genommen werden, ragt China heraus, dem sich alleine sechs Autorinnen widmen. Gerahmt werden die Teile von einer kurzen Biographie Stanleys und einem Nachwort des zweiten Herausgebers Chow zu »Ecclesiological Considerations for Ecumenism and Independece«. Abgeschlossen wird der Band mit einer Bibliographie von Stanleys Arbeiten, allerdings ohne die 27 von Stanley mit herausgegebenen Bände der »Studies in the History of Christians Missions« (Eerdmanns).

Einige ausgewählte Beiträgen sollen kurz vorgestellt werden, um das Charakteristische der Sammlung zu verdeutlichen. Mark Noll übernimmt im ersten Beitrag im ersten Teil Stanleys komparative Methode, die Stanley in seinem Buch Christianity in the 21th c.: A World History (2018) verwendet hat. Er vergleicht Ereignisse an zwei Orten zur gleichen Zeit, um aufzuzeigen, wie die dadurch angestoßenen Entwicklungen im Rahmen einer Weltchristenheit interagieren. Für das Stichjahr 1899–1900 stellt er z. B. Adolf von Harnacks und Pandita Ramabais Inkulturationen des Glaubens nebeneinander und zeigt die unterschiedlichen Folgen ihrer Ansätze auf.

Auch Kirsteen Kim verwendet Stanleys Zugang, kontrastierende Beispiele aus unterschiedlichen Regionen der Weltchristenheit in der gleichen Zeit zu untersuchen, um herauszuarbeiten, wie unterschiedlich Christ*innen auf die gleichen Themen reagiert haben. Ihr Beispiel ist die konfliktreiche und interagierenden Geschichte zwischen dem ÖRK nach der Integration des Internationalen Missionsrates (IMR) und der Lausanner Bewegung. Kim kontrastiert die Bewegung zur Integration der Mission in den ÖRK mit der »para-church«-Bewegung, die von Ralph Winter vorangetrieben wurde, und die in der Lausanner Bewegung, als Reaktion auf die Integration gegründet, nicht nur auf Zuspruch stieß. Für Kim verdeutlichen die unterschiedlichen Konferenzen und Bewegungen im Jahr 2010 divergierende Rückblicke auf Edinburgh 1910: Edinburgh, Kapstadt, Tokio. Ihr Plädoyer ist, nicht nur die einzelnen Bewegungen, sondern ihre Interaktionen und transregionalen Netzwerke verstärkt zu untersuchen.

Der Band enthält den letzten Artikel des in diesem Sommer verstorbenen Andrew Walls, dem Stanley in Edinburgh nachfolgte. Walls untersucht unter dem Stichwort »Intergenerational Abrasiveness« die Kooperation zwischen Missionaren, die schon lange im Feld waren, und denen aus der nächsten Generation. Er zeigt auf, wie Klassenunterschiede, Bildungshintergrund, theologische Ansichten und das Verständnis von Mission zu Konflikten zwischen den Generationen vor Ort führten und wie unterschiedlich ihre Sichten auf die Rolle der einheimischen Mitarbeitenden dadurch waren. Dafür sind die Angriffe auf Bischof Samuel Crowthers einmal mehr ein Beispiel.

Die Studien sind nicht nur gut recherchiert, sie bieten durch die Verwendung von Stanleys Zugängen auch teilweise ungewöhnliche Einblicke. Dana Robert etwa beschreibt vergleichend den starken Einfluss, den sakrale Chormusik in China und in Japan in den ersten Jahrzehnten des 20. Jahrhunderts hatte. Ihre These: Sakrale Musik hat dazu beitragen, den aufbrechenden Graben zwischen den in Asien erstarkenden nationalen christlichen Identitäten und der transnationalen christlichen Gemeinschaft zu überbrücken.

Zum Abschluss sei mit Blick auf die vielen interkulturellen Studien, die in Deutschland in Bezug auf Mission und lokale Christenheiten oder als historische Studien zu Mission veröffentlicht werden, vermerkt, dass die Autor*innen dieses interessanten Bandes in ihren wissenschaftlichen Diskursen fast vollständig ohne deutsche Beteiligung auskommen, wie ihre Bibliographien ausweisen. Der Band ist eine Ermunterung zu mehr transregionaler Kooperation.

Michael Biehl

Heinrich Wilhelm Schäfer: **Die protestantischen »Sekten« und der Geist des (Anti-)Imperialismus. Religiöse Verflechtungen in den Amerikas**, Bielefeld: Transcript-Verlag (Religionswissenschaft Bd. 19) 2020, 210 Seiten, 29,– Euro

»Auf dem amerikanischen Kontinent wird mit Religion immer stärker Politik gemacht«, heißt es pointiert auf dem Buchrücken der neuesten Publikation Heinrich Wilhelm Schäfers. Der Autor gilt aufgrund seiner Forschungen und Publikationen als renommierter Kenner der lateinamerikanischen Pfingstbewegung – nicht nur im deutschsprachigen Raum, sondern international. Die Veröffentlichung geht zurück auf »die Kooperation in den interamerikanischen Studien, dem Center for InterAmerican Studies (CIAS) an der Universität Bielefeld« (9). Es handelt sich um die ins Deutsche übertragene Publikation eines ursprünglich auf Englisch und Spanisch verfassten Essays. Er bietet eine Zusammenfassung von Ergebnissen für das interdisziplinäre Forschungsprojekt »Die Amerikas als Verflechtungsraum« aus religionssoziologischer Sicht. Schäfer unterstreicht: »Es geht [...] um Verflechtungen religiöser Praxis zwischen Lateinamerika und den USA« (9). Es ist erwiesen, dass die »Expansion kapitalistischer Wirtschaft und Gesellschaft« gleichsam das neoliberale Kraftfeld herstellt, in dem einerseits diese Subkontinente wie mit einem Amalgam verbunden und anderseits, paradoxer Weise, ihre Gesellschaften zerrissen werden. »Wo es um Kapitalismus und Protestantismus geht, ist auch Max Weber nicht weit« (9). Schäfer transformiert den Titel Webers: »Die protestantische Ethik und der Geist des Kapitalismus« (1904/05) zu: »Die protestantischen ›Sekten‹ und der Geist des (Anti-)Imperialismus«. Nicht nur mit Hilfe soziologischer Kategorien Pierre Bourdieus bürstet er klassische, binärem Denken verhaftete Interpretationslinien (Katholizismus vs. Protestantismus/USA vs. Lateinamerika/Westen vs. Osten/Norden vs. Süden/Kapitalismus vs. Sozialismus) gegen den Strich. Vor allem die Nutzung des Verflechtungsgeschichte-Konzeptes (Werner/Zimmermann) verhilft zu entscheidender Tiefenwahrnehmung. Hierin erkenne ich einen zentralen Erkenntnisgewinn. Beispiele: Der aktuelle Staatspräsident Brasiliens Bolsonaro, Katholik, spielt in perfekter Performanz auf der Klaviatur der Pentekostalen, etwa indem er sich telegen wiedertaufen ließ. Die römisch-katholische Hegemonie auf dem lateinamerikanischen Kontinent ist durch den Einfluss der Evangelikalen tief untergraben. Gleichzeitig bringen katholische bzw. pfingstliche MigrantInnen aus Lateinamerika das religiöse Feld der klassisch protestantischen USA gründlich in Bewegung etc. Aber dennoch gilt: Der gesellschaftliche Habitus, der die meisten Lateinamerikaner geprägt hat (»Strukturen der Hacienda-Wirtschaft mit undurchdringlichen Hierarchien, korporatistische Verantwortungszusammenhänge und Plausibilität für einen starken Staat«), überdauert auch den derzeitigen raschen strukturellen Wandel und feiert im Protestantismus fröhliche Urständ.

Schäfer benennt unter der Zwischenüberschrift »Kollektive Akteure« das hermeneutische Handwerkszeug, mit dem er arbeitet: Er macht das historiographische Konzept der »Verflechtungsgeschichte« fruchtbar, um die Verbindungen historischer transnationaler missionarisch tätiger Netzwerke mit der Politik herauszuarbeiten. Er rekurriert leider nur kurz auf eine Veröffentlichung von Michael Werner/Bénédicte Zimmermann (2002), »deren Theoreme« er nicht näher ausführt (in der Monographie »Beyond comparison. Histoire Croisée and the challenge of reflexivity« [2006] vertiefen Werner/Zimmermann ihren historiographischen Ansatz). Schäfer selbst wendet das Konzept auf die interamerikanischen Beziehungen an, um Verflechtungsprozesse zwischen Lateinamerika und den USA in religiöser, kultureller, politischer und wirtschaftlicher Hinsicht zu skizzieren. Dabei kommt er über die erwiesene Bestimmung des Protestantismus als pluraler, multidenominationaler Formation des Christentums entscheidend hinaus, um weiter zu differenzieren. Seine über 40-jährige Feldforschung auf dem lateinamerikanischen Kontinent lassen ihn unterscheiden zwischen vier »politisch relevanten Aktionsformationen, die *cum grano salis* sowohl in den USA als auch in Lateinamerika aktiv sind«. Stringent ordnet er sie jeweils nach ihrem sozialen Status (ohne Verhaftung an Klischees!) vier theologischen Kategorien zu (21f) und benennt folgende Gruppierungen:

1. Jene, die auf Errettung hoffen und politisch nicht aktiv sind: Klassische Pfingstbewegung, evangelikale Gruppen – informelle Unterschicht (Kategorie »Jenseitshoffnung«). 2. Jene, die die Werte des Reiches Gottes durch soziale Dienste in der Welt zur Geltung kommen lassen möchten: *mainline*-Protestantismus, Evangelikalismus, Kirchen von *Indígenas* – untere Mittelschicht, Unterschicht (»Reich Gottes«). 3. Jene, die das Gesetz Gottes legalistisch zur Geltung bringen wollen: Evangelikale, Pfingstler:innen – absteigende (untere) Mittelschicht (»Gesetz«). 4. Jene, die auf der Grundlage von *prosperity*- und »Management«-Idealen das politische System kontrollieren wollen, Neopentekostale, klassische Pfingstler – aufsteigende obere Mittelschicht, sogar Oberschicht (»Management«). Natürlich ist »Management« keine klassische theologische Kategorie, aber die begriffliche Fassung dessen, wohin das calvinistisch begründete, neoliberalen Prinzipien gehorchende »Wohlstandsevangelium« degenerieren kann.

Am Ende der Einleitung (11–28) wird der Aufbau des Buches skizziert. Leider bricht der Duktus ab nach hilfreichen Erläuterungen in Kapitel zwei (Case-Study mit Blick auf die Selbstbeschreibung lateinamerikanischer Pfingstler:innen anlässlich einer Konferenz 2016 [29–52]) und in Kapitel drei, in dem es entscheidend um die Verflechtung religiöser Dispositionen geht (53–87). In Kapitel vier geht es mit Verweis auf mehrere Fallbeispiele »um die soziale Frage von unten« (89–97). Der »militärisch-spirituelle Krieg« ist Inhalt von Kapitel fünf (99–136). Zitat: »Besonders intensive Verflechtungen zwischen interessierten Akteuren im Süden und Norden, die weit über religiöse Praxis hinaus ins Politische und Militärische reichten, kommen während den zentralamerikanischen Kriegen in den 1980er Jahren zustande« (99). In Kapitel sechs geht es um »Das neue Millennium: Prosperity und Migration in ihren wechselweisen Zusammenhängen« (137–167). Mit Kapitel sieben »Panama 2016 und der gesellschaftliche Kontext« (169–190) zeigt sich, wie schwer es ist, den theologischen Diskurs zwischen (neo-)pentekostalen und liberalen Protestanten im transkontinentalen Geflecht der beiden Amerikas in Gang zu bringen, um zu einer neuen, der Realität adäquaten Praxeologie zu finden (171 ff). Schäfer verweist auf Veröffentlichungen des mexikanisch-US-amerikanischen Historikers Daniel Ramirez (»Migrating Faith. Pentecostalism in the United States and Mexico in the Twentieth Century«, 2015), selbst Mitglied in der Pfingstkirche Iglesia Apostólica de la Fe en Cristo Jesús. In Zukunft erheben hoffentlich neben Fachleuten aus dem Westen immer mehr lateinamerikanische Pfingstler:innen und Nicht-Pfingstler:innen in diesem Diskurs ihre Stimme – wie auch der indigene Pfingstler und Aymara-Theologe Juan Jacobo Tancara Chambe aus Bolivien (»Teologia pentecostal popular«, 2011), ein Promovend Schäfers (189).

Abschließend reizt es mich, das Eingangszitat mit dem Statement Schäfer herumzudrehen (dialektisch zu und d'accord mit ihm) und zu statuieren: »Auf dem amerikanischen Kontinent wird schon immer mit Politik Religion gemacht«. Schäfer verschränkt gekonnt historische *und* soziologische Konzepte in seiner Forschung und erklärt so die bestehenden Wechselwirkungen zwischen den Subkontinenten Nord- und Lateinamerika mit ihren jeweiligen Christentümern. Er verdeutlicht die Verflochtenheit der Machtbeziehungen und weist uns hin auf die Abgründe von religiös verbrämter bzw. herbeigeführter Ungleichheit, von Unrecht, von Ausbeutung bis hin zur populistischen Verzweckung heuchlerischer Heilslehren. Dabei muss man differenzieren: Klassische Erklärungsmuster, die von Nordamerika bzw. den USA als *dem* vom Protestantismus dominierten und von Lateinamerika als *dem* vom römischen Katholizismus dominierten Subkontinent sprechen, sind hiermit aufgebrochen.

Dieser Essay bietet keine niederschwellige Einführung für Anfänger auf dem Gebiet der Pfingstbewegung Lateinamerikas. Es handelt sich um einen hochgradigen, wenn auch skizzenhaften Beitrag zum internationalen Pfingstkirchendiskurs (26). Er ist lesenswert für alle, die in dieser Debatte bewandert sind. Sie werden angeregt durch neue, vertiefende Perspektiven (»Verflechtungsgeschichte«). Die Schneisen, die Schäfer schlägt, können gut anhand anderer Publikationen des Religionssoziologen und mittels der am Ende des Büchleins angegebenen Sekundärliteratur vertieft werden.

Moritz Fischer

Philipp Öhlmann/Wilhelm Gräb/Marie-Luise Frost (Hg.): **African Initiated Christianity and the Decolonisation of Development. Sustainable Development in Pentecostal and Independent Churches**, London/New York 2020: Routledge (Routledge research in religion and development); xvi + 338 Seiten, 138,30 Euro

Wie interagieren religiöse Werte, Lehren und Praktiken mit internationaler »Entwicklung«? So lautet die Kernfrage der 20 Beiträge der vorliegenden Veröffentlichung. Sie entstand im Rahmen des Forschungsprojekts *Potenziale der Zusammenarbeit mit afrikanisch initiierten Kirchen (AICs) für nachhaltige Entwicklung.* Letzteres wurde im Rahmen des Forschungsprogramms *Religiöse Gemeinschaften und nachhaltige Entwicklung* an der Humboldt-Universität von P. Öhlmann und W. Gräb durchgeführt. Im Zentrum des Interesses standen neben Pfingstkirchen v. a. *African Initiated Churches* (AICs).

Der Band enthält die auf Workshops in Kasoa (Ghana), Pretoria (Südafrika) und Berlin in den Jahren 2017 und 2018 vorgestellten Forschungsergebnisse des internationalen Projekts, an dem wissenschaftliche Expert*innen zu den AICs sowie Kirchenführer*innen und Vertreter*innen der AICs beteiligt waren. Hinzu kommen Vorträge, die Leitende der AICs in der Reihe *African Independent and Pentecostal Approaches to Theology and Development* an der Humboldt-Universität hielten. Dass hier die genuine Stimme der betroffenen Akteur*innen selbst laut wird, trägt zur besonderen Bedeutung des Bandes bei.

Herausstechendes Merkmal der Studie ist ihr Fokus auf der konzeptionellen »Unabhängigkeit« bestimmter Formationen afrikanischer Christentümer. Diese entspricht historischer Erkenntnis und dem Selbstverständnis dieser Kirchen. Nadine Bowers-Du Toit definiert in ihrem Beitrag »Contested development(s)? The possible contribution of the African Independent Churches in decolonising development: a South African perspective« (312f) den Begriff »Afrikanisch initiierte Kirchen« (AIC): Er beziehe sich auf die breite Gruppe aller Kirchen, die von Afrikaner*innen in Afrika gegründet wurden und keine direkte Verbindung zu westlichen missionarischen Initiativen als »Paten« haben. Diese Definition schließt die zionistischen, äthiopischen und apostolischen Kirchen sowie die (meist) unabhängigen pfingstlich-charismatischen Kirchen ein. Der Begriff »Unabhängige Afrikanische Kirchen« (AUK) hingegen bezeichnet als Teilmenge von AIC die Untergruppe der Kirchen, die größtenteils aus den zionistischen, apostolischen und äthiopischen Gruppen bestehen und schließt die pfingstlich-charismatischen Kirchen aus. Beide Gruppen teilen entscheidende Schlüsselmerkmale, wie »Indigenität«, »Ritualität« oder »Charismatisierung«

und wirken aufeinander ein. Beide stehen exemplarisch für den afrikanischen Kampf um Selbstidentifikation und Selbstverwirklichung.

Das vorliegende Buch untersucht den wachsenden Beitrag, den AUKs und Pfingstkirchen in Afrika zur nachhaltigen Entwicklung leisten, und erhellt, wie diese Kirchen den Begriff der »nachhaltigen Entwicklung« auf ihre Weise neu fassen und umsetzen, um so zur Entkolonialisierung von »Entwicklung« beizutragen.

Teil I nimmt, neben einer Einleitung über AICs und nachhaltige Entwicklung (1–30), vier verschiedene Fragestellungen auf (33–101): Welche Herausforderung bedeuten Umwelt- und Klimagerechtigkeit? Bringen Afrikanische Initiierte Kirchen »Entwicklung von unten«? Wie steht es um die Theologie in AICs? Die anschließenden regionalen Erkundungen behandeln die Subkontinente Westafrika (Teil II–IV: Nigeria, Ghana, Burkina Faso, 105–263) und südliches Afrika (Teil V–VI: Simbabwe, Südafrika: 267–321).

Lust auf die Lektüre möchte ich mit den folgenden drei von 16 Titeln machen: *Roles of women in African Independent and Pentecostal Churches in Nigeria* (Atinuke Abdulsalami, 105–114); *Partnerships for female education in Burkina Faso – perspectives from Evangelical Churches and FBOs* (Philippe Ouedraogo, 243–252); *Investing in the future generation: new Pentecostal Charismatic Churches in Harare, Zimbabwe* (Simbarashe Gukurume, 267–283). Mit dem Fokus auf das afrikanische initiierte Christentum wird ein Teilgebiet des Diskurses über Religion und Entwicklung reichhaltig und innovativ erschlossen.

Für mich ist entscheidend, dass die überwiegende Zahl der Beiträge von Wissenschaftlern aus dem afrikanischen Kontinent stammt. Sie beleuchten Potenziale und Perspektiven afrikanisch initiierten Christentums. Ein 17-seitiger Index mit Auflistung von Namen, Institutionen, theologischen Begriffen und Orten macht das Buch zu einem Nachschlagewerk, das bestens dafür geeignet ist, sich über die AICs fachlich, von der Seite der Betroffenen selbst her dargestellt, kundig zu machen.

Es ist viel zu selten, dass »deutsche« theologische Institutionen an solch innovativen, internationalen Initiativen partizipieren wie dieser. Implizit zeugt das Projekt von der *interkulturell zu deutenden Praxeologie* einer Formation des Christentums, die sich entlang »afrikanischer« Traditionslinien mit ihren traditionellen Glaubenssystemen ausbildet. Dabei will diese Formation sich nicht von Traditionen einschließen lassen, sondern sich selbstbewusst an diesen orientieren und über diese, auf *ihre* Weise Jesus Christus als *den* Herrn bezeugend, hinausweisen.

Moritz Fischer

REDAKTION

Prof. Dr. Claudia Jahnel (für diese Ausgabe verantwortliche Redakteurin/Rezensionen), Ev.-theol. Fakultät der Ruhr-Universität Bochum, Universitätsstr. 150, Gebäude GA 8/51, D-44780 Bochum, claudia.jahnel@rub.de

Prof. Dr. Andreas Heuser, Theologische Fakultät der Universität Basel, Nadelberg 10, CH-4051 Basel, andreas.heuser@unibas.ch

Dr. Claudia Hoffmann (peer reviews), Theologische Fakultät der Universität Basel, Nadelberg 10, CH-4051 Basel, claudia.hoffmann@unibas.ch

Dr. Anton Knuth, Missionskademie an der Universität Hamburg, Rupertistr. 67, D-22609 Hamburg, anton.knuth@missionsakademie.de

Dr. Katrin Kusmierz, Theologische Fakultät der Universität Bern, Länggassstr. 51, CH-3012 Bern, katrin.kusmierz@theol.unibe.ch

Prof. Dr. Ulrike Schröder, Theologische Fakultät der Universität Rostock, Universitätsplatz 1, D-18055 Rostock, Ulrike.Schroeder2@uni-rostock.de

Dr. Christian Weber, Mission 21, Missionsstr. 21, CH-4009 Basel, christian.weber@mission-21.org

VERFASSER_INNEN UND REZENSENT_INNEN

Dr. Michael Biehl, Evangelische Mission weltweit, Normannenweg 17–21, D-20537 Hamburg, Michael.Biehl@emw-d.de

Prof. Dr. Ulrich Dehn, Johann-Wenth-Str. 27, D-22525 Hamburg, ulrich.dehn@uni-hamburg.de

Lutz Drescher, Carl-Kistner-Str. 61–63, Wohnung 317, D-79115 Freiburg, lutz-drescher@outlook.com

Prof. Dr. Fernando Enns, Center for Peace Church Theology, Gorch-Fock-Wall 7, # 6, D-20354 Hamburg, Fernando.Enns@uni-hamburg.de

Prof. Dr. Moritz Fischer, FIT Hermannsburg, Missionsstr. 3–5, D-29320 Südheide-Hermannsburg, m.fischer@fh-hermannsburg.de

Prof. Dr. Jörg Haustein, Faculty of Divinity, West Road, Cambridge, CB3 9BS Großbritannien, jh2227@cam.ac.uk

Prof. Dr. Andreas Heuser, Theologische Fakultät der Universität Basel, Nadelberg 10, CH-4051 Basel, andreas.heuser@unibas.ch

Prof. Dr. Klaus Hock, Theologische Fakultät der Universität Rostock, Universitätsplatz 1, D-18055 Rostock, klaus.hock@uni-rostock.de

Alena Höfer, Ev.-theol. Fakultät der Ruhr-Universität Bochum, Universitätsstr. 150, Gebäude GA 8/53, D-44801 Bochum, alena.hoefer@rub.de

Prof. Dr. Claudia Jahnel, Ev.-theol. Fakultät der Ruhr-Universität Bochum, Universitätsstr. 150, Gebäude GA 8/51, D-44780 Bochum, claudia.jahnel@rub.de

Prof. Dr. Ulrike Link-Wieczorek, Universität Oldenburg, 26111 Oldenburg, ulwi@uni-oldenburg.de

Dr. Sönke Lorberg-Fehring, ZMÖ, Agathe-Lasch-Weg 16, D-22605 Hamburg, s.lorberg-fehring@nordkirche-weltweit.de

Prof. Dr. Dr. Frieder Ludwig, Professor i globale studier og religion Fakultet for teologi, diakoni og ledelsesfag (FTDL), VID Specialized University Stavanger, Engelsminnegate 16A, 4008 Stavanger, Norwegen, frieder.ludwig@vid.no

Prof. Dr. John V. Mathew, United Theological College, No. 63, Miller's Road, Benson Town, Bengaluru-560046, Karnataka, India, jvmathew@rediffmail.com

Alexandra Morath, Büro des Islambeauftragten der ELKB, Katharina-von-Bora-Str. 11–13, D-80333 München, Alexandra.morath@googlemail.com, Instagram@dialogvernetzt

Pastor Dr. Jobst Reller, Georg-Haccius-Str. 41, D-29320 Hermannsburg, jobst.reller@evlka.de

Prof. Dr. Wilhelm Richebächer, FIT Hermannsburg, Missionsstr. 3–5, D-29320 Südheide, w.richebaecher@fh-hermannsburg.de

Dr. Gottfried Rösch, Mission EineWelt, Hauptstr. 2, D-91564 Neuendettelsau, gottfried.roesch@t-online.de

Prof. Dr. Sooil-Chai, Kyungdong Presbyterian Church, 204 Jangchungdan-ro, Jung-gu, Seoul, Korea, 04614, sooilchai@hanmail.net

Prof. Dr. Friedemann Walldorf, Professur für Missionswissenschaft und Interkulturelle Theologie, Freie Theologische Hochschule (FTH) Gießen, Rathenaustr. 5–7, D-35394 Gießen, E-Mail: walldorf@fthgiessen.de